KB012364

늙은 개가 짖으면 내다봐야 한다

늙은 개가 짖으면 내다 봐야 한다

_옛글 나들이

한희철 지음

꽃자리

우연히 지키게 된 아름다운 약속

———

몇 년 전이다. 강원도 원주에 있는 한 교회에서 며칠 말씀을 나눈 일이 있다. 친구가 막 담임목사로 부임한 교회였다. 친구와 나는 같은 해에 원주 인근에 있는 시골교회에서 담임전도사로 목회의 첫 발을 뗐다. 그게 얼마 전 같은데 어느새 중년의 나이, 그만한 세월이 지나 친구가 원주 지역의 어머니교회라 불리는 교회의 담임목사로 부임을 하니 감회가 새로웠다. 부임 후 첫 번째로 말씀을 나누는 시간, 마음이 조심스럽기도 했다. 친구를 보면 친구를 안다 하지 않는가.

말씀을 나누는 첫 번째 시간, 이야기를 시작하며 '세상에서 가장 좋은 냄새'와 '반보기' 이야기부터 했다. 참석한 교우들에게 세상에서 가장 좋은 냄새가 무엇이냐 물었더니 몇몇 교우들이 대답을 했다. 밥 냄새, 커피 냄새, 풀 냄새, 아기 몸에서 나는 냄새…, 대답이 다양했다. 해군으로 군 생활을 한 조카 말에 의하면 몇 달간 바다에서 근무하다 돌아올 때면 아직 육지가 보이지 않아도 흙냄새가 먼저 느껴지는데, 그 냄새가 그렇게 좋을 수가 없었다고 했다.

냄새 이야기를 했던 것은 우리 옛 어른들 때문이었다. 이 세상에서 가장 좋은 냄새가 무엇이냐 물으면 우리 옛 어른들은 '석 달 가뭄 끝에 하늘에서 떨어지는 빗방울이 흙먼지를 적실 때 나는 냄새'라 했다.

생각해보면 그윽하다. 농사를 업으로 삼고 있는 옛 어른들에게 석 달 동안 가뭄이 든다는 것은 절망의 벼랑 끝에 내몰리는 일이었을 것이다. 곡식이 될만한 풀포기는 모두 새빨갛게 타들어가고 논바닥은 거북이 등짝처럼 갈라졌을 터. 식구들을 먹여 살릴 길이 보이지 않으니 농부의 마음은 갈라진 논바닥보다 더 깊이 타들어 갔을 것이다.

하루하루 애(창자)가 타는 마음으로 쳐다보는 하늘, 그러던 어느 날 하늘에서 천둥소리가 들리더니 (천둥소리가 나야 농사를 지을 수 있는 땅을 '천둥지기'라 했다) 후드득 후드득 빗방울이 떨어지기 시작한다. 떨어지는 빗방울은 떨어지기가 무섭게 마를 대로 마른 땅을 적시며 스민다.

그때 피어나는 냄새는 세상 그 어떤 냄새와도 비교할 수 없는 냄새였을 것이다. 사람을 살리는 하늘 은총의 향기였을 터이니 말이다. 우리가 나누게 될 말씀이 마른 땅에 떨어지는 빗방울 같았으면 좋겠노라고, 말씀을 전하는 이로서 마음속에 갖는 바람을 교우들께 이야기했다.

'반보기' 이야기도 했다. 시집간 딸이 친정 식구들을 보기 위해 반쯤을 오고, 친정 식구들도 반쯤을 걸어와 중간쯤에서 만나는 일이었다. 그렇게 밖에는 출가한 딸을 만날 수가 없었던 시절, 서로 반쯤을 걸어와 만나는 것을 '반보기'라 불렀다. 말씀을 앉아서만 듣지 말고 말씀을 통해 우리를 찾아오시는 주님을 반쯤은 나아가 만나 뵙자고 이야기를 했다.

집회가 끝나고 이야기를 나눌 때 친구가 한 마디 했다. '세상에서 가장 좋은 냄새' 이야기와 '반보기' 이야기가 마음에 남는다는 것이었다. 그러면서 친구는 카네기나 닉 부이치치 이야기처럼 흔한 예화나 이야기 말고 우리의 정서가 녹아 있는 이야기가 담긴 책이 있으면 소개해 달라고 했다. 혹 그런 책이 보이면 알려주마 했는데 지금까지 그러질 못했다. 관심을 갖지 않은 탓이겠지만 딱히 눈에 띄는 책을 만나지 못했다.

그러다가 문득 떠오른 생각이 있었다. 여러 해 동안 매주 주보를 만들며 '우리말 나들이'라는 글을 써왔다. 우리 속담이나 흔하게 쓰지 않는 우리말에 대한 짧은 단상이었다. 속담이나 우리말에는 오랜 세월을 살아온 우리네 삶의 경험과 생각이 녹아 있을 터, 그것을 정리하면 친구 말에 대한 대답이 될 수 있지 않을까 싶은 생각이 들었던 것이다.

결국 이 책은 친구와 나눈 이야기에 대한 대답이 되는 셈이다. 대단한 약속은 아니었지만 그래도 이렇게 글을 정리하고 나니 조선시대의 시인 이행의 시 한 구절이 떠오른다.

'우연히 아름다운 약속 지켜 즐겁게 참된 경지를 깨닫네.'

책이 나온다면 친구에게 가장 먼저 인사 삼아 보내야겠다. 친구의 반응이 궁금하기도 하다. 내 마음과 믿음의 거름이 되어주는 우리말에 감사한다.

먼마루에서 한희철

차례

시루에 물은 채워도 사람의 욕심은 못 채운다

좋은 목수한테는 버리는 나무가 없다

흉년 손님은 뒤꼭지가 예쁘다

무는 개 짖지 않는다

봄비는 일비고 여름비는 잠비고
가을비는 떡비고 겨울비는 술비다

속 빈 자루는 곧게 설 수 없다

시루에 물은 채워도
사람의 욕심은 못 채운다
—

자로 사랑을 재면 좋지 않은 일이 생긴다

———

지금이야 대부분 미터법을 사용하지만 이전에는 치(寸), 자(尺), 척(尺) 등 지금과는 다른 단위를 썼다. 거리를 재는 방법도 달라져서 요즘은 아무리 멀리 떨어진 곳도 기계를 통해 대번 거리를 알아내곤 한다.

하지만 아무리 측정법이 좋아져도 잴 수 없는 것들이 세상에는 있다. 하늘의 높이나 크기를 누가 잴 수 있을까. 바라볼 뿐 감히 잴 수는 없다. 그런데도 자기 손에 자 하나 들었다고 함부로 하늘을 재고 그 크기가 얼마라고 자신 있게 떠벌리는 종교인들이 더러 있으니 딱한 노릇이 아닐 수가 없다.

사람의 마음도 잴 수가 없다. 기쁨과 슬픔 등 사람의 마음을 무엇으로 잴 수가 있겠는가? '열 길 물속은 알아도 한 길 사람 속은 모른다'는 말은 괜한 말이 아니다.

잴 수 없고, 재서는 안 되는 것 중에는 사랑도 있다. 때로는 궁금한 마음에, 때로는 욕심으로 누군가의 사랑을 재려 할 때가 있다. 어떤 땐 내게 주는 사랑의 정도가 궁금하고 어떤 땐 내가 더 많이 사랑하는 것 같아 손해 아닌가 사랑을 재려 할 때가 있지만 결국은 어리석은 일이다. 사랑이 길거나 짧다 생각하는 것은 모두 내 마음에서 비롯되는 일이기 때문이다.

사랑은 잴 수 있는 것이 아니기에 강물처럼 흘러가도록 두어야 한다. 스스로 숨을 쉬며 자라도록 해야 한다. 그래야 깊이 뿌리를 내리고 그윽해진다. 재기 시작하는 사랑은 서서히 질식하기 시작한다. 그런 점에서 〈사랑초서〉는 절창이다 싶다.

떫은 사랑일 땐
준 걸 자랑했으나
익은 사랑에선
눈멀어도 못다 갚을
송구함뿐이구나

_김남조 〈사랑초서〉(53)

사랑은 정직한 농사
이 세상 가장 깊은 데 심어
가장 늦은 날에
싹을 보느니

_김남조 〈사랑초서〉(83)

친정 길은 참대 갈대 엇벤 길도
신 벗어들고 새 날 듯이 간다

———

시대가 확실히 바뀐 것 같다. 지도상의 거리뿐 아니라 마음의
거리까지 시댁보다는 친정이 가깝고 편해졌다. 아이들도 고모
보다는 이모를 더 친숙하게 생각하는 것 같다. 하지만 예전만
해도 어림없는 일이었다. 출가외인(出嫁外人)이라 하여 일단 시
집을 가면 남의 집 사람으로 여겨왔다.

딸을 시집보내며 '그 집 귀신 되라'는 말을 덕담처럼 들려주
었던 시절, 막 시집살이를 시작하는 딸에겐 친정이 얼마나 그
리웠을까? 일이 서툴다고 시댁 식구들께 야단을 맞거나, 안 해
본 일을 하느라 몸과 마음이 고되거나, 그런 마음을 전혀 알아

차리지 못하는 남편이 서운할 때면 남몰래 눈물 닦는 시간이 적지 않았을 터, 때마다 친정은 사무치게 그리웠을 것이다.

그러던 중 무슨 특별한 일이 있어 친정을 다녀오게 된다면 얼마나 기뻤을까. 어릴 적 소풍 가기 전날이 그보다 설렜을까, 며칠 전부터 잠이 오지 않았을 것이다. 생각만 해도 눈가가 젖던 친정이었으니, 친정으로 가는 길은 세상 어느 길보다도 걸음이 가볍고 마음이 즐거운 길이었을 것이다.

친정 가는 길이 얼마나 즐거웠으면 '친정 길은 참대 갈대 엇벤 길도 신 벗어들고 새 날 듯이 간다' 했을까 싶다. 참대와 갈대밭을 걸어가면 신을 제대로 신어도 발을 베기가 십상이다. 그런데도 그 길을 발이야 베든 말든, 발을 베어 피가 나든 말든 신을 벗어들고 새가 날듯이 간다는 것이니, 친정을 찾는 딸의 마음이 눈물겹게 배어있다.

믿음으로 가는 길이 그럴 수 있다면 얼마나 좋을까! 억지나 의무나 습관으로써가 아니라 기쁨과 감격으로 가는 길이 될 수 있다면. 예배의 자리로 가는 걸음걸음이 신 벗어들고 새 날 듯이 가는 그런 걸음이었으면!

술 익자 체 장수 지나간다

삶은 공식이 아니라 신비다. 나이 먹으면서 우리는 그것을 배운다. 그런 점에서 우리는 평생 생의 학교에 다니는 코흘리개 학생들이다.

열심히 하는데도 일이 안 될 때가 있다. 할 수 있는 모든 노력을 다하는데도 오히려 일이 꼬일 때가 있다. 그런가 하면 별로 애쓰지 않았다 싶은데도 일이 뜻대로 잘 될 때가 있다. 누가 돕기라도 하듯 술술 풀릴 때가 있다.

일이 술술 잘 되는 것을 두고 '술 익자 체 장수 지나간다'고 했다. '체'란 가루를 곱게 치거나 액체를 받거나 거르는 데 쓰는 도구이다. 그물이 드물었던 어린 시절에는 체를 들고 나가 개울에서 고기를 잡기도 했다. 동그란 체를 대고 고기를 몰면 미꾸라지나 새우 등이 걸려들었다. 대개의 경우 고기를 잡다보면 체에는 구멍이 났고 그러면 어머니께 된 꾸중을 맞았지만 말이다.

체를 많이 사용하던 시절에는 이 마을 저 마을을 돌아다니면서 다 헤어진 쳇불을 갈아 끼워 주거나, 얼레미, 도디미, 생주체, 고운체 등 체를 파는 체 장수가 있었다. 그만큼 일상생활 속에서 체의 사용이 많았던 것이다.

우리의 전통 술인 막걸리는 술이 익은 후에 술막지를 체로 걸러낸 후에야 먹을 수가 있다. 술이 알맞게 익어갈 무렵 술 맛이 궁금하던 차에 때마침 술을 거를 수 있는 체 파는 장수가 지나가니 일이 그렇게 잘 맞을 수가 없다. '술 익자 임 오신다'는 속담 또한 더할 나위 없이 일이 잘 맞아 돌아가는 즐거움을 표현하고 있다.

우리 삶에도 그런 즐거움이 있으면 얼마나 좋을까. 대추나무에 연 걸린 듯 사방 답답한 일들이 엉겨 있는 요즘에는 더욱더 그런 마음이 든다. 술 익자 체 장수 지나가는, 술 익자 임이 찾아오는 기가 막힌 즐거움이 더러더러 있어 답답한 숨구멍을 터주는.

늘 쓰는 가래는 녹이 슬지 않는다

갈수록 보기가 어려운 것 중에 가래질이 있다. 엉뚱한 생각이지만 가래질도 모르고 가래질이라는 말도 모르다 보니 혹 어떤 이들은 가래질을 가래를 뱉어내는 일쯤으로 생각하는 건 아닐까 싶기도 하다.

'가래'는 흙을 떠서 던지는 도구를 말한다. 가운데 있는 사람이 긴 자루를 잡고 흙을 떠서 밀면 양쪽에 있는 두 사람, 혹은 네 사람이 가랫날에 매단 가랫줄을 잡아당겨 떠낸 흙을 던지게 되는데, 이때 가래바닥에 얹혀 나가는 흙을 '가랫밥'이라고 불렀다. 주로 도랑을 칠 때나 둑을 만들 때 가래질을 했다.

가래질 하는 모습은 언제 보아도 아름답다. 춤을 추듯 단순하게 반복되는 몸놀림도 아름답고, 일하는 사람들이 척척 맞춰가는 호흡도 아름답다.

그 멋진 가래질을 이제는 농촌에서도 찾아보기가 어렵다. 웬만한 일은 기계가 다 한다. 그 외의 일은 대부분 혼자서 한다. 그러다 보니 여럿이 어울려야 할 수 있는 가래질은 점점 사라질 수밖에 없다.

가랫날은 쇠로 만들었기 때문에 보관을 제대로 못하면 녹이 슬고 만다. 가랫날에 녹이 슬면 보기가 안 좋을 뿐 아니라, 가래의 역할을 제대로 할 수가 없다. 가랫밥이 척척 떠져야 하는데 흙이 녹에 걸리면 그렇게 하지 못하게 된다.

늘 쓰는 가래는 녹이 슬지 않는다. 녹이 슬 새가 없기 때문이다. 녹이 슬기는커녕 눈부시게 빛이 난다. 일마치고 돌아가는 노인의 지게 위에 얹혀 있는 가래는 세상의 그 어떤 장신구보다도 눈부시다.

늘 사용하면 빛이 나고 묵혀두면 녹이 나는 것, 어쩜 가래는 우리의 마음과 믿음을 그리도 빼닮았는지.

애박 올리면 담이 낮아진다

—

우리의 옛 조상들은 딸아이를 낳으면 오동나무를 심었다. 워낙 빨리 자라는 오동나무를 딸과 함께 잘 키워 혼사 때 장롱 한 채 지어주기 위함이었으니 그 마음이 귀하다.

딸이 태어났을 때 오동나무를 심었던 것처럼 혼기가 찬 딸이 있는 집에 심는 것이 있었다. 애박이었다. 작은 박 씨를 구해 남향받이 돌담 밑 고운 흙을 골라 정성스레 심었다.

애박은 기를 때에도 정성을 다했다. 인분으로가 아니라 깻묵 같은 정갈한 거름으로 길렀다. 마을에 초상이 나거나 개를 잡거나 하면 애박 넝쿨에 키를 씌워 부정으로부터 보호를 했으니 애박을 키우는 정성이 여간 아니었음을 충분히 짐작하게 한다.

마침내 혼사 날짜가 정해지면 애박을 따다가 합근박을 만들었다. 합근이란 혼례 때 신랑과 신부가 한 잔 술에 더불어 입을 대 백년해로를 약속하는 절차를 말한다.

혼례를 마친 뒤에는 그 합근박을 둘로 쪼개 수박(雄)에는 청

실을, 암박(雌)에는 홍실을 달아 신방에 걸어둠으로 두 사람의 사랑을 영원히 간직했다.

그런데 애박을 올리면 왜 담이 낮아진다 했을까? 그럴만한 이유가 있다. 애박을 올렸다는 소문이 나면 동네 총각들이 너도나도 오가며 애박을 담 너머로 보게 되므로 담이 낮아지게 되는 것이다.(어디 애박이었을까. 애박의 주인공인 아가씨였겠지.) 혼기가 찬 처녀 집에 총각들의 관심이 쏠리는 것은 자연스러운 일 아니겠는가.

좋은 일을 시작하면 사람들의 관심이 모이고 결국은 담이 낮아지는 법, 이 짧은 속담 속에 담긴 하늘의 뜻을 제대로 알아들을 교회가 이 땅에는 얼마나 있을까.

비는 데는 무쇠도 녹는다

내 책상 위에는 그림 하나가 놓여 있다. 렘브란트가 그린 '탕자의 귀향'이다. 신약성경 누가복음에 나오는 탕자 이야기를 형상화 한 그림으로, 거지꼴로 돌아온 아들을 다 늙은 아버지가 끌어안아주는 장면을 담고 있다.

일부러 그렇게 그린 것인지 나중의 해석이 그런 것인지는 몰라도 가만히 보면 아들의 등을 감싸고 있는 아버지의 두 손은 서로 다르게 보인다. 한 손은 크고 억세게 보이는데, 다른 한 손은 보드랍고 작다.

마치 한 손은 아버지의 손 같고, 다른 한 손은 어머니의 손처럼 보인다. 거장 렘브란트가 두 손을 똑같이 그릴 재주가 없어 그렇게 그리지는 않았을 것이다. 그래서 서로 다른 두 손을 이렇게 이해하곤 한다. 네 모습이 어떠하든지 얼마든지 너를 용서한다는 어머니의 마음과, 내가 다시는 너를 놓지 않겠다는 아버지의 마음이 함께 담겨 있는 것이라고.

그것뿐이 아니다. 아버지가 걸친 붉은 색 망토는 상처 입은 새끼 새를 보듬어 안는 어미 새의 품 같고, 아버지 가슴에 기댄 아들의 머리에 땀이 밴 것은 마치 자궁 속에 자식을 품는 심정이며(히브리어 궁휼이라는 말에는 태, 자궁이라는 의미가 담겨 있다 한다), 아버지의 거반 감겨 있는 두 눈은 지난날 지은 모든 잘못에 대해 이미 눈을 감은 아버지의 심정을 담아낸 것으로 이해한다. 그림을 통해 아버지의 심정을 표현하는 화가의 이해력이 놀랍기만 하다.

그 아버지 앞에 무릎 꿇은 아들의 꼬락서니가 볼만하다. 영락없이 거지꼴을 한 아들이 얼마나 먼 길을 걸어왔는지를 보여주기라도 하듯 신발은 다 헤져 있고, 그나마 신발 한 짝은 벗겨진 채 무릎을 꿇고 있다.

아버지께 돌아오기 전 아들은 아버지께 이렇게 말하려 했다. "제가 하늘과 아버지께 큰 죄를 지었습니다. 지금부터 저는 아버지의 아들이 아닙니다. 저를 품꾼의 하나로 보소서."

돌아온 아들이 아버지께 이야기를 할 때 아버지는 아들의 말을 가로막는다. 이야기를 끝까지 듣는 대신 종들을 불러 좋은 옷을 입히고 가락지를 끼우고 신을 신기라 한 뒤 잔치를 준비시킨다.

아버지가 말을 막아 아들이 아버지께 하지 못한 말이 있다. "저를 품꾼의 하나로 보소서." 아버지는 돌아온 아들로부터 그 말 듣기를 원하지 않으셨는데, 그건 아마 그 말 듣는 것을 감당할 수가 없었기 때문일 것이다.

지성으로 용서를 빌면 용서하지 않을 수가 없다. 비는 데는 무쇠도 녹는다. 사람이 사람에 대해서도 그럴진대 하물며 하늘이야 어떻겠는가.

칠칠하다

어릴 적엔 툭하면 야단을 맞았다. 상상력은 끝이 없고 세상은 알지 못할 때이니 실수와 그로 인한 야단은 세상을 배우는 좋은 방법이었다. 어떤 일이 어디까지 허용되는지를 우리는 야단을 통해서 배운 것인지도 모른다.

어릴 적 들었던 야단 중에 "칠칠치 못하다"는 게 있다. "넌 왜 그렇게 칠칠치 못하니?" 그 소리를 듣지 않고 유년기를 보낸 사람이 얼마나 될까. '염병할' 또는 '육시랄' 등 별의별 무서운 욕이 많았던 것을 기억하면 '칠칠치 못하다'는 꽤 가벼운 야단이었다. ('염병'이 장티푸스를 이르는 말이요, 이미 죽은 사람의 관을 파내어서 다시 머리를 베는 형벌이 우리가 쉽게 들었던 '육시'의 뜻이었을 줄이야!)

'칠칠치 못하다'는 야단 때문이었는지 우리는 '칠칠치 못하다'는 소리를 들었을 뿐 '칠칠하다'에 대해서는 생각을 해 본적이 없는 것 같다. 칠칠하지 못해서 야단을 맞았다면 칠칠하면 되었을 텐데, 왜 우리는 칠칠하지 못하다는 야단만 맞았을뿐 칠칠함에 대해서는 생각을 못했던 것일까.

'채소 따위가 주접이 들지 않고 깨끗하게 잘 자라다', '일솜

씨가 능란하고 시원하다', '생김새나 됨됨이가 흠잡을 데 없이
훌륭하다' 등이 '칠칠하다'의 뜻이다. ('주접'이란 '사람이나 생물이 이
러저러한 탓으로 제대로 자라지 못하는 일'로, 우리가 들었던 욕 중에는 '주접떤
다'는 욕도 있었다.)

'텃밭에 심은 배추가 칠칠하게 잘 자랐다'든지 '그는 무슨 일
을 시켜도 칠칠하게 해내니 믿을 만한 사람이다'와 같이 '칠칠
하다'는 말은 좋은 쪽으로 얼마든지 쓰일 수 있는 말이다.

아이들에게 '칠칠치 못하다'고 야단만 칠 것이 아니라 '칠칠
하다'고 칭찬을 할 일이다. 자식들 코를 풀 때마다 "흥 해!"라
고 해서 우리나라가 흥하게 된 것이라니, 이왕이면 좋은 말을
자주 할 일이다 싶다.

범 본 여편네 창구멍을 틀어막듯

산맥과 산맥을 단숨에 내달리던 이 땅의 호랑이는 다 어디로 간 걸까? 울던 아이 울음을 단번에 그치게 했던 쩌렁쩌렁한 울음소리는 어디로 사라진 것일까? 나물을 캐다가 어둠 속에 길을 잃은 착한 할머니의 길을 훤히 밝혀주던 시퍼런 빛은 언제 꺼져버린 것일까? 자연 속에서 인간이 가장 강한 존재가 아님을 분명하게 일러주었던 그 신비한 그림자와 발자국은 언제 지워졌을까?

갑자기 밖에서 들려온 천지를 뒤흔드는 소리, 깜짝 놀란 여인이 벌벌 떨리는 손으로 문창호지에 구멍을 뚫고는 밖을 내다본다. 헌데 이게 웬일, 집채 만한 호랑이가 떡 버티고 서 있는 것이 아닌가. 기절초풍, 여인은 질겁하여 허겁지겁 창구멍을 틀어막는다. 마치 호랑이가 창구멍을 통해 들어오기라도 하려 했던 것처럼.

세상에! 창구멍을 통해 호랑이를 보았다고 창구멍을 틀어막다니. 얼마나 놀라고 다급했으면 그랬겠나 싶지만, 창구멍을 막는다고 호랑이가 사라지는 것은 아니다. 죽어라 도망을 치던 꿩이 힘이 모두 빠지면 자기 대가리를 눈 속에 파묻는 것과 다를 것이 없는 일이다. 내 눈에 안 보인다고 코앞의 위기가 사라지는 것은 아니기 때문이다.

침체된 교회 분위기를 반전시키기 위해 여러 가지 프로그램들이 도입된다. 우르르 비행기를 비행기를 타고 우르르 단체로 해외로 날아가 검증된 프로그램을 배워오기도 한다. 이게 좋다 소문이 나면 이리로 사람들이 모이고, 저게 좋다 하면 저리로 사람들이 쏠린다.

기발한 프로그램은 잠깐이야 도움이 되겠지만 근본적인 해결책이 될 수는 없을 것이다. 창구멍을 막는 것은 임시방편일 뿐이다. 위험하면 위험할수록 창구멍이 아니라 근본을 회복하는 것이 우선이다.

좋은 버릇은 들기 어렵고 나쁜 버릇은 버리기 어렵다
———

버릇을 두고 '생긴다'는 말을 안 쓰는 것은 아니지만, 버릇은 흔히 '든다'고 한다. '든다'는 말과 '생긴다'는 말은 어감이 다르다. '든다'는 말을 사전에서는 '물감·물기·소금기 따위가 스미거나 배다'로 풀고 있다. 맞다. '든다'는 것은 스미거나 배는 것과 관련이 있다. 언제 그렇게 되었는지도 모르게 그렇게 되는 것을 말한다.

버릇은 그냥 들지 않는다. 같은 행동을 반복할 때만 생긴다. 한 번 두 번 같은 행동을 하다보면 자기도 모르게 그 행동을 하게 된다. 그것이 몸에 배었기 때문이다. 사전에서는 버릇을 '여러 번 거듭하는 사이에 몸에 배어 굳어 버린 성질이나 짓'이라 설명한다. '제 버릇 개 못 준다'는 속담에서 보듯 한 번 든 버릇은 버리기도 어렵고 고치기도 어렵다.

사람마다 독특한 버릇이 있는데 버릇 중에는 좋은 버릇도 있고, 나쁜 버릇도 있다. 좋은 버릇이 쉽게 들면 얼마나 좋을까? 한 사람의 삶이 금방 달라질 것이고, 세상 또한 이내 좋은 세상이 될 것이다. 나쁜 버릇을 쉽게 버릴 수 있다면 그것 또한 얼마나 좋을까? 서로의 눈살을 찌푸리게 했던 일들이 사라질 터이니 금방 유쾌한 세상이 되지 않겠는가.

그런데 버릇은 원하는 대로 되질 않는다. 좋은 버릇은 여간해 들기가 어렵고, 나쁜 버릇은 여간해 버리기가 어렵다. 어떤 일이 내 몸과 마음에 버릇으로 들기 전 경계하지 못하고 키우면, 나중엔 생니를 뽑는 것보다 더 큰 생고생을 하게 된다. 잡초 하나쯤이야 하다가는 슬며시 씨가 퍼져 어, 어 하는 사이 밭은 잡초 밭으로 변하게 된다.

'새가 머리 위를 날아가는 것이야 어찌할 수 없으나, 내 머리 위에 둥지를 틀지는 못하게 하라.'는 마틴 루터의 말이 재미있고 귀하다.

지어먹은 마음 사흘 못 간다

합창 단원 중에 누군가가 노래를 부르는 척 흉내만 낸다 치자. 혹 다른 사람들은 모를지 몰라도 지휘자는 안다. 그걸 계속 모른다면 좋은 지휘자가 아니다.

어떤 축구 선수가 괜히 공 없는 데로만 바쁘게 뛰어다닌다고 하자. 관중들은 그가 열심히 뛴다고 박수를 칠지 몰라도 감독의 눈까지 속일 수는 없을 것이다. 그걸 끝까지 모르고 있다면 감독이 아니다.

마음은 눈에 보이지 않아 누가 어떤 마음을 가지고 있는지 알 수가 없다. 하지만 짐작은 할 수 있다. 마음 중에는 그런 척하는 마음이 있고, 참으로 그런 마음이 있다. 억지로 그러는 척하는 마음, 애써서 노력하는 마음을 지어먹은 마음이라 한다. 본래 그런 마음, 자연스러운 마음하고는 거리가 멀다.

'지어먹은 마음 사흘 못 간다'는 말은 '사람의 마음은 진심으로 고쳐야지 억지로 고치는 것은 오래 가지 못한다'는 뜻이다. 흉내를 내거나 시늉하는 것은 잠깐은 통할지 몰라도 언제까지 통할 수 있는 것이 아니다. 사흘 동안은 비슷하게 보일 수 있어도 이내 드러나고 만다. 사람은 그 쌓은 것에서 쌓은 것을 내며 사는 것이기 때문에 언제까지 자신의 본심을 감출 수가 없는 것이다.

우리의 마음이 자연스러운 마음, 본래의 마음에 이르기 위해서는 수많은 노력이 필요하다. 울림이 깊어 지극히 자연스러운 소리를 내는 징 하나를 만들기 위해서도 수없이 자신을 내리치는 과정이 필요한데, 하물며 마음의 자연스러움을 위해서야 얼마나 오랫동안 마음을 다스려야 할 것인가.

우리의 마음이 지어먹은 마음인지 본래의 마음인지를 대번 아시는 분 앞에서 열심히 노래를 부르는 척, 운동장을 열심히 뛰는 척하는 어리석음이 부디 없기를.

썩은 감자 하나가 섬 감자를 썩힌다

감자와 고구마는 좋은 양식도 되고 맛있는 간식도 된다. 솥단지에 푹 삶아 식구들과 둘러앉아 이런저런 이야기를 나누며 먹는 것은 다른 음식을 통해서는 쉽게 누리기 힘든 멋과 정겨움을 준다.

감자와 고구마는 비슷한 면이 있다. 모든 씨가 그러하듯 적은 것을 심어 많은 것을 거둔다. 씨감자 한 조각을 심으면 둥글둥글 편하게 생긴 감자 여러 개를 거둘 수 있고, 고구마 순 하나를 심으면 줄줄이 딸려 나오는 고구마를 거두게 되니 괜히 수지맞는 기분이 들어 농사짓는 재미가 제법 쏠쏠하다.

감자와 고구마는 보관을 잘못하면 금방 얼거나 썩고 만다. 물기가 있거나 습기가 많은 곳에 보관하면 썩기가 쉽고, 추운 곳에 보관하면 얼기도 잘 한다.

감자와 고구마를 보관해보면 알지만 한 개가 썩으면 나머지도 금방 썩고 만다. 썩어 진물이 나기 시작하면 옆의 것이 따라 썩고, 그러면 그 옆의 것이…, 썩은 감자 한 개 썩은 고구마 한 개가 한 가마니의 감자와 고구마를 썩게 하는 것은 그리 어려운 일이 아니다.

우리 마음속에 들어온 잘못된 생각은 썩은 감자처럼 영향력이 크기도 하고, 빠르기도 하다. 무시하기 쉬운 잘못된 생각 하나가 마음 전체를 물들이는 일은 잠깐 사이에 일어난다. 썩은 것 하나를 제 때 가려내지 못하면 한 섬 모두를 잃게 되는 것은 결코 감자만이 아니다.

감자 하나가 한 섬 감자를 썩게 만드는 일은 세상 어느 곳에서나 일어나는 모양이다. '썩은 사과는 옆에 있는 사과도 썩게 만든다'는 유럽 속담도 있고, '복숭아 하나가 썩으면 백 개가 상한다'는 중국 속담도 있으니 말이다.

썩은 감자와 같은 사람과 생각이 세상 어디에 왜 없겠는가. 중요한 것은 그것을 가려내어 경계하지 않으면 나머지도 결코 지킬 수가 있다는 것이다.

한 치 갈면 한 섬 먹고 두 치 갈면 두 섬 먹는다

산골짜기에 숨은 듯 자리 잡은 다랑이 논이나 밭을 보면 마음이 숙연해진다. 다랑이 논이나 밭은 크지가 않아 손바닥만 한 것들이 대부분이다. 길이 끊겨 경운기조차 닿을 수 없는 땅에 허리가 굽은 노인네들이 지게를 지고 오르내리며 농사를 짓는다. 땅을 놀리는 것은 죄 받는 일이라 여겨 당신들 생애에 움직일 힘이 남아 있는 한 땅을 묵히질 않는다.

'죄 받는다'는 말이 새삼 귀하다. 죄를 지으면 벌을 받는 것인데, 어르신들은 그냥 죄 받는다고 말한다. 죄와 벌 사이의 경계가 없다. 죄를 지으면 벌 받는 것을 너무도 당연히 여기기 때문일 것이다. 큰 죄를 짓고도 벌과는 아무 상관없는 것처럼 살아가는 이들이 허다한 세상에서 말이다.

눈에 잘 띄지도 않는 다랑이 논이나 밭에서 누군가 일하고 있다는 것을 알 수 있었던 것은 소를 몰 때 나는 소리 때문이었다. 쩌렁쩌렁 골짜기 가득 맑은 메아리가 울려퍼지면 누군가 그 외진 곳에서 일을 하고 계시다는 걸 짐작하곤 했다.

다랑이 논과 밭은 척박하고 돌이 많아 땅을 가는 일이 쉽지 않았다. 그런 만큼 소를 부리는 목소리엔 힘이 들어갈 수밖에 없었고, 그 목소리엔 고된 일을 해야 하는 짐승에 대한 미안함과 고마움이 아울러 담겨 있기도 했다.

논과 밭을 갈 때는 깊이 갈아야 거름기도 깊이 퍼지고, 곡식의 뿌리도 실하게 내리게 된다. 깊게 갈아야 농사가 잘 된다. '한 치 갈면 한 섬 먹고 두 치 갈면 두 섬 먹는다'는 말은 땅을 깊이 가는 것이 소출과 관련이 있음을 보여준다.

갈아엎는 땅의 깊이에 따라 소출이 달라지는 것은 농사만이 아니다. 믿음도 삶도 마찬가지여서 마음을 얼마나 깊이 갈아엎느냐에 따라 그 결과는 달라진다.

"참으로 나 주가 유다 백성과 예루살렘 주민에게 말한다. 가시덤불 속에 씨를 뿌리지 말아라. 묵은 땅을 갈아엎고서 씨를 뿌려라"(예레미야 4:3).

묵은 땅을 갈아엎되 깊이 갈아엎을 것, 함께 마음에 새길 일이다.

콩 한 알로 귀를 막아도 천둥소리를 못 듣는다

———

'천국은 겨자씨와 같다'고 예수님께서 말씀하실 때 겨자씨가 갖는 의미는 '세상에서 가장 작은 것'이었다. 가장 작아 보이는 것이 마침내 나무처럼 자라나서 나를 단숨에 삼킬 수 있었던 새에게 둥지를 틀라며 품을 내준다. 그게 천국이라는 것이다. 외형만이 아니라 관계가 변하는 것이 어쩌면 천국의 진정한 모습인지도 모른다.

우리말에도 가장 작은 것을 뜻하는 말들이 있다. 좁쌀만 하다, 코딱지만 하다, 눈곱만 하다, 난쟁이 똥자루만 하다(이 말은 어디서 왔을까)…, 그런 말 중의 하나가 '콩알만 하다'이다.

우리 속담 중에 '콩 한 알로 귀를 막아도 천둥소리를 못 듣는다'는 속담이 있다. 재미있다 싶은데, 한 속담 사전에서는 그 뜻을 '콩과 같이 작은 것이 큰 천둥소리를 막듯이, 작은 것도 잘 활용하면 큰일에 도움이 된다'고 풀고 있다. 작은 것도 얼마든지 유용하게 쓰일 수 있다는 것이다.

그러나 생각해 보면 얼마든지 뒤집어 읽을 수도 있다. 천둥소리와 콩 한 알은 너무도 대조적이다. 천둥소리야 한 번 울리면 세상이 다 알만큼 크고 분명한데, 콩알은 세상에서 가장 작은 것을 대표하고 있으니 말이다. 그런 점에서 이 속담은 세상에서 가장 작은 그 무엇인가가 귀를 막아도 천둥소리를 못 듣는다는 의미로도 다가온다.

아무리 하나님의 말씀이 천둥소리처럼 크다 하여도, 한 알의 콩알처럼 작고 사소한 것이 귀를 막고 있으면 들을 수가 없다. 그것이 교만이든 욕심이든 근심이든, 마음의 귓구멍을 막는다면 하나님의 말씀은 지지직거리는 잡음에 지나지 않을 터, 두려운 일이 아닐 수가 없다.

우리의 옛 속담 하나 앞에서 "귀 있는 자는 들으라"라는 말을 왜 주님께서 자주 하셨는지, "귀가 할례를 받지 못해 듣지 못한다"(예레미야 6:10)고 했던 예레미야의 탄식이 어떤 의미였는지를 돌아보게 된다.

핑계 핑계 도라지 캐러 간다

————

한 아이가 학교에 지각을 했다. 왜 늦었느냐고 선생님이 꾸중을 하자 아이가 대답을 한다. 학교 오는 길에 강도를 만났다는 것이다. 놀란 선생님이 뭘 빼앗겼느냐 묻자 아이가 천연덕스럽게 대답을 한다. '숙제'라고.

한 여직원이 늦게 출근을 했다. 상사가 이유를 묻자 출근길에 웬 남자가 뒤쫓아 왔다는 것이다. 누군가가 뒤쫓아 왔으면 더 빨리 왔어야지 어찌 늦었냐고 다시 묻자 대답을 한다. "남자가 천천히 쫓아 왔거든요."

모세가 시내산에 올라가 있는 동안 아론은 백성들과 함께 금송아지를 만들었다. 눈에 보이지 않는(침묵하는) 하나님 대신 눈에 보이는 하나님을 만들었던 것이다.

왜 금송아지를 만들었냐고 모세가 묻자 아론은 이렇게 대답을 한다. "백성들이 가져온 금붙이를 불 속에 집어던졌더니 송아지가 되어 걸어 나왔다."

당신이라면 누구에게 평계의 금메달을 주겠는가?

여자들의 바깥출입이 자유롭지 못했던 옛 시절, 젊은 처녀의 경우엔 더욱 그랬다. 특별한 이유도 없이 바깥으로 나가는 일은 가볍고 경망된 일이라 여겼다. 세상에 궁금한 것이 너무도 많아 보고 싶은 것도 많고 듣고 싶은 것도 많은데, 마음대로 바깥출입을 할 수 없는 형편이었으니 그 마음이 얼마나 답답했을까.

정당한 이유를 대야 바깥출입이 허락되었던 시절, 그 중 둘러대기 좋은 것이 도라지였다. 도라지 캐러간다는 평계를 대고 나와 모처럼 바깥바람을 쐬고, 또래 친구들을 만나 수다를 떨기도 하고, 때론 꿈에 그리던 임도 슬며시 만났던 것이다.

핑계는 끝이 없어서 자신의 불충을 가릴 핑계는 언제라도 있다. 핑계가 하도 그럴듯하면 자기 자신도 얼마든지 수긍을 시킬 수가 있다. 한 겨울에 도라지 캐러 간다고 말을 할 정도로.

덤벙주추와 그랭이질

마음에 삼척은 어딘가에 꼭꼭 숨어 있는 동네 같다. 서울이나 부산 등의 이름을 대면 삼척동자도 대뜸 떠올리겠지만 삼척 하면 알 듯도 싶고 모를 듯도 싶어 어른들도 고개를 갸웃하는 이들이 있다.

삼척을 기억하게 하는 것 중의 하나가 '죽서루'가 아닐까 싶다. 관동팔경 중에서 유일하게 바다가 아닌 내륙에 있는 누정인 죽서루는 동쪽에 '죽장사'라는 절이 있어 죽서루가 되었다고도 하고, 죽죽선녀라는 이름난 기생이 살던 집이 있었기 때문이라는 이야기도 있다.

죽서루에 오르면 많은 현판들이 걸려 있다. 경치가 빼어난 곳에 위치하다 보니 당대의 시인이나 묵객들이 그곳을 그냥 지나칠 리가 없었던 것 같다. 송강 정철, 미수 허목, 율곡 이이, 단원 김홍도, 표암 강세황 등 이름만 들어도 고개를 끄덕이게 되는 이들이 글과 그림을 통해 죽서루의 아름다움을 남겼다. 그 모든 것의 가치를 인정받아 죽서루는 보물 213호로 지정되어 보호를 받고 있다.

　죽서루에서 내려다보이는 오십천의 유유한 흐름과 흐르는 물결을 따라 이어져 있는 절벽을 바라보노라면 가슴이 활짝 트이고 숨이 탁 터지는 것을 느낄 수가 있다. 그럴만한 곳을 택해 그럴만한 집 한 채 지었다는 것을 대번 느끼게 된다. 그런 점에서 저 멀리 높다랗게 솟아오른 아파트가 시선을 가로막는 것은 영 아쉬운 대목이 아닐 수가 없다. 풍광을 누정의 일부로 받아들였던 옛 사람들의 마음을 헤아린다면 선택이 다르지 않았을까 싶기 때문이다.

　지상에 세워진 참으로 멋진 집 죽서루를 유심히 바라보면 눈길을 끄는 것이 있다. 울퉁불퉁하게 제멋대로인 바위 위에 기둥을 세운 것이다. 바위의 표면을 평평하게 깎아낸 뒤 기둥을 세운 것이 아니라, 자연 그대로의 바위 위에 기둥을 세웠다. 그러다 보니 기둥의 길이도 제각각이다. 바로 그 점에 우리 조상들의 지혜가 담겨 있다.

　건물의 하중을 지반에 전달하여 주는 기능과 기둥 밑뿌리를 습기로부터 보호하여 주는 기능을 감당하는 것을 주추라 한다. 주추로 삼은 돌을 주춧돌이라 하는데, 주춧돌은 대개가 펑퍼짐한 자연석을 골라 그대로 썼다. 깎아내지 않은 자연석 그대로의 주춧돌을 '덤벙주추'라 불렀다.

덤벙주추를 쓸 때 한 가지 문제는 기둥과 맞닿는 부분에 요철이 있어 기둥이 흔들리게 되는 것이다. 그래서 택한 것이 그랭이질이다. 주춧돌의 표면을 깎는 대신, 주추 표면의 생김새를 따라 기둥의 밑동을 깎아냈다. 서로 다른 성질을 가진 돌과 나무가 그랭이질을 통해 조금의 틈도 없이 하나가 되었던 것이다.

조금만 달라도 서로를 반목하며 사는 세상, 그럴수록 나를 버려 너를 품는, 둘이 하나가 되는 그랭이질이 그립다.

개 한 마리가 헛짖으면 동네 개가 다 따라 짖는다

———

우리가 잘 아는 속담 중에 '망둥이가 뛰니 꼴뚜기도 뛴다'는 것
이 있다. 남이 하는 것을 줏대 없이 따라 하는 것을 뜻하는 말
로, '낙동강 잉어가 뛰니 사랑방 목침도 뛴다', '참깨들깨 노는
데 아주까리가 못 놀까?', '남이 장에 가니 거름 지고 장에 따라
간다' 등 비슷한 속담들도 적지 않다. 누가 장에 가는 모습을
보고는 거름을 진 채 아무 생각 없이 뒤따라가는 모습은 생각
만 해도 우스꽝스럽다.

　캄캄한 어둠을 제대로 경험할 수 있는 곳은 시골이다. 도시
에서는 밤새 불이 켜 있고, 자동차 소음도 끊이지 않지만 시골
은 다르다. 그믐밤이면 '칠흑 같다'는 말을 실감하고, 온 세상
이 잠들었다는 말도 실감하게 된다.

　하루 일이 고되기도 하고 저녁에 일찍 잠을 자야 새벽일을
할 수 있는 법, 어둠이 이불처럼 덮이면 동네는 이내 깊은 어둠
과 고요 속으로 빠져든다. 그러고 나면 밤하늘의 별들이 깨어
일어나 그들만의 잔치를 밤새 벌일 뿐이다.

　그런데 그 고요한 순간 개 한 마리가 짖기 시작하면 사정이
달라진다. 온 동네 개들이 덩달아 짖기 시작한다. 그러면 더없
이 조용하던 동네에 개 짖는 소리가 가득하게 된다. 동네에 도

둑이라도 들어 짖었다면 도둑이 놀라 도망을 칠 일이지만 아무 일도 없는데 누군가가 헛짖어 다 따라 짖는 일이라면 소란도 그런 소란이 없다.

고요하고 평안한 마을이 되려면 누군가 잘못 짖지 말아야 한다. 잘못 짖으면 덩달아 짖는 이들이 있기 때문이다. 또한 남이 짖는다고 무조건 따라 해서도 안 된다. 누군가의 꿀 같은 단잠을 깨우기 때문이다.

잘못 짖는 이들과 생각 없이 따라하는 이들로 세상은 고요할 새가 없다.

어머니는 살아서는 서푼이고 죽으면 만 냥이다

삶이 우리를 가르치는 방법 중의 하나로, 뒤늦은 깨달음이란 게 있지 싶다. 깨닫긴 깨닫는데 뒤늦게 후회하면서 깨닫는 것이다.

건강을 잃어버린 뒤에야 건강의 소중함을 깨닫고, 작은 오해로 친구를 잃은 뒤에야 친구의 고마움을 깨닫고, 사소한 일로 사랑하는 이와 헤어진 뒤에야 사랑의 의미를 깨닫는 것, 그게 우리들의 삶이다.

'물고기가 맨 마지막으로 보는 것이 물이다'라는 말이 있다. 물에서 태어나 물에서 지낸 물고기가 죽을 때가 되어서야 물의 의미를 깨닫게 된다는 것이니, 어찌 그것이 물고기 이야기일까? 바로 우리들 이야기인 셈이다.

"오, 맙소사. 죽는 순간에 이르러서야 이제까지 한 번도 제대로 살지 못했다는 것을 깨닫게 되다니!" 소로우의 말에 고개를 끄덕이게 된다.

잃어버린 뒤에 소중함을 깨닫는 것 중에는 부모님의 소중함도 있다. 어머니를 두고 '살아서는 서푼이요 죽어서는 만 냥'이라 하는 말이 눈물겹다. 서푼에 지나지 않을 만큼 초라해 보였던 어머니의 모습은 사랑 때문이었다. 불편함을 불편하지 않게 생각하셨던 자식 사랑 때문이었다.

당신은 찬밥을 먹어도 자식에겐 따뜻한 밥을 먹이셨다. 가장 따뜻한 자리에 자식을 뉘이고 당신은 한쪽 구석에서 쪽잠을 청했다. 구멍 뚫린 양말에 허름하고 허술한 옷을 아무렇지도 않게 걸치면서도 자식들에게 색동옷을 입히셨다. 그런 어머니의 모습을 철없는 자식들은 서푼의 초라함으로 보곤 한다.

시간이 흘러 어머니의 모습이 서푼이 아니라 만 냥이었음을, 만 냥이 아니라 세상의 그 무엇과도 비교할 수 없는 사랑이었음을 깨달을 때쯤 어머니는 이 땅을 떠나시고 은혜는 갚을 길이 없다.

　내 자식들 키우느라 만 냥을 버느라 그랬는데, 만 냥보다 귀한 어머니는 계시지를 않으니.

시루에 물은 채워도 사람의 욕심은 못 채운다
───

우리의 생활 속에서 잠깐 사이에 사라지거나 잊혀가는 것들이 적지가 않다. 그렇게 사라지는 것들이 우리에게 미치는 영향은 적지가 않다. 아궁이와 함께 아랫목이 사라지다 보니 아무 데나 앉아도 된다고 생각하게 된 것 아닐까. 버스나 전철에서 어르신이 내 앞에 서 있어도 일어설 줄 모르는 것은 사라진 아랫목과 무관할 수는 없을 것이다.

　점점 잊혀가는 것 중에는 시루도 있다. 시루가 무엇인지, 어떻게 생겼는지, 그 모습을 선뜻 떠올릴 젊은이들이 얼마나 될지 모르겠다. 시루라 함은 떡이나 쌀 따위를 찌는데 쓰는 둥근 질그릇을 말한다. 자배기처럼 둥글넓적하게 생겼고, 대개는 짙은 회색을 띠고 있다.

　지금이야 떡을 방앗간에서 하는지 떡 공장에서 하는지 그런 것에 상관없이 가게에서 사먹고 있지만, 예전에는 어머니와 할머니가 직접 집에서 떡을 하곤 했다. 시루에서 하얀 김을 피워 올리며 떡이 익어가는 풍경은 때마다 집안 가득 퍼지던 냄새와 함께 그리움으로 남아 있다.

시루의 가장 큰 특징은 바닥에 구멍이 뚫려 있는 것이다. 둥근 구멍이 그야말로 숭숭 뚫려 있다. 구멍 사이로 뜨거운 수증기가 들어가 시루 안의 내용물을 익게 하기 위해서다. 그렇게 구멍이 숭숭 뚫린 시루에 물을 채운다니, 말도 안 되는 소리다. 밑 빠진 독에 물을 채울 수가 없는 것처럼, 시루에 물을 채우는 것 또한 있을 수 없는 일이다.

그런데 시루에 물을 채우는 것보다 더 어려운 일이 있다. 시루에 물을 채우는 일은 불가능 하거니와 혹시 그 불가능한 일이 가능하다 해도 도무지 불가능한 일이 있는데, 사람의 욕심을 채우는 일이다. 사람의 욕심을 채우는 일은 시루에 물을 채우는 일보다도 어려운 것이어서, 불가능의 끝이라 여겨진다.

'바다는 메워도 사람의 욕심은 못 채운다' 하니 도대체 무엇으로 막으면 욕심 구멍을 막을 수 있는 것인지. 혹 물을 채울지도 모를 시루에게 물어볼 일일지.

게으른 머슴은 저녁나절이 바쁘다

모두에게 똑같이 주어지지만, 모두가 다르게 받는 것이 있다. 시간이다. 가장 공평하게 주어지지만, 어떻게 받느냐 하는 것에 따라 서로 다른 결과로 나타난다.

'식전 일이 반나절 일'이라는 말이 있다. 식전이란 아침밥을 먹기 전의 시간으로, 새벽에 일찍 일어나서 아침을 먹기 전까지 하는 일이 아침을 먹은 뒤 점심때까지 하는 일과 같을 정도로 많은 일을 할 수 있다는 말이다.

그 말이 맞다는 것은 경험해 본 이들은 안다. 식전 시간이 짧은 것 같지만 의외로 많은 일을 할 수 있다. 해가 퍼지면 이내 뜨거워져 일을 제대로 할 수가 없는 일철에 뙤약볕 아래에서 힘들게 일하는 것보다는, 선선한 아침 시간에 집중해서 일하는 것이 훨씬 더 능률적이기 때문이다.

게으른 머슴은 저녁나절이 바쁘다고 한다. 하루 종일 빈둥거리다가 저녁때가 되면 그제야 바빠지기 시작한다. 밀린 일을 하려니 저녁이 바쁠 수밖에. '게으른 머슴은 칠월이 바쁘다'는 말도 있는데, 다른 사람은 다 쉬는 칠월을 두고 혼자 바쁜 것은 남들 일할 때 일하지 않고 일을 쌓아두었기 때문이다.

노년이 되어 더욱 분주해지는 이들도 있다. 물론 어르신에 대한 복지 제도가 제대로 갖춰지지 않은 것이 가장 큰 문제일 것이다. 노후를 편안하게 보내실 수 있도록 예우를 해 드리는 것은 국가의 마땅한 도리일 것이다. 그래도 한 가지 생각하고 싶은 것이 있다. 노년의 분주함이 젊었을 적 게으름의 결과여서는 안 된다는 것이다.

저녁은 저녁만의 의미와 빛깔이 있다. 하루의 삶을 마감하는 저녁이 그러하듯 인생의 저녁 또한 지난 시간을 음미하며 맞이하는 참된 휴식의 시간이 되어야 한다. 어떤 저녁을 맞을 것인가 하는 것은 저녁을 맞이하기 전까지의 시간에 달려 있다. 모든 저녁은 한낮의 시간을 지나 찾아오기 때문이다.

'나이 들어 따뜻하게 지내고 싶으면 젊은 시절에 난로를 만들어놓아야 한다'는 독일 속담과 '제 때의 바늘 한 땀이 아홉 번의 수고를 던다'(A stitch in time saves nine)는 미국 속담을 곁에 두니 서로 잘 어울린다.

호미 빌려간 놈이 감자 캐간다

시골에 살다보면 연장을 빌릴 일이 많다. 당장 아쉬운 일이 있는데 연장이 보이지 않으면 이웃집을 찾아가 빌려달라고 한다.

낫도 빌리고, 삽도 빌리고, 괭이도 빌린다. 차용증을 써주는 일도 없이 누군가 연장을 찾으면 얼마든지 빌려준다. 그게 시골 인심이다. 일을 마친 뒤 연장만 돌려주기도 하거니와 철에 따라 호박이 익었으면 호박을 오이가 익었으면 오이를 고마운 마음으로 함께 전한다. 정도 품앗이라고, 그렇게 서로 돕고 도움을 받으며 살아간다.

연장을 빌려주고서 겪을 수 있는 황당한 일이 있다면 어떤 일일까? 빌려간 연장을 돌려주지 않는다든지, 망가뜨려 온다든지, 빌리지 않았다고 시치미를 뗀다든지, 드물지만 그런 일이 일어날 수 있을 것 같다.

그러나 가장 황당하다 싶은 일이 있겠다 싶은데, 호미를 빌려 달라 하여 빌려주었더니 그 호미로 내 감자를 캐 가는 경우다. 배은망덕도 그런 배은망덕은 없을 것이다. 세상에 그런 고약한 경우가 어디 있을까 싶다.

그러나 생각해 보면 그런 일은 의외로 흔한 일이지 싶다. 은혜를 베풀었더니 은혜에 감사하기는커녕 은혜를 원수로 갚는 경우를 어렵지 않게 볼 수 있다. 그 집 장맛을 본 놈이 그 집을 욕한다고 했다.

그런 일을 당할 때마다 우리는 세상이 악하다고, 사람은 믿을 게 못된다고 푸념을 하고 체념을 하기도 한다. 마음이 허전하고 쓰려 아예 그런 일을 피하려 마음의 문을 닫아걸기도 한다. '터럭 검은 짐승은 거두지 말라' 했던 옛말이 헛말이 아님을 씁쓸한 마음으로 인정을 하게 된다.

그런데 우리는 왜 호미 빌려가 감자 캐간 놈을 내 주변에서만 찾으려 할까? 호미 빌려간 놈이 나일 수도 있다는 것을 왜 우리는 외면하고 있는 것일까?

빌려온 호미를 들고 때마침 배고프다고 내 눈에 보이는 감자를 함부로 캤던 일이 왜 내게는 없었을까? 호미보다 더욱 귀한 생명을 거저 받았으면서도 허락받은 시간을 엉뚱한 곳에 얼마든지 쓰고 있으면서 말이다.

정성만 있으면 앵두 따 가지고 세배 간다

—

도시에서의 삶이란 굳이 철을 헤아리지 않아도 된다. 돈이 계절마저 삼켰지 싶다. 돌아가시려 하는 아버지가 먹고 싶다 한 딸기를 찾아 눈구덩이 산속을 헤매던 중 하늘의 천사를 만났다는 이야기는 그야말로 옛 이야기 속에서나 가능한 일이다. 마트에 가면 계절과 상관없이 얼마든지 원하는 과일을 살 수가 있다. 값이 문제일 뿐이다.

앵두와 세배, 얼른 생각해도 때가 안 맞는다. 세배야 한 해가 시작되는 정월 초하루에 드리는 것이니 한 겨울인데, 앵두는 초여름에 달린다. 우물가에 빨간 구슬처럼 종알종알 맺힌 앵두를 본 것도 오래 전 일이지 싶다. 앵두와 세배는 그렇게 계절에 차이가 나는데 앵두 따 가지고 세배를 간다니, 그 무슨 철모르는 소리인가 싶다.

　그러나 정성만 있으면 앵두를 따 가지고도 세배를 간단다. 아무리 때가 늦었다 하여도 정성만 있으면 얼마든지 마음을 전할 수가 있다는 것이다.

　때를 놓쳤다고 너무 늦었다고 포기하는 경우가 있다. 그러나 우리 속담에 비춰 생각해 보면 때를 놓친 것보다는 정성이 부족한 경우가 더 많다. 부족한 정성을 때 놓친 탓으로 돌리는 것은 못된 버릇이다.

　앵두 따 가지고 가는 세배, 재미있기도 하고 귀하기도 하다. 앵두면 어떻고 감이나 대추면 어떻겠는가, 중요한 건 정성이다. 어색하다 하여도 앵두를 따가지고 찾아가 세배를 드려보자. 앵두를 같이 먹으며 밀린 이야기를 나누다보면 혹 서로의 마음에 쌓여있던 미안함이나 서운함이 저만치 사라진 계절처럼 슬며시 사라지지 않겠는가.

바위옷

단강에서 목회를 할 때였다. 고개 하나 너머에 솔뫼마을이 있었는데, 그 마을에 신기영 씨가 살고 있었다. 건장한 체구에 웃음이 시원한, 나와 연배가 비슷한 농사꾼이었다.

하루는 그의 집에 들렀더니 마침 잘 들렀다며 뭔가 전할 것이 있다고 했다. 초가지붕 형상을 한 돌이었다. 얼추 어른 얼굴 크기의 그 돌을 산간 밭에서 일을 하다 발견을 하였는데, 돌을 보는 순간 내게 전하고 싶었다는 것이다. 돌에 취미가 있는 것은 아니었지만 그런 마음이 고마워 마음의 선물로 고맙게 받았다.

그가 돌을 가리키며 말했다.

"이것 좀 보세요. 바위옷이 이쁘잖아요? 지금은 말랐지만 물을 주면 다시 살아날지도 몰라요."

'바위옷'이라고 했다. 돌의 표면에 붙어있는 돌이끼를 '바위옷'이라고 부르고 있었다. 처음 듣는 말 바위옷이라는 말이 정감 있게 다가왔다. 바위가 입는 옷이라니, 이끼라는 말보다도 바위옷이라는 말이 더 잘 어울린다 싶었다.

초가지붕 모양의 돌과 함께 바위옷이라는 몰랐던 우리말까지를 덤으로 얻는 즐거움이 컸다.

작은며느리 보고 나서 큰며느리 무던한 줄 안다

어디서 비롯된 말일까, "있을 때 잘 해!"라는 말을 종종 주변에서 듣게 된다. 인터넷으로 검색을 해보니 같은 제목을 가진 노래가 있다. 가사는 다음과 같다.

"있을 때 잘해 후회하지 말고 있을 때 잘해 흔들리지 말고 가까이 있을 때 붙잡지 그랬어 있을 때 잘해 그러니까 잘해 이번이 마지막 기회야 이제는 마음에 그 문을 열어줘 아무도 모르게 보고파질 때 그럴 때마다 너를 찾는 거야 바라보고 있잖아 사랑하고 있잖아 더 이상 내게 무얼 바라나 있을 때 잘해 있을 때 잘해."

"우리가 밤하늘에 빛나는 별을 보았을 때, 그 별은 이미 죽었는지도 모른다"는 말이 있다. 시인 장 콕토의 지인이기도 했던, 스무 살 나이에 요절한 프랑스의 천재작가 레몽 라디게의 말로 알려져 있다.

우리는 눈앞에서 빛나고 있는 별빛을 바라보지만 사실 별빛이 우리에게 도착하기까지는 굉장히 많은 시간이 필요하다. 어떤 별은 수억 광년이 필요하다. 빛이 수억 년을 달리다니, 그런 신비가 어디 흔할까! 그러니 우리 눈에 별빛이 들어왔을 때 이미 그 별은 우주에서 사라져 존재하지 않을 수도 있는 것이다.

'작은 며느리 보고 나서 큰며느리 무던한 줄 안다'는 말도 사람과의 만남을 생각하게 한다. 그동안 함께 지내며 지켜본 큰며느리 모습 속에는 탐탁하지 않은 면도 있었을 것이다. 아무리 잘 한다 하여도 때로 아쉽고 서운한 일들이 왜 없었겠는가.

그런데 이게 웬일, 큰며느리가 얼마나 무던하고 인내심이 많고 착했는지를 둘째 며느리를 보고 나서야 알게 될 줄이야. 당연한 줄 알았던 많은 것들이 결코 당연한 것이 아니라는 것을 뒤늦게 깨닫게 된 것이다. 같이 지낼 때 그의 좋은 점을 알고 그것을 고마워하며 칭찬을 아끼지 않고, 지냈다면 참으로 좋았을 걸, 그것을 뒤늦게야 깨달으니 아쉬운 일이 아닐 수가 없다.

처음부터, 둘째 며느리를 보기 전부터 첫째 며느리의 무던함을 고맙게 생각하고 인정하며 나도 잘 하는 것, 그것이 세월을 아끼는 삶의 지혜 아닐까.

자에도 모자랄 적이 있고 치에도 넉넉할 적이 있다

거리를 재는 단위는 나라마다 시대마다 제각기 다르다. 지금이야 대부분의 나라에서 미터법을 쓰지만 여전히 다른 단위를 고집하는 나라들도 있다. 어른의 발 크기를 기준으로 삼은

'피트', 엄지손가락의 끝부분을 기준으로 삼은 '인치', '야드' '마일' 등의 단위가 여전히 사용된다. 그런가 하면 동양에서는 '자'와 '치' '척'과 같은 단위가 사용이 되고 있다.

여전히 우리에게는 '자'와 '치'라는 단위가 낯설다. 이미 미터법에 익숙해졌기 때문이다. 지난날의 도량형법인 척관법(尺貫法)에 의하면 길이는 척, 양은 승(升), 무게는 관 등의 단위를 썼다.

그건 먼 옛날 일만이 아니어서 지금도 시골에서는 길이와 무게를 잴 때 '두 자 세 치', '한 치 두 푼', '고추 넉 관', '고기 두 근' 등 척관법의 단위를 여전히 사용한다. 도시에 사는 사람들은 그런 말을 들으면 도대체 그것이 얼마쯤을 나타내는 것인지, 우리 돈을 유로화로 바꿀 때처럼 짐작하기가 어렵다.

'자'는 '치'의 10배에 해당하는 길이로 약 30.3cm에 해당한다. 그렇다면 '치'는 '자'의 10분의 1로 약 3cm에 해당한다. '자'와 '치'의 길이를 정확하게 기억하기는 어렵다 해도, '자'가 '치'보다는 길다는 것은 자명한 것이니 기억할 필요가 있다. 그래야 '자에도 모자랄 적이 있고 치에도 넉넉할 적이 있다'는 속담의 뜻을 헤아릴 수가 있기 때문이다.

'자에도 모자랄 적이 있고 치에도 넉넉할 적이 있다'는 것은, 경우에 따라서는 많아도 모자랄 수 있고 적어도 남을 수가 있다는 것을 이르는 말이다. 보리떡 다섯 개와 물고기 두 마리로 오천 명이 배불리 먹고 남을 수도 있고, 생선이 가득한 집에서 다투는 일이 일어날 수도 있는 것이다. 세상 모든 일이 마음먹기에 따라 달라지기 때문이다. 그러고 보면 마음의 크기가 세상의 크기인 셈이다.

큰 북에서 큰 소리 난다

―

작은 물고기가 큰물에서 지낼 수 있을지는 몰라도, 큰 물고기가 작은 물에서 지내기는 어렵다. 큰 물고기가 작은 물에 있으면 움직이는 것도 힘들고 먹이를 구하는 것도 쉽지 않을 것이다. 대번 누군가에게 눈에 띄어 붙잡히고 말 것이다. 큰 물고기는 큰물에 있어야 제대로 살 수가 있다. 어떤 존재와 존재의 바탕은 무관할 수가 없다.

북에는 큰 북도 있고, 작은 북도 있다. 큰 북에서 큰 소리 난다. 혹 큰 북을 작게 쳐서 작은 소리를 낼 수 있을지 몰라도, 작은 북을 크게 쳐서 큰 소리를 내는 것은 무리다. 작은 북에서 큰 소리를 내려 하다가는 북이 망가지고 말 것이다.

큰 북이라 함은 당연히 북의 크기를 말할 것이다. 나라에 큰 행사가 있을 때 등장하는 북을 보면 어른 키를 훌쩍 넘길 때가 있다. 저런 북이 다 있나 싶을 만큼 큰 북을 두드리면 둥둥 둥둥, 울림이 깊은 소리가 전해진다.

그러나 생각해 보면 큰 북이란 외형의 크기만 큰 것을 가리키는 것은 아니다. 큰 북일수록 자기를 비워낸 크기가 크다. 큰 북에서 큰 소리가 나는 것은 북의 크기만 크다고 될 일은 아니다. 북소리의 크기를 결정하는 크기는 자기를 비워낸 크기이다. 세상에 그런 북이 어디 있을까 싶다만 덩치는 크되 자기를 비워내지 못한 북이 있다면 아무리 큰 북이라 하여도 큰 소리를 내지 못할 것이다.

교회의 덩치가 이리 커졌음에도 세상에 울리는 소리가 거반 들리지 않는 이유는 비워낸 크기와 무관하지 않을 것이다.

아랫돌 빼서 윗돌 괴고 윗돌 빼서 아랫돌 괴기

우리의 옛 마을을 아름답고 정겹게 했던 요소 중 빼놓을 수 없는 것이 돌담일 것이다. 야트막한 높이의 돌담이 집과 집 사이의 골목길을 따라 마치 어깨동무를 한 것처럼 휘돌아가는 모습을 보면 절로 마음이 평화로워진다. 주변에서 얼마든지 만날 수 있는 서로 다른 크기와 서로 다른 형태의 돌들이 모여 푸른 이끼를 키우며 서로가 서로를 붙잡아줌으로 비바람을 이기며 세월을 견디는 돌담의 모습을 보면 세상에서 정말로 강한 것이 무엇인지에 대해서도 돌아보게 된다.

아무리 마음이 급해도 실을 바늘허리에 묶어서 쓸 수는 없는 법, 세상에는 마음이 급하다고 함부로 할 수 없는 일들이 있다. 그런 일들 중에는 아랫돌 빼서 윗돌을 괴거나 윗돌을 빼서 아랫돌을 괴는 일도 있다.

담을 쌓다가 마무리가 덜 되었다고 아랫돌을 빼서 윗돌에 괼 수가 없다. 괼 돌을 가까운 데서 구해 일이 쉬울지는 몰라도 아랫돌을 빼내면 담은 무너지고 만다. 혹 담 아랫부분이 허술하다고 윗돌을 빼서 아랫부분에 괴는 것도 마찬가지다. 윗돌을 빼서 아랫부분에 괴는 일은 과정상 쉽지 않을 뿐 아니라 설령 그게 가능하다 하여도 담이 쉬 무너지기는 마찬가지다.

당장은 쉬울지 몰라도 지극히 위험하고 어리석은 일이 아랫돌 빼서 윗돌 괴고 윗돌 빼서 아랫돌 괴는 일이다.

어쩜 믿음이란 쉽게 통하는 임시변통을 찾기보다는, 거센 폭풍도 능히 견딜 수 있는 차분함과 견고함을 찾는 일인지도 모른다.

윗 논에 물이 있으면 아랫 논도 물 걱정 않는다

괜히 마음이 든든한 경우가 있다. 쌀독에 쌀이 넉넉하다든지, 광에 장작이 높이 쌓였다든지, 은행에 잔고가 넉넉하다든지, 믿을 만한 친구가 곁에 있다든지, 어디를 가자해도 기꺼이 동행이 되어줄 사랑하는 이가 있다든지, 그냥 마음이 든든해지는 경우가 있다. 그렇게 마음이 든든한 일 중 하나가 물이 넉넉한 윗 논을 가진 아랫 논일 것이다.

농사는 하늘 눈치를 보는 일이다. 하늘이 도와주지 않으면 사람의 수고는 헛수고가 되고 만다. 하늘이 도와주어야 할 것 중 빠뜨릴 수 없는 것이 물이다. 제 때 비가 오지 않으면 타 죽어가는 것이 곡식 뿐 아니어서 농부의 가슴은 거북이 등짝처럼 변한 논바닥보다 더 깊이 타들어간다.

아무리 가물어도 걱정이 없는 논이 있다. 윗논에 물이 그득한 아랫 논이다. 좋은 샘이 있어 윗 논에 물이 가득 차 있으면 아랫 논은 걱정할 필요가 없다. 윗 논에서 물꼬만 트면 아랫 논으로 물이 흘러 들어오기 때문이다.

위엣 사람이 넉넉한 물을 지니고 있어야 아랫사람이 든든한 법이다. 내가 부족할 때에 처다볼 곳이 있고, 도움을 받을 곳이 있기 때문이다. 든든한 어른이 곁에 있다는 것은 그만큼 든든하고 고마운 일이다.

오늘날 젊은 세대가 신앙에 등을 돌리고 있는 모습을 어렵지 않게 보게 된다. 아랫 논이 마른 것을 두고 아랫 논을 탓하는 것은 쉽고 안일한 생각이다. 아랫 논이 말랐다는 것은 물을 그득 채운 윗 논이 없기 때문, 언제라도 먼저 돌아보고 탓할 것은 윗 논이다.

착한 사람하고 원수는 되어도
악한 사람과 벗은 되지 말랬다

———

누구도 원하지 않는 일이겠지만, 사람과의 관계가 깨어지고 어긋나는 것처럼 마음 아픈 일은 드물 것이다. 그 일을 생각만 해도 마음은 무겁고, 그 사람의 얼굴이라도 마주치면 괴롭기 그지없다. 밥도 잠도 달지 않다.

그럼에도 불구하고 누군가와 벗이 되기도 하고 누군가와 원수가 되기도 하는 것이 우리네 삶이다. 아무리 착하게 지내려 해도 원수가 생길 때가 있고, 아무리 악한 사람에게도 벗은 있기 마련이다.

이런 우리네 삶을 두고 우리 속담은 착한 사람하고 원수는 되어도 악한 사람과 벗은 되지 말라고 한다. 착한 사람하고 원수 되는 일과 악한 사람하고 벗이 되는 일, 두 가지 경우를 이야기하고 있는데 사실 생각해보면 두 가지 다 피해야 할 일들이다. 착한 사람하고 원수 되는 일이 무엇 좋은 일이겠으며, 악한 사람과 벗이 되는 것 또한 무슨 유익이 있겠는가?

그러나 굳이 한 가지를 택하라면 그 중 택할 것은, 착한 사람하고 원수가 되는 것이다. 왜 그랬을까? 어찌 착한 사람하고 원수는 되어도 악한 사람과 벗은 되지 말라고 한 것일까?

두 가지 경우가 모두 안 좋은 것이지만, 굳이 폐해를 따지자면 후자가 더하다는 뜻이 아닐까? 비록 원수가 된다 하여도 착한 사람과 원수가 되면 화해의 길은 얼마든지 열려있을 것이다. 당시는 힘들어도 지나고 나서 배우는 것도 적지 않을 것이다. 하지만 아무리 가깝게 지낸다 하여도 가깝게 지내는 이가 악한 사람이라면 정말로 소중한 것들을 잃어버리고 만다.

사실 착한 사람과 원수 되는 일은 극히 드문 일, 악한 사람과 벗이 되는 것이 얼마나 위험한지를 일러주기 위해 착한 사람과 원수 되는 일에 빗대었을 것이다. 무엇을 강조하고 있는지를 살펴 함부로 착한 사람과 원수 되는 우를 범하지 말아야 할 것이다.

겨릿소

여러 가지 좋은 농기계가 많이 보급된 요즘에는 웬만한 논밭은 농기계가 갈지만 예전에는 대부분 소가 갈았다. 소를 부리느라 골짜기마다 쩌렁쩌렁 울려대던 농부들의 호령소리가 대단했다.

쟁기질을 할 때 소는 한 마리를 부릴 수도 있었고, 두 마리를 나란히 세워 부릴 수도 있었다. 한 마리 소가 일하는 것은 '호릿소'라 불렸고, 두 마리를 함께 부리는 것을 '겨릿소'라 불렀다. '겨릿소'란 '겨리를 끄는 소'라는 뜻인데, '겨리'는 '소 두 마리가 끄는 쟁기'라는 뜻이다.

호릿소와 겨릿소는 일하는 성격도 달라 보통 때는 호릿소를 부린 반면, 험한 밭을 갈 때에나 밭을 깊게 갈아엎을 필요가 있을 때는 겨릿소를 부렸다. 그만큼 겨릿소가 하는 일은 고된 일이었다.

겨릿소를 부릴 때는, 아무렇게나 하지 않았다. 일을 많이 해본 경험이 있는 소가 농부 쪽에서 보자면 오른쪽에 섰고, 일을 막 배우는 초보급 소가 왼쪽에 섰다. 오른쪽에 서는 일 잘하는 소를 '안소'라 불렀고, 안소를 따라가며 일하는 소를 '마랏소'라 불렀다. 안소를 따라 일을 하며 마랏소는 자연스레 일하는 요령을 배웠다. 경험이 많고 일 잘하는 안소는 동네에서도 귀해 누구나 알아주었고 그만큼 대접도 후해 마랏소에 비해 품삯도 더 쳐주었고 먹을 것도 넉넉히 주었다.

농부가 쟁기질을 할 때면 회초리를 오른손에 잡는데 그것도 다 이유가 있어서였다. 오른쪽에서 일하는 안소가 제대로만 가면 마랏소는 저절로 따라오기 때문이었다. 못마땅해서가 아니라, 오히려 미덥기 때문에 안소가 선 쪽에 회초리를 잡았던 것이다.

'겨릿소' 이야기를 한 것은 주님의 부르심을 이해하는데 도움이 되겠다 싶기 때문이다.

"수고하고 무거운 짐진 자들아 다 내게로 오라. 내가 너희를 쉬게 하리라."

우리가 잘 알고 있는 예수님의 말씀이다. 그 말씀을 하신 예수님은 "와서 나와 함께 멍에를 메자" 하셨다. "나와 함께 멍에를 메자"는 말은 "나와 함께 겨릿소가 되자"는 뜻일 수 있다. "나와 함께 겨릿소가 되어 하나님의 밭을 갈자"는 초청인 셈이다.

우리가 부족하고 서툰 마랏소라 하여도 주님께서 내 곁에서 안소가 되어주신다면 우린 힘을 내어 하나님의 밭인 이 세상을 힘차게 갈 수 있을 것이다. 누군가가 힘들어할 때 그의 곁에서 가만히 안소가 되어주는 것도 의미 있는 삶이라 하겠다.

좋은 목수한테는
버리는 나무가 없다

—

더불어
산다는것은
한그루 나무를
세상에
심는것이네
— 박남준

한숨도 버릇된다

———

버릇, 여러 번 거듭하는 사이에 몸에 배어 굳어 버린 성질이나 짓을 말한다. 자신도 모르게 몸에 배는 습관이니, 습벽(習癖)이라 할 수 있다. 한 번 배게 되면 여간해서는 버리기가 힘든 것이 버릇이다. 세 살 버릇 여든까지 간다지 않는가?

한숨이란 잠깐 동안의 휴식이나 잠을 이르기도 하지만, 근심이나 설움이 있을 때 길게 몰아서 내쉬는 숨을 이르기도 한다. '한숨도 버릇된다'는 속담에서 말하는 한숨은, 당연히 길게 몰아서 내쉬는 숨을 말한다.

한숨은 큰 근심이 있거나 안 좋은 소식을 들었을 때나 탄식할 일이 있을 때 자신도 모르게 나오게 된다. 어쩔 수 없는 신

체반응이라 생각할지 몰라도 우리 옛 어른들은 한숨도 버릇이
된다고 가르치고 있다. 한 번 한숨을 짓기 시작하면 그것이 몸
과 마음에 쌓여 나도 모르게 되풀이하게 된다는 것이다.

한숨도 버릇되는 것이라면 절망도 원망도 슬픔도 버릇 아닐
까? 웃음도 희망도 사랑도 버릇일지 모른다. 타고난 성품으로
써가 아니라 순간순간 내가 가진 마음의 결과가 켜켜 쌓여 만
든 결과일 것이다. 이왕이면 좋은 것을 버릇 삼을 일, 아무 감
정에게나 함부로 마음의 문을 열 일이 아니다.

샘을 보고 하늘을 본다

황베드로 수녀님의 이름을 처음 듣고는 당황했었다. 베드로라
는 이름과 수녀님이라는 호칭이 어색했던 것인데, 내가 무지했
던 것이었다. 그렇게 대하게 된 수녀님의 동시는 참 맑고 아름
다웠다. 수녀님이 쓴 동시 중에 〈비 갠 날〉이라는 짤막한 시가
있다.

하늘이/ 크게 크게/ 하나인 줄 알았더니

빗물 괸/ 웅덩이마다/ 따로따로 하늘
오늘 밤/ 그 속에/ 별도 따로 뜰 건가

주변과 사물을 바라보는 깨끗하고 예쁜 마음이 오롯이 전해
진다. 하늘은 이 땅과 무관하게 따로 자리를 잡고 있다고만 생
각했는데, 비가 오고 난 뒤 길을 가며 보니 웅덩이마다 하늘이
담겨 있는 게 아닌가.

시인은 그 모습을 유심히 바라본다. 그러면서 사람들 마음마
다 하늘이 담겨 있다는 사실을, 소소한 일상 속에도 얼마든지
하늘이 담겨 있다는 것을 새롭게 깨닫는다. 그런 깨달음은 오
늘밤에도 별들이 웅덩이마다 따로 뜰 것인지, 설레는 기대로
이어진다.

언제 한 번 땅에 떨어진 동전 하나를 우연히 주운 아이가 허
구한 날 땅만 보고 살아가듯, 이 땅에서 일어나는 일에 눈과 마
음을 빼앗긴 채 살아가는 것이 우리네 삶이다. '다 자란 자가
다시 보는 하늘'(황동규)은 드문 일이 되고 말았다.

그럴수록 고마운 것이 샘이다. 샘은 얼마든지 자신 안에 하
늘을 담아 이 땅에 마음을 빼앗기고 살아가는 우리들에게 슬
며시 하늘을 보여준다. 샘을 보면서도 바쁜 걸음에 하늘을 보
지 못한다면, 끝내 우리는 어디에서 하늘을 볼 수 있을까.

앞 달구지 넘어진 데서 뒷 달구지 넘어지지 않는다

———

앞서 가던 달구지가 넘어지는 것을 보면 뒤에 따라가던 달구지는 자연 조심하게 된다. 앞에 가던 달구지가 넘어진 곳에 이르러서는 더욱 그러해서 같은 자리에서 또 넘어지지 않도록 조심에 또 조심을 한다.

앞서 간다는 것은 그런 의미를 갖는다. 뒤따라오는 사람이 겪지 않아도 되는, 넘어지는 위험을 감수해야 한다. 뒤따라간다는 것은 그런 의미다. 앞선 사람을 살펴 같은 잘못을 피해야 한다.

제자들을 따로 파송하기 위해 먼 길을 걸어 고향을 찾으신 예수님은 고향 사람들에게 배척을 받으신다. 고향 사람들에게 배척당하실 것을 모르셨을까? 고향 사람들이 당신을 미친 사람으로 여긴다는 것을 예수님은 알고 계셨다.

예수님은 지금 예수님 없이 세상으로 나아가야 할 제자들에게 당신의 모습을 보이고 있는 것이다. 보아라, 복음을 전하는 자는 이런 일을 겪는다. 나도 마찬가지다. 가장 가까운 사람에게 무시당하고 배척을 당한다. 복음을 전한다고 사람들이 너희에게 박수를 치고 너희를 존경하리라 생각하지 말라. 복음을 전하기 위해서는 이런 모든 일들을 감내해야 한다. 예수님은 당신이 먼저 고향 사람들에게 배척을 당하는 모습을 보이심으로 제자들로 하여금 배척에 넘어지지 않게 하신다.

파송을 받기 전 필시 제자들의 마음은 들떠 있었을 것, 그런 제자들 앞에 예수님은 당신이 먼저 넘어지심으로 제자들이 넘어지지 않도록 지키고 있다.

앞 달구지 넘어진 곳에서 뒷 달구지가 넘어지는 일은 드문 일, 그만큼 부끄러운 일이다.

천 냥 시주 말고 없는 사람 구제하랬다

흔히들 기독교를 사랑의 종교라고 한다. 기독교의 신앙을 한 마디로 요약을 하면 사랑이라는 것이다. 하긴 예수님께서도 내가 새 계명을 준다 하시며, 내가 너희를 사랑한 것 같이 너희도 서로 사랑하라 하셨다. 그렇다면 정말로 기독교인들은 사랑하며 살고 있을까?

누구보다 사랑을 강조하면서도 막상 어려운 이웃을 만났을 때 그 중 인색한 사람들이 기독교인이라는 말을 들을 적이 있다. 평소의 고백대로 하자면 그냥 지나칠 수 없는 상황, 그런데 왜 외면을 하는 것일까?

그런 모습을 두고 혹시 하는 마음으로 드는 생각이 있다. 혹시 그것이 헌금생활과 관련이 있는 것은 아닐까 하는 생각이다. 평소에 하나님께 헌금을 하고 있다는 생각이, 누군가에게 사랑을 건네는 마음을 가로막고 있는 것은 아닐까 모르겠다. 헌금을 드림으로 나는 이미 충분히 선행을 베풀고 있다 생각하는 것 말이다.

천 냥 시주와 사람 구제도 그런 연관이 있다. 없는 사람을 구제하지 않는 것이 천 냥 시주 때문일 수 있다. 천 냥이라면 적은 돈이 아니다. 누구도 쉬 드리기 힘든 큰돈을 시주한 사람은 내가 할 도리를 다했다는 마음으로 다른 일에 무관심하기가 쉽다. 큰 것을 드렸다는 마음이 나머지 것들을 사소하게 여기게 한다.

'천 냥 시주 말고 없는 사람 구제하랬다'는 속담은 낮은 목소리로 우리에게 정말로 중요한 것이 무엇인지를 일러준다. 천 냥을 시주하는 것보다 중요한 것은 없는 사람들을 돌보는 것이다. 천 냥 시주를 핑계 삼아 어려운 이웃을 돌아보지 않는 것은 천 냥 시주의 의미를 잃어버리게 한다.

마땅히 관심을 가져야 할 이웃의 어려움에 대해 우리가 무관심한 것이 혹 신앙 때문이라면 이는 참으로 부끄러운 일이다. 천 냥 시주보다도 중요한 것은 없는 사람을 구제하는 일, 옛말에 하늘의 뜻 오롯이 담겼음을 우린 언제쯤 깨닫게 되는지.

원두막 삼 년에 친정어머니도 몰라본다

원두막이란 원두밭을 지키기 위하여 밭 어딘가에 세워 놓은 간단한 다락집을 말한다. 원두밭이란 말 그대로 원두를 심은 밭으로, 원두란 밭에 심은 오이·참외·수박·호박 따위를 통틀어 이르는 말이다. 원두막은 대개 밭 전체가 잘 보이는 한 쪽 구석에 세워 단순한 서리꾼은 물론 대담한 도둑질로부터 밭을 지켰다.

자동차를 몰고 시골길을 달리다보면 딸기나 참외나 수박 따위를 심고 길가 쪽으로 원두막을 지어 그곳을 지나가는 이들에게 밭에서 거둬들인 것을 파는 모습을 어렵지 않게 보게 된다. 바라보는 이에겐 낭만적이고 정겨워 보일지 몰라도 사실 원두막지기에겐 고단한 일상이 아닐 수 없다.

원두막에서 장사를 오래하다 보면 아무리 친한 사람이 와도 여간해선 내가 농사지은 것을 공짜로 내어놓기가 어려운 법이다. 찾아오는 이가 한둘이 아닌데다가, 아무에게나 덥석덥석 내놓다보면 인심 좋다 소릴 들을지는 몰라도 그 소릴 들으려고 원두막을 지키는 것은 아니기 때문이다.

원두막 삼 년에 친정어머니도 몰라본다 했으니 몰라보는 딸의 심정도 이해가 간다. 하지만 딸은 딸대로 자기의 마음을 잘 지켜 행여 몰라봐선 안 될 사람까지 몰라보는 일은 없어야 할 것이다.

거문고 인 놈이 춤을 추면 칼 쓴 놈도 춤을 춘다

———

'꿩 잡는 게 매'라는 말이 있다. 물론 매가 꿩을 잡는다. 그러나 꿩을 잡는다고 모두가 매가 되는 것은 아니다. 꿩에 대한 미련 때문일까, 매라는 이름이 갖는 선망 때문일까, 꿩 잡는 게 매라는 생각은 곳곳에 퍼져 있다. 수단과 방법이야 어찌 되었든 원하는 결과만 얻으면 된다는 식의 생각이 의외의 곳에서 뿌리를 내리고 있다.

매 아닌 것들이 어디선가 꿩 잡는 기술을 배워 용케 꿩을 잡아놓고선(어디선가 구한 것일 수도, 주운 것일 수도 있으리라) 내가 매인 것처럼 행세한다. 세상은 그 앞에 전리품처럼 놓인 꿩을 보고선 아무도 그가 매라는 것을 의심하지 않는다. 놓인 꿩이 많으면 많을수록 그는 더욱 확실한 매가 된다. 저렇게 꿩을 잘 잡으니 매가 아닐 수가 없는 것이다. 굳이 그의 발톱을 확인하지 않아도, 단숨에 바람을 거슬러 날아오르는 힘찬 날갯짓을 보지 않아도 그가 매라는 것을 누구도 의심하지 않는다. 얇고 편한 세상이다.

거문고 인 놈이 춤을 추면, 칼 쓴 놈도 춤을 춘다. 여기서 말하는 칼이란 무엇인가를 자르는 데 쓰는 칼이 아니라 옥에 갇힌 춘향이 목에 걸렸던 바로 그것, 즉 널빤지에 구멍을 뚫어 죄인의 목에 씌우던 형구(刑具)를 말한다.

형구로 쓰이던 칼을 본 적이 있는 이는 대번 알겠거니와 거문고와 칼은 생김새가 비슷하다. 기다란 나무판에 구멍이 뚫려 있다. 그러나 모양이 비슷할 뿐 거문고와 칼은 소용이 전혀 다르다.

생김새가 비슷하다는 이유로 거문고 인 놈이 춤을 춘다 하여 칼 쓴 놈이 덩달아 춤을 추는 것은 우스꽝스럽고도 어리석은 일이다. 또한 머리에 이고 덩실덩실 춤을 춘다고 내가 쓰고 있는 칼이 거문고가 되는 것도 아니다. 앞에 놓인 꿩 몇 마리에 무조건 매가 되는 것이 아닌 것처럼.

비꽃과 비설거지

비와 관련된 우리말 중에 우리가 잘 알지 못해 즐겨 쓰지 못하는 말들이 있다. 안개비나 이슬비는 익숙해도 '는개'라는 말은 낯설지 싶다. 안개보다는 굵고 이슬비보다는 가는 비를 는개라 불렀다. 채찍처럼 쏟아진다고 하여 '채찍비'도 있었고, 빗방울의 발이 보이도록 굵게 내린다 하여 '발비'도 있었다. 좍좍 내리다가 금세 그치는 비는 '웃비', 한쪽으로 해가 나면서 내리는 비는 '해비'나 '여우비', 겨우 먼지나 날리지 않을 정도로 내리는 비는 '먼지잼'이었다.

우리 조상들은 이 세상에서 가장 좋은 냄새를 '석 달 가뭄 끝에 하늘에서 떨어지는 빗방울이 흙먼지를 적실 때 나는 냄새'라 했다던데, 가뭄 끝에 내리는 비는 너무 고마워서 '단비' 혹은 '약비', '복비'라 부르기도 했다.

'비그이'라는 말은 비가 올 때 잠깐 피하여 멎기를 기다리는 일이며, '비거스렁'이라는 말은 비가 갠 뒤에 바람이 불고 시원해지는 일을 뜻하는 말이다. '비빌이'는 가뭄에 비 오기를 비는 일로, 기우제와 같은 뜻을 가진 말이다. 비와 관련된 말 중에 '비꽃'이란 말도 있는데, 비가 오기 시작할 때 성글게 떨어지는 빗방울을 말한다. 비가 떨어지기 시작할 때 '비꽃이 든다', 혹은 '비꽃이 피기 시작한다'고 표현할 수 있는데, 그저 '비가 온다' 하는 것보다 훨씬 운치 있고 그윽한 말이 될 것 같다.

'비갈망'이라는 말도 있다. 장마철을 앞두고 비를 맞지 않도록 여러 가지 방법으로 대책을 세우는 것을 말한다. 비슷한 뜻을 가진 말로 '비설거지'가 있다. 식사 후에 그릇을 씻는 일만 설거지로 알고 있는 이들에게 비설거지라는 말은 재미있지 싶은데, 비설거지라 함은 비가 오려 할 때 비가 맞아서는 안 될 물건을 치우거나 덮는 일을 말한다. 천둥 번개가 치며 금방이라도 비가 쏟아질 징조를 보이면 얼른 장독대를 덮든지 널어 놓은 곡식을 집안으로 들이든지 하는데, 바로 그것이 비설거지였던 것이다.

어느새 우리들의 삶은 농사와 거리가 먼 삶을 살고 있지만 그래도 비가 올 때마다 아름다운 우리말 몇 개쯤은 떠올릴 수 있었으면 좋겠다. 비와 관련된 우리말을 기억한다는 것은 단순히 몰랐던 말 몇 개를 알게 되는 것이 아니라, 자연을 사랑하며 때에 맞는 이름을 애정으로 불러주는 일이 될 것이다. 삶의 모든 순간을 사랑하는 일도 될 것이다.

'후둑후둑 비꽃이 듣기 시작하여 서둘러 비설거지를 끝내고 당신에게 편지를 씁니다', 비가 내릴 때면 덩달아 마음이 우중충해지기보다는, 누군가를 그리움으로 떠올리는 여유가 우리에게 있었으면 좋겠다.

고운 사람 미운 데 없고 미운 사람 고운 데 없다

한 사람에 대한 평가는 사람마다 다르다. 같은 사람을 두고도 좋은 점을 말하는 사람이 있는가 하면, 좋지 않은 점을 말하는 사람도 있다. 누군가에 대해 말하는 우리의 평가는 정당한 것일까?

사람은 자기가 보고 싶은 대로 본다고 한다. '보이는 대로'가 아니라 '보고 싶은 대로'다. 사물이든 사람이든 아무리 객관적으로 본다고 하여도 그것은 자기의 생각이나 주관을 통해 바라보는 셈이다.

누군가를 한 번 좋게 보면 그 사람이 어떻게 하든 모든 것이 좋게 보이고, 한 번 나쁘게 보면 그가 하는 모든 것이 나쁘게 보인다. 아무리 내 눈에 고운 사람이라 해도 잘못할 때가 있고, 아무리 내 눈에 미운 사람이라 해도 잘 할 때가 있는 법, 그런데도 우리는 내가 가지고 있는 생각에 붙잡혀 누군가의 삶을 일방적으로 판단하곤 한다.

누군가를 좋게 보면 미워할 구석이 없고, 누군가를 밉게 보면 좋아할 구석이 없다. 어쩌랴, 그게 인간의 한계라 한다면 누군가를 함부로 미워할 일이 아니다. 함부로 미워하기 시작하여 미움의 쓴 뿌리가 내 속에서 자란다면 마침내 세상에는 사랑할 만한 사람이 남아 있질 않게 되기 때문이다.

모진 놈 옆에 있다가 벼락 맞는다

'벼락에는 바가지라도 뒤집어 쓴다'는 말이 있다. 벼락에 바가지가 무슨 소용이 있을까만, 우지끈하며 갑자기 벼락이 칠 때의 무서움을 그렇게라도 가리려고 하는 게 사람의 마음인 것이다.

벼락이 칠 때 세상 모든 사람의 마음은 하나라 한다. 두려움이다. 혹시 내 죄를 알고 하늘이 벌을 내리시는 건 아닐까 하는 마음이 누구에겐들 없을까.

'죄는 천도깨비가 짓고 벼락은 고목이 맞는다'는 말도 있다. 막상 죄를 지은 사람은 멀쩡한데, 죄를 짓지 않은 애먼 사람이 벼락을 맞는 일이 있기 때문이다.

모진 놈 옆에 있으면 벼락을 맞는 수가 있다. 내가 어떤 삶을 사느냐에 따라 복과 화, 행복과 불행이 갈리는 것이지만, 때로는 내가 어떤 사람과 어울리느냐 하는 것에 따라서 갈리기도 한다.

아브라함을 복의 근원으로 불러 그를 통해 모든 민족이 복을 받게 하신 것도, 지금까지와는 전혀 다른 새로운 삶을 결단하는 삭개오를 두고 "오늘 구원이 '너'에게 이르렀다" 하지 않으시고, "이 '집'에 이르렀다" 하신 말씀도 마찬가지일 것이다. '집'은 식구나 공동체를 의미하는 말, 달라진 것은 삭개오 한 사람이지만 예수님은 그를 통해 그의 가족과 그가 함께 살아가는 사람들에게도 구원이 임할 것을 말씀하고 있다.

벼락을 피하기 위해 모진 놈 피하느라 눈을 부라리는 대신, 내가 먼저 덕 있는 사람이 될 수 있다면!

좋은 목수한테는 버리는 나무가 없다

좋은 농부는 땅 타박을 하지 않는다 했다. 땅이 질다고, 걸다고, 자갈이 많다고, 경사가 졌다고, 외지다고 땅을 탓하지 않는다. 좋은 농부는 어떤 땅이라도 좋은 밭으로 일구어낸다. 땀이 땅을 바꾼다는 것을, 곡식은 농부의 발자국 소리를 듣고 자란다는 것을 좋은 농부는 잘 알고 있기 때문이다.

좋은 목수는 나무를 가리지 않는다. 좋은 목수는 무엇보다도 적재적소에 필요한 나무를 안다. 꼭 필요한 나무를 꼭 필요한 곳에 쓴다. 그러기에 좋은 목수는 그 어떤 나무도 함부로 버리지를 않는다. 다른 사람이 버리는 나무라 할지라도 그 나무를 잘 보관하였다가 그 나무의 소용에 꼭 맞는 곳에 사용을 한다.

버리는 나무가 없는 목수가 좋은 목수다. 버리는 사람이 없는 사람이 좋은 사람이다.

버릇 굳히기는 쉬워도 버릇 떼기는 힘들다

군버릇, 눈버릇, 말버릇, 손버릇, 입버릇, 잠버릇, 코버릇…. 버릇엔 종류도 많다. 하기야 버릇 중에는 날 때부터 지니고 있는 배냇버릇까지 있으니 말이다.

거듭 배우거나 여러 번 되풀이하는 과정에 익고 굳어진 행동을 버릇이라 한다. 자면서 코를 골거나 이불을 차 던지는 잠버릇에서부터, 입을 열기만 하면 험담을 일삼는 입버릇이나 남의 물건에 슬쩍 손이 가기도 하는 손버릇에 이르기까지 사람은 저마다 독특한 버릇을 지닌 채 살아간다.

'제 버릇 개 못 준다'는 말이 있거니와 버릇은 들기가 어렵지 한 번 들면 버리기가 어렵다. 버릇이 든 줄도 모르고 버릇대로 살기 때문이다.

버리기가 힘든 것이 버릇이라면 들 때부터 조심해야 할 일이다. 좋은 버릇이 들면 그 또한 오래갈 수 있기 때문이다. 처음부터 안 된다고 실망하거나 포기할 것이 아니라 좋은 마음이 버릇으로 자리 잡기 위해서는 끊임없는 배움과 되풀이가 있어야 한다.

좋은 버릇은 우연히 한순간에 자리를 잡는 게 아닌 법, 일상의 삶 속에서 바른 생각과 따뜻한 말과 친절한 행동 등을 정성스레 모실 때 어느새 좋은 버릇은 귀한 손님처럼 내 마음속에 자리를 잡을 것이다.

오뉴월 땡볕에는 솔개만 지나가도 낫다

달랑 '오뉴월'하면 그 말이 낯설게 여겨진다. 하지만 '오뉴월 감기는 개도 아니 걸린다'는 말을 우리는 흔하게 쓴다. 오뉴월이라 함은 오월과 유월을 아울러 이르는 말(伍六月)로, 음력으로 오뉴월은 한창 더운 여름철에 해당한다.

'오뉴월 쇠불알 늘어지듯'이라는 말은 물론 '오뉴월 더위에는 암소 뿔이 물러 빠진다'는 말이 있을 정도이니, 오뉴월의 불볕더위가 얼마나 심한 것일지를 짐작할 수가 있다.

우리말에 '솔개그늘'이란 말이 있다. 삶의 모든 것이 농사와 관련이 있었던 옛 시절, 사람들은 음력으로 이월 스무날에는 날이 흐려야 풍년이 든다고 생각을 했다. 그날에는 솔개의 그림자만한 그늘만 있어도 반갑다는 뜻으로, '솔개그늘'은 '아주 조그마한 그늘'을 이르는 말이 되었다.

날아가는 솔개가 만들어주는 그늘이란 그늘이랄 것도 못되는, 아주 작고도 눈 깜짝할 사이의 그늘일 뿐이다. 그러나 그 보잘 것 없는 그늘도 더운 사람에게는 도움이 되는 법, 아주 작은 도움도 그것을 필요로 하는 사람에게는 얼마든지 요긴한 도움이 될 수가 있다.

"내가 진정으로 너희에게 말한다. 이 작은 사람 가운데 하나에게, 내 제자라고 해서 냉수 한 그릇이라도 주는 사람은, 절대로 자기가 받을 상을 잃지 않을 것이다"(마태복음 10:42) 하신 말씀을 솔개가 만드는 그늘을 통해 실감한다.

마음의 그레발

이젠 시대가 바뀌어 입사시험을 볼 때 외국어보다도 국어가
더 문제가 된다는 기사를 대한 적이 있다. 외국어는 능숙하게
구사하면서도 막상 우리말과 우리글에 서툴다니, 당혹스럽기
도 하고 씁쓸하기도 하다. 이런 일이 계속되다 보면 미숙해지
는 것이 비단 우리말뿐만이 아니어서, 우리 얼과 문화 등 우리
가 누구인지 자기 정체성에 큰 혼란을 가져오게 될 것은 자명
한 일이 될 것이다. 그런 점에서 우리말과 우리글에 관심을 갖
는 것은 '우리'를 지키는데 그 어떤 것보다도 시급하고도 중요
한 일이겠다 싶다.

'그레발'이라는 말은 낯선 우리말이다. 우리말이 우리에게
낯설다니! 그런데도 왜 우리는 우리말을 배우려고 하지 않는
것일까?

그레발은 집 지을 재목을 다듬는 일과 관련된 말이다. 보나
도리, 서까래나 기둥 등 집을 지을 때 쓰는 재목을 다듬기 위해
서는 이른바 마름질을 하는데, 마름질이란 재목을 치수에 맞추

92

어 베거나 자르는 일을 말한다. 재목을 연장으로 다듬는 일은 '바심'이라 했다.

마름질을 하며 재목을 놓일 자리에 꼭 맞도록 자르기 위해 재목의 위아래에 표시를 하게 되는데, 그렇게 재목의 위아래에 표시를 하는 도구를 '그레'라 한다. 바로 그 그레와 관련 '그레발'이라는 말이 있는데, 그레발이란 그레로 그레질을 해서 재목을 자를 때 원래의 치수보다 조금 더 길게 늘려 자른 부분을 이르는 말이다.

그레발을 두는 것은 혹시 수평이 안 맞는다든지 하는 오차가 생겼을 때 길이를 조절할 수 있도록 하기 위해서였다. 처음부터 길이를 딱 맞춰 잘라 놓았다가는 나중에 바로잡을 방법이 없을 수가 있다. 재목의 길이가 길면 잘라 쓰면 되지만 행여나 재목의 길이가 짧을 경우 다른 나무를 이어서 쓸 수는 없는 노릇이기 때문이다.

그레발은 사람 얼굴을 조각할 때 눈은 작게 시작하고 코는 크게 시작하는 것과 같은 이치가 될 것이다. 조각을 하다보면 손을 댈수록 눈은 커지고 코는 작아질 터이니, 조각을 하는 사람으로서는 당연하게 생각해야 할 부분이다. 처음부터 눈을 크게 한다든지 코를 작게 시작한다면 이내 낭패를 당하게 되고 만다.

처음에 재목의 길이를 조금 길게 잡았다가 나중에 필요가 없게 되어 그레발을 잘라 없애는 것을 '그레발을 접는다'고 하였는데(참조. 장승욱 지음, 《재미있는 우리말 도사리》), 그레발을 접는다는 말이 귀하게 다가온다.

우리 마음에도 그레발을 두었으면 좋겠다는 생각 때문이다. 한 치의 여유도 없이 팍팍하게 살아갈 것이 아니라 마음에 맞지 않을 경우 얼마쯤은 베어내도 좋을 마음의 여유를 가지고 살아간다면, 그렇게 그레발을 두고 살아간다면 우리 삶이 한결 넉넉하고 푸근해질 수 있겠다 싶기 때문이다.

도둑이 없으면 법도 쓸 데 없다

법이 완벽하고 엄격하다고 도둑이 없어지는 것은 아니다. 10원을 훔치기만 해도 사형에 처하는 법을 만든다고 도둑이 없어지는 것도 아니다.

도둑이 없어도 되는 세상을 만들면 자연스레 도둑은 없어진다. 모두가 고루 살든지, 욕심이 없든지 한다면 굳이 도둑이 있을 필요가 어디 있겠는가? 도둑이 없는데 도둑에 관한 법은 무어 필요하겠는가?

십자가 전쟁을 벌이듯 세계 곳곳에 십자가를 세우지만 그런 일로 하나님의 나라가 이루어지는 것은 아니다. 십자가가 없어도 하나님의 뜻이 이루어지는 세상을 이루면 된다. 그것은 정복이 아니라 사랑을 통해서 온다.

요한이 밧모섬에서 바라본 새 예루살렘에서는 성전을 찾아볼 수가 없었다(요한계시록 21:22). 도둑을 잡고 벌하는 법을 만들 것이 아니라, 도둑이 없어도 좋을 세상을 만드는 것이 우선이다.

도랑물이 소리 내지 깊은 호수가 소리 낼까

도랑, 오랜만에 듣게 되는 정겨운 말이다. 동네 앞을 실핏줄처럼 흘러가던 매우 좁고 작은 개울, 그 모습을 떠올리는 것도 정겹거니와 '도랑'이란 말 자체가 주는 어감도 정겹기만 하다. 우리 주변에서 어느새 사라져 보기 힘들어진 것 중에 도랑이 있다. 도랑이 사라지니 도랑이란 말도 듣기가 덩달아 어려워졌다. 실핏줄처럼 우리의 삶 한복판을 흐르던 도랑이 사라져 우리의 삶이 이리 팍팍해진 것은 아닐까 모르겠다.

도랑치고 가재 잡는다는 말을 요즘의 아이들이 들어보았을까? 들어보았다 하여도 그 말을 제대로 이해할 수 있는 아이들이 얼마나 될까? '도랑'도 '가재'도 모두가 낯선 말이 된 것은 아닐까? 도랑을 치면 가재를 덤으로 잡을 수 있다는 이 기막힌 말을 컴퓨터와 핸드폰에 마음을 뺏긴 아이들에게 어떻게 전해 줄 수 있을까?

도랑이 죄 시멘트로 덮이고, 시멘트에 가려 보이지 않는다는 이유로 시커먼 구정물만 흘려보낼 뿐이니, 참으로 되살려야 할 것이 무엇인지를 돌아보게 된다.

도랑물은 도랑물 소리를 낸다. 듣기에 따라 다르게 들릴 것이다. 정겹게 듣는 이들에겐 노래처럼 들릴 것이고, 가볍게 들는 이들에겐 소음처럼 들릴 것이다. 도랑물이 도랑물 소리를 내는 것은 당연한 일, 그렇다고 잊으면 안 될 것은 깊은 호수는 소리를 내지 않는다는 것이다.

말없이 하늘을 품고 깊이 침묵하는 호수가 있다는 것을 잊고 가벼이 목청만 높인다면, 그건 어리석음을 내보이는 것 뿐이다.

게으른 놈 밭고랑 세듯

———

눈에 선하다, 일은 안 하고 밭고랑만 세고 있는 게으른 농부의 모습! 누가 보면 밭에 관심이 많은 것처럼 보인다. 생각이 깊은 것처럼 보일 수도 있고, 준비를 철저히 하는 것처럼 비쳐질 수도 있다.

게으른 아낙이 삼을 찢어 베를 놓다가 얼마나 했는지 헤아려 보고, 게으른 선비가 책장이나 넘기며 몇 장이나 읽었으며 몇 장이나 남았는지 헤아리는 것도 마찬가지다.

밭고랑 세는 이유 중 하나는 분명 일을 하고 싶지 않은 게으름 때문이다. 게으른 놈 치고 일 못한다는 놈 또한 없으니.

서투른 무당이 마당 기울다 한다

서툰 목수가 연장 탓을 한다. 연장 탓을 하는 그에게 좋은 연장을 주면 재목을 탓할지도 모른다. 서툰 농부가 논밭 탓을 한다. 밭도 갈 줄 모르면서 소 멍에 탓만 한다. 좋은 농부에겐 좋은 논밭이 따로 없다 했는데도. 서툰 운동선수가 전날 먹은 음식을 탓하고, 컨디션을 탓하고, 운동장을 탓하고, 어떤 땐 날씨와 심판을 탓한다. 다행인지 불행인지 탓하기로 하자면 얼마든지 주변에 탓할 것이 있다.

말씀을 듣기 위해 사람들이 모여들자 예수님은 배를 타신다. 배를 바다에서 조금 떨어지게 한 뒤 바닷가에 모인 사람들에게 하나님의 말씀을 전하신다. 바다에서 불어오는 바람은 예수님의 말씀을 또렷한 목소리로 전했으리라.

예수님은 고기를 잡는데 쓰는 작은 나룻배도 훌륭한 설교단으로 삼으셨다. 그 모습을 생각하면 참으로 멋지고 훈훈한 풍경이 아닐 수가 없다.

마당 기운 것이 무당질하고 무슨 상관이 있을까만, 서투른 무당은 마당 탓을 한다. 자신의 영적 무능함을 그렇게 가리려고 한다. 가슴을 치며 자신의 한계를 아파해도 모자랄 판에 남 탓을 하다니, 탓할 것을 밖에서 찾고 그것을 탓하는 이를 신뢰

하기는 어렵다. 평계가 그럴듯하면 그럴듯할수록.

망치가 약하면 못이 솟는다
———

재목 따위를 이어 붙이거나 고정시키기 위해 박는 것이 못이다. 때로는 무엇인가를 걸기 위해 못을 벽에 박기도 한다. 못은 쇠나 대나무나 나무로 만들되 끝을 뾰족하게 하여 잘 박히도록 한다. '잘 박힌 못'이라는 말이 성경에 있거니와(전도서 12:11, 이사야 22:23), 제대로 박힌 못은 보이지 않는 곳에서 자신에게 주어진 몫을 묵묵히 감당한다.

못을 박을 때 쓰는 도구가 망치다. 못이 있으니 망치가 있고, 망치가 있으니 못이 있다. 망치로 못을 박을 땐 못 대가리를 제대로 쳐야 한다. 제대로 치지 못하면 못이 휘거나 부러지기 때문이다.

못과 망치의 관계를 생각하면, 망치의 역할은 못을 박는데 있다. 그런데 망치가 망치 역할을 제대로 하지 못하면 박혀야 할 못이 도리어 솟고 만다. 박혀야 할 못이 도리어 솟구쳐 올라온다.

내가 하는 일에 위엄이나 규율이 없으면 그 말을 따라야 할

자는 반항을 하게 된다. 허술하다는 것을 알아차리는 순간부터 말의 씨알이 먹히지를 않는다. 서툰 망치질에 못이 솟아오르듯 대들기만 할 뿐이다.

같은 의미를 가진 말로 '방망이가 가벼우면 주름이 잡힌다'는 말도 있고, '방망이가 약하면 쐐기가 솟는다'는 말도 있다.

솟아오른다고 함부로 못을 탓할 게 아니다. 망치라면 어김없이 제대로 내리쳐 못을 박아야 한다. 솟아오르는 못을 두고 못 탓을 하면 못쓴다. 탓할 것은 망치다.

호미 씻으면 김이 무성하다

───

농촌에서 목회를 할 때 할머니 머리에 이고 가는 작은 함지박 안에 담겨 있는 호미를 자주 보았다. 무슨 줄로 붙잡아매기라도 한 듯 마치 가부좌를 튼 것처럼 작은 함지박은 할머니 머리 위에서도 떨어지지가 않았다. 할머니 머리 위 작은 함지박 안에서 하얗게 날이 빛나던, 얼마나 일을 하신 것인지 호미 날이 거반 닳은 호미를 보는 것은 때마다 마음을 경건하게 했다. 나는 무엇을 얼마나 성실히 일구고 있는지를 돌아보게 했다.

호미가 하는 일은 고되다. 꼬박 땅에 쪼그리고 앉아 손을 대신하여 일을 하니 땅에 그 중 가까운 도구이기도 하다. 호미는 참 정직한 도구이기도 하다. 숨이 턱 턱 막히는 척박한 산간 밭을 일궈낸 것은 대단한 도구가 아니라 대개는 할머니 손에 들린 호미였다. 세월을 잊은 성실함이 씨를 뿌릴 수도 없는 땅을 좋은 밭으로 바꾼 것이다.

'호미 씻으면 김이 무성하다'는 말은 호미는 깨끗이 씻어두지 말고 언제나 김을 매라는 뜻이다. '김'은 논밭에 난 농작물에게 해를 주는 잡풀을 의미한다. '김매기'라는 말은 논밭의 잡풀을 뽑는 일을 말한다. 호미를 깨끗이 씻어둔 채 보관만 하고 있으면 좋아할 건 김밖에 없다. 밭에 잡풀이 무성해지기 마련이다.

논밭에 잡풀 무성해지듯 마음속 잡풀 무성해지는 것도 마찬가지일 터, 마땅히 사용해야 할 호미를 곱게 모셔두면 누구라도 예외일 수가 없다. 마음의 잡풀을 없앨 마음속 호미가 내겐 있는지, 혹 있다 해도 그것을 곱게 간직만 하고 있는 것은 아닌지, 마음속 호미를 살펴볼 일이다.

작두샘과 마중물

―

지금이야 시골에서도 대부분 수도를 쓰지만 수도가 들어오기 전에는 펌프를 주로 썼다. 물론 펌프가 들어오기 전에는 우물 물을 길어 먹었지만. 예전에는 어느 동네건 동네 한가운데에 우물이 있었다. 물을 얻으려면 두레박을 내려 물을 길어 올려야 했다. 같은 우물에서 같은 물을 길어올려 먹고사는 사람들이 같은 마을 사람이었고, 이웃이었다.

우물은 지리적인 의미의 한복판보다는 정서적인 의미에서 마을의 중심이 되곤 했다. 아침과 저녁으로 물을 길러 나가면 동네 사람 누구라도 만나고, 빨래를 하거나 야채를 씻으러 나가도 누구라도 만나게 되는, 우물가는 자연스럽게 만남과 대화가 이루어지는 곳이었다. 마을 모든 사람들이 시도 때도 없이 만나게 되는 만남의 자리였고, 그래서 같은 마을에 사는 한 숨겨진 이야기가 있을 수 없는, 모두를 한 식구처럼 만들어 주는 곳이었다.

그러던 우물을 사라지게 한 것이 펌프다. 펌프가 들어오면서 우물은 사라져갔다. 집집이 펌프를 설치하고 제각기 집안에서 물을 길어 먹게 되자 자연스레 우물은 소용이 없어져 버린 까닭이다.

펌프를 사용한 기간은 그리 길지 않았다. 이내 수도가 들어와 펌프를 대신했으니까. 우물이나 펌프를 쓰던 일이 그리 오래 전 일이 아님을 생각하면 생활의 수단이 참 빨리 바뀐다는 것을 실감하게 된다.

잠깐 있다 사라진 펌프지만 펌프를 일컫는 우리말이 있었다. 일부 지역이긴 했지만 펌프를 '작두샘'이라 불렀다. 작두질을 하듯 펌프질을 하면 물이 솟았다 하여 붙여진 이름이겠다 싶다. 외국에서 들어온 낯선 이름을 대번 우리 것으로 바꾼 발상이 기발하고도 재미가 있다.

펌프질을 해 본 경험이 있는 이는 알겠지만 펌프로 물을 뽑아 올리기 위해서는 먼저 한 바가지 정도의 물을 부어야 한다. 물을 붓고는 열심히 '작두질'을 해야 물이 솟구쳐 나왔다. 물을 퍼 올리기 위해 한 바가지 먼저 붓는 물을 영어로는 'calling water'라 부른다 한다. '물을 부르는 물'이란 뜻이 되겠다.

한 바가지 먼저 들어가 물을 솟게 하는 물을 우리말로는 '마중물'이라 불렀다. '마중'이란 말이 '오는 사람이나 손님을 나가서 맞이한다'는 뜻이니, 펌프에 먼저 들어가 물을 불러내는 의미로는 썩 잘 어울린다 싶다.

마중물은 단지 한 바가지 분량의 적은 양이고, 일단 물을 부른 뒤 자신은 가장 먼저 사라진다. 그러나 바로 그 마중물이 있어 물을 솟을 수가 있었다.

대부분의 사람들이 마중물이란 이름조차 잊어버린 이 시대, 그럴수록 마중물과 같은 사람이 그리워진다. 대단하진 않아도 그가 있는 곳에 맑은 샘 하나가 터지는, 그리고는 자신은 조용히 잊히는 사람, 시대가 메마를수록 그리운 사람은 마중물과 같은 사람이다.

한 몸에 두 지게 질 수 없다

———

'화불단행'(禍不單行)이란 말이 있다. 안 좋은 일은 혼자서 오지 않는다는 뜻이다. 좋지 않은 일은 대개 겹쳐서 온다. 세상사가 그러한지 영어에도 같은 표현이 있다. "Misfortunes never come single." '화불단행'의 반대이지 싶은 '복불단행'(福不單行)이란 말은 찾아보기가 어려운 대신, 복은 쌍으로 오지 않는다는 뜻의 '복무쌍지'(福無雙至)라는 말은 있다.

눈이 녹기도 전에 서리가 내린다는 '설상가상'(雪上加霜)이란 말도 있다. 어려운 일이나 불행이 겹쳐서 일어남을 이르는 말이니, 그야말로 '엎친 데 덮친다'는 의미가 될 것이다.

한 몸에 지게를 두 개 질 수는 없다. 빈 지게를 양쪽 어깨에 걸쳐 지게 지는 흉내야 낼 수 있을지 몰라도, 짐이 실린 지게 두 개를 한 몸에 질 수는 없는 노릇이다. 지게 두 개를 한꺼번에 지려 하다가는 짐을 모두 쏟거나 넘어지고 말 것이다.

내가 할 일을 제대로 하지 못한 채 남의 일에 감 놔라 배 놔라 참견할 일도 아니요, 개똥참외 맡듯 이 일 저 일을 가볍게 맡을 것도 아니다.

한 몸에 두 지게 질 수도 없거니와 두 지게를 질 필요도 없다. 어차피 지게란 하나의 지게 밖에는 질 수 없는 것, 내게 주어진 지게를 마음을 다해 지면 된다.

한 몸에 지게 하나, 생각해보면 얼마나 감사한 일인가. 괜한 욕심이나 걱정도 쌓아둘 것이 없지 않겠는가? 이 지게 저 지게 지게 질 걱정이나 욕심에 빠지지 말고, 하나의 지게를 정성껏 질 일이다.

장 단 집에는 가도 말 단 집에는 가지 마라

———

빈한했던 어린 시절, 궁한 것 중에는 단 것도 있었다. 지금이야 흔해빠진 사탕도 그 시절엔 언감생심 꿈도 꾸기 어려웠다. 금방 녹을까 싶은 마음으로 입안의 사탕을 아껴 먹던 기억이 어슴푸레하다. 단 것이 궁할 때는 아카시아 등 꽃송이를 따서 그 끝을 빨기도 했고, 길가의 풀뿌리를 뽑아 그 끝을 씹기도 했다. 단 맛을 맛보려고 칡의 떫고 쓴 맛을 참은 적은 또 얼마나 많은지.

'장 단 집에는 가도 말 단 집에는 가지 마라'는 우리 속담 앞에 생각해 보니 단 것도 종류가 많다. 장도 달고 말도 다니 말이다. 말이 단 사람을 경계하기 위해 '말 단 집'과 '장 단 집'을 비교하는 것이 재미있다. 같은 말도 그렇게 어울려 쓰니 재미도 있고 뜻도 분명해진다. 말도 쓰기에 따라 단 맛이 나는 게 틀림없다 싶다.

　속담에서 말하는 '말이 달다'는 것은 입으로는 그럴듯하게 말하지만 실상은 말과 다르다는 뜻이다. 기름을 바른 듯 말은 매끄럽게 하지만 결국은 무엇 하나 쓸 것이 없는, 오히려 좋지 않은 마음을 숨기는 경우들이 적지 않다. 거짓을 숨기려니 말은 더욱 그럴듯해진다. 내 앞에서 사실과는 상관없이 듣기 좋은 말을 하는 이는 결국 내가 없을 때에 내 험담을 늘어놓을 수 있는 법, 결국 갈등은 입 단 사람에게서 시작되기 마련이다.

　'말 단 집에 장 단 법 없다.', '말 많은 집은 장맛도 쓰다.', '말 단 집에 장이 곤다.', '말 단 집 장맛이 쓰다.' 등 우리 속담에는 장과 말을 연관시키는 것이 적지가 않다. 장과 말은 일상생활 속에서 늘 대하는 것이었기 때문일 것이다.

　장 단 집에 가는 거야 즐거운 일이지만 말 단 집에는 가지 말라고, 말만 번지르르 하게 하는 사람을 상종하지 말라고 옛 속담은 이르고 있는데, 지금의 나는 어느 집을 들락거리며 누구 말에 익숙해져 가고 있는 것인지를 돌아보게 된다.

할아버지 진지상은 속여도 가을 밭고랑은 못 속인다

하도 남을 속이는 일이 많다보니 시장 기름집에는 '진짜 참기름'이란 말도 내걸린다. '원조'라는 말로는 모자라 '몇 대째 원조'라 쓴 식당 간판도 어렵지 않게 본다. 시중에서 팔리는 국산낙지 10마리 중 아홉은 중국산인데, 전문가들도 구별하기가 어렵다니 그냥 따지지 않고 낙지를 먹는 것이 현명한 일 아닌가 싶기도 하다.

'할아버지 진지상을 속인다'는 말이 재미있다. 하필 속일 것으로 댄 것이 할아버지 진지상일까 싶지만, 생각해 보면 짚이는 부분도 있다. 입맛을 잃은 할아버지의 식성은 갈수록 까다로워지시는데 잘 대접해 드리고 싶은 마음과는 달리 근근이 이어가는 궁한 살림, 할아버지를 위해서는 끼니마다 특별한 노력이 필요했을지도 모른다.

송구하긴 하나 눈이 어두우실 때이니 할아버지 밥상을 속이는 일은 맘먹기에 따라선 크게 어려운 일이 아닐 수도 있었겠다 싶다. 없는 찬도 조금 요란스럽게 차리거나 상에 올린 찬과는 달리 말로라도 거들면 할아버지께선 기분 좋게 한 끼의 식사를 드실 수도 있었을 것이다.

눈가림으로 할아버지의 진지상은 속일 수 있을지 몰라도 속일 수 없는 것이 있다. 속일 수 없는 것으로 댄 것이 가을 밭고랑이다. 세상에, 이처럼 지당한 말이 있다니, 감탄이 절로 나온다. 다른 건 속일 수 있을지 몰라도 가을 밭고랑은 속일 수가 없다. 가을 밭고랑은 봄부터 가을까지 얼마나 많은 땀을 흘렸는지가 결정해 주기 때문이다. 대강 대강 지내고 가을 밭고랑이 풍성하기를 기대하는 것은 도둑놈 심보에 지나지 않는다.

최선을 다해도 하늘의 은총이 보태지지 않으면 장담할 수 없는 것이 가을 밭고랑일 터, 자신의 게으름을 알면서도 풍성한 결실을 바라는 것은 신앙과 거리가 멀다. 삶의 밭고랑은 물론 신앙의 밭고랑 또한 속일 수 없다는 것을 우리는 언제쯤이나 제대로 깨닫게 될까.

속 검은 사람일수록 비단 두루마기를 입는다
———

따끔이 속에 빤질이, 빤질이 속에 털털이, 털털이 속에 얌얌이, 이게 무엇을 두고 하는 말일까? 따끔이, 빤질이, 털털이, 얌얌이, 각각의 의미도 짐작하기 쉽지 않은 터에 그것들이 서로의 속에 있다니 마치 말의 미궁에 빠져드는 것 같다.

정답은 밤이다. 캄캄한 밤이 아니라, 가을에 익는 밤(栗) 말이다. 밤을 먹기 위해서는 따끔따끔한 가시를 벗겨야 하고, 두껍고 빤들빤들한 겉껍질을 벗겨야 하며, 그 뒤에는 작은 털이 달린 껍질을 다시 벗겨야 하고, 맨 마지막으로는 떫은맛을 지닌 속껍질을 벗겨내야 비로소, 마침내 고소하고 오들오들한 밤을 얌얌 맛있게 먹을 수가 있다.

우리가 흔히 쓰는 말 중에 '표리부동'(表裏不同)이라는 말이 있다. 겉과 속이 다르다는 뜻이다. 겉과 속이 다른 것은 밤만 그런 것이 아니다. 사람도 그렇다. 겉 다르고 속 다를 때가 있다. 아니, 겉과 속이 같은 사람을 만난다고 하는 것은 참 드문 일이 되었다. 어디서고 가면극이 벌어지는 세상, 쓸쓸한 일이 아닐 수가 없다.

'양의 탈을 썼지만 속에는 노략질하는 이리'라는 말이 있다. 겉은 그럴듯하지만 속에는 음흉한 생각을 숨기고 있는 사람을 말한다. 낚시 바늘을 보면 바늘 뒤편에 살짝 되꼬부라진 부분이 있다. 이른바 '미늘'인데 바로 그 미늘 때문에 고기는 걸려든다. 미늘 때문에 물고기는 바늘로부터 빠져나갈 수가 없게 된다. 겉으론 웃지만 뒤편에 미늘을 숨긴 채 다가오는 사람이야말로 '양의 탈을 썼지만 속에는 노략질하는 이리'라 할 수 있을 것 같다.

달과 별이 된 오누이 이야기에 나오는 호랑이가 그렇다. "떡 하나 주면 안 잡아먹지!" 하면서 떡을 팔고 장에서 다녀오는 엄마를 호랑이는 잡아먹는다. 떡 하나에서 시작이 되었지만 결국 호랑이는 엄마를 잡아먹고 만다. 하나씩 하나씩 빼앗기는 것이 결국은 전부를 빼앗기는 길이라는 걸 호랑이를 통해 보게 된다.

엄마를 잡아먹은 호랑이는 외딴집에 남겨진 오누이마저 잡아먹기 위해 엄마를 기다리고 있는 오누이를 찾아온다. 이상한 낌새를 눈치 챈 오누이가 문을 열어주지 않자 호랑이는 자기 발에 분을 바르고 엄마 목소리를 흉내 낸다. 아무리 아이들이라 해도 어찌 분칠을 한 호랑이 발을 엄마의 손으로 알 수가 있었는지, 호랑이 목소리를 엄마의 목소리와 혼동할 수가 있는지 이해가 안 되지만, 결국 오누이는 호랑이 앞에 문을 열어주고 만다.

생각해 보면 이야기 속에 나오는 오누이는 바로 우리들일 수 있다. 분칠을 한 호랑이 발을 엄마의 손으로 알고, 그럴듯한 호랑이 목소리를 엄마의 목소리로 알고 헛된 것 앞에 문을 여는 일은 우리들의 삶속에서도 얼마든지 일어난다.

우리의 속담 중에 '속 검은 사람일수록 비단 두루마기를 입는다'는 속담이 있다. 검은 속과 화려한 비단옷이 대조를 이룬다. 속이 검으면 검을수록 그것을 가리려는 화려함은 더욱 화려해질 수밖에 없을 것 같다.

비단옷을 입었다고 덕 있는 사람이라 당연히 생각해서도 안 되고, 허름한 옷 입었다고 당연한 듯 무시해서도 안 될 일이다. 비단 두루마기를 입었다고 무조건 검은 속을 의심할 건 아니겠으나, 비단 옷 입고 비단 같은 말을 한다 하여서 무조건 믿을 일 또한 아닌 것이다.

비단옷을 입어 다른 이의 마음을 어지럽히느니 차라리 무명옷을 입고 무명옷 같은 마음으로 살아가는 사람이 그리운 세상이지만, 무엇보다 비단옷의 화려함에 마음을 빼앗기는 일이 없어야겠다. 두껍게 바른 분으로 감추고 다가오는 날카로운 발톱을 행여나 엄마의 손으로 혼동하는 일은 없어야 한다. 바로 그런 일에 우리의 생명이 달려있기 때문이다.

행여 비단옷을 입고 보는 이의 마음을 어지럽히느니, 무명옷을 입고 무명옷 같은 마음으로 살아가는 사람이 되레 그립다.

입추 때는 벼 자라는 소리에 개가 짖는다

———

자라나는 아이들이 한창 클 때 보면 밥 먹는 양이 끼마다 다른 것 같고, 옷을 입으면 하루가 다르게 바지 끝이 나무 자라듯 무룰 위로 올라가는 것처럼 여겨진다. 늘 큰다고 하지만 불쑥 제대로 클 때가 따로 있는 것 같다.

'선들바람이 불면 곡식은 혀를 빼물고 자란다'는 말이 있다. 하루하루 별다른 차이가 없어 보이던 곡식도 맘먹은 듯 부쩍 자랄 때가 있는 것이다. 얼마나 자라는 속도가 대단하면 혀를 빼물고 자란다고 했을까 싶다.

'입추 때는 벼 자라는 소리에 개가 짖는다'고 한다. 벼는 입추 때가 되면 패기 시작한다. 선들바람이 불기 시작하는 때가 바로 그때로 벼가 한창 자랄 때다. 얼마나 왕성하게 자라는지 논마다 들판마다 벼 자라는 소리가 들릴 정도여서 그 소리를 듣고 개가 짖는단다. 들어보지 못한 낯선 소리가 들리면 개는 놀라 짖기 마련이다. 세상에 벼 자라는 소리를 들어본 개가 어디 있겠는가, 그런 허황된 과장이 어디 있겠나 싶으면서도 그 말속에는 잘 익어가는 벼에 대한 고마움이 가득 배어 있다는 것을 대번 느끼게 된다. 개가 듣고 놀라 짖을 정도로 어서 쑥쑥 자라라는 응원의 마음까지 느껴진다.

바울은 "이 일들을 실천하고, 그것에 전심전력을 다하십시오. 그리하여 그대가 발전하는 모습을 모든 사람에게 드러나게 하십시오."(디모데전서 4:15) 하며 믿음의 아들인 디모데에게 권하고 있다. 개역성경에는 "그대가 발전하는 모습을 모든 사람에게 드러나게 하십시오" 하는 부분을 "너의 진보를 모든 사람에게 나타나게 하라"고 옮겼다.

나에겐 벼 자라는 소리에 개가 짖을 만큼 믿음이 자라던 때가 있었는지를 돌아보며, 믿음의 길을 걸으며 한 번쯤은 그런 은총을 누리기 위해 마음을 집중하는 시간을 가져보면 좋겠다. 믿음 자라는 소리에 놀라 이웃집 개가 짖어대도록 말이다.

말이 고마우면 비지 사러 갔다가 두부 사온다

물건을 사러 가게에 들렀다가 주인의 태도 때문에 사려던 물건을 사지 않고 나온 경험들이 있을 것이다. 물건은 맘에 드는데 주인의 태도가 맘에 들지 않으면 물건을 사고 싶은 마음이 사라진다. 거꾸로 가게에 있는 물건이 마음에 들지는 않지만 주인의 친절한 태도가 마음에 들어 물건을 사게 되는 경우도 있다.

요즘이야 영양식으로 직접 콩을 갈아 비지찌개를 끓여 먹을 때가 있지만, 원래 비지란 두부를 만들고 난 찌끼를 말했다. 먹을 것이 궁했던 시절, 그래도 남은 김치나 시래기에 비지를 넣어 끓이면 훌륭한 반찬이 되곤 했다. 거기에 돼지고기라도 몇

점 들어가면 비지찌개를 끓인 냄비로는 손이 더욱 분주하게 오가곤 했다.

비지가 두부를 만들고 남은 찌끼를 말하는 것이니 당연히 값으로 치자면 두부가 비싸다. 그런데 사람 심리가 묘하다. 비지를 사러갔다가도 가겟집 주인의 말이 고맙고 따뜻하면 비지 대신 두부를 산다. 물건을 사는 사람이 자기가 먹을 음식에 대한 생각이 달라져서가 아니다. 가겟집 주인이 고마워 무엇 하나라도 더 도와주고 싶은 마음이 생기기 때문이다.

사람이 하는 말에는 말을 하는 사람의 마음이 담겨 그 말을 듣는 사람들은 말을 통해 말하는 사람의 마음을 짐작한다. 눈에 보이지 않는 마음이 말을 통해 전달이 되기 때문이다.

말이 고마우면 얼마든지 고마운 일이 이어지는 법, 허나 말이 거칠어 서운하면 두부 사러 갔다가 비지 사오는 일은 왜 없겠는가? 비지라도 사오면 다행, 아예 발길을 끊는 일도 있을 터이니, 이래저래 사람의 마음을 움직이는 것은 말에서 시작되는 것이다.

끌개

─

'끌개'라는 말을 들어본 적이 있는지 모르겠다. 끌개라니, 아마도 생소한 말이 아닐까 싶다. 하기야 나도 시골인 단강에서 목회를 하기 전까지만 해도 들어보지 못한 말이었다.

어느 해 이른봄이었다. 동네 끄트머리에 있는 윗 작실 마을로 올라가다가 뜻밖의 모습을 보게 되었다. 여든이 지난 동네할아버지가 소 한 마리를 끌고 저 위에서 내려오고 있었는데, 소 뒤에는 이상한 것이 묶여져 있었다.

소 멍에 뒤로 'Y'자 모양의 굵은 나무토막이 묶여 있었고, 나무토막 위에는 제법 큰 돌멩이가 얹혀 있었다. 나무토막만 해도 무게가 여간이 아닐 텐데 그 위에 큰 돌멩이를 얹어놓고 소에게 끌게 하다니, 돌을 나르는 것도 아니고 도대체 무슨 뜻으로 소에게 그런 일을 시키는 것인지 이유를 짐작할 수가 없었다. 소는 연로하신 할아버지의 발걸음에 맞춰 힘든 걸음을 옮기고 있었다.

마침 사진기를 가지고 있었던 터라 할아버지께 양해를 구하고 사진을 몇 장 찍었다. 사진을 찍은 뒤 지금 하시는 일이 무엇인지를 여쭈었다. 할아버지는 소를 잠깐 쉬게 한 후 이야기를 들려주었다.

"이게 끌개라는 것이우. 소에게 일을 가르치는 것이지. 소가 쟁기질을 지대루 할려문 무거운 무게를 끌어봐야 해. 무거운 걸 끌면서 등짝도 까졌다가 다시 새살이 나오구 해야 일을 지대루 익히지. 일을 지대루 안 배우고 논이나 밭에 들어가문 이리 경중 저리 경중 뛰댕기며 뚝이나 뭉개면서 일을 망가뜨려. 일을 지대루 하는 일소를 맹길래문 끌개부터 끄는 법을 배워야 허는 법이지."

힘이 세다고 논밭을 잘 가는 것이 아니라는 것이었다. 아무 소나 논밭에 들어가는 것도 아니었다. 논밭을 제대로 갈기 위해서는 먼저 끌개부터 열심히 끌어야 한다는 것이었다.

기운이 센 소가 일을 잘하는 것 아닌가, 끌개 끄는 모습을 보기 전까지만 해도 생각이 단순하고 쉬웠는데 막상 끌개를 끄는 소를 보고서는 생각이 달라졌다.

이 땅이 하나님의 밭이고 우리가 하나님의 밭을 가는 사람이라면 우리 또한 끌개부터 묵묵히 끌어야 할 것, 끌개도 끌지 않고 함부로 뛰어드는 일은 오히려 밭을 망가뜨릴 수도 있다는 것을 두려움으로 돌아보게 되었다.

하늘도 사람 하자는 대로 하려면
칠 년 가뭄에 비 내려줄 날 없다

———

사람이 하늘 뜻을 따라야지, 하늘이 사람 뜻을 따를 수는 없다. 사람이 하늘 뜻을 받들어야지, 하늘이 사람 뜻을 받드는 것이 아니다. 사람이 하늘 뜻을 모셔야지, 하늘이 사람 뜻을 모시는 것도 아니다. 사람의 정성을 보아 하늘의 뜻이 움직일 수는 있다 하여도, 사람의 생각을 따라 하늘 뜻이 달라질 수는 없기 때문이다.

　사람은 그 수도 많거니와 바라는 것도 제각각이다. 바라는 것을 다 들으려면 한도 끝도 없다. 또한 바라는 것이 제각기 달라 바라는 것이 하나가 될 수도 없다. 한 사람은 비를 바라는데 다른 한 사람은 햇빛을 원한다면, 한 사람의 소원을 이루어주는 것이 다른 한 사람의 소원을 거절하는 결과가 된다.

　이 당연한 이치를 배우는데 왜 이리도 많은 시간이 필요한 것인지. 무릇 하늘의 뜻이란 따라야 하고 받아 모셔야 하는 것, 그런데도 많은 순간 하늘을 부리려 하니, 우리는 언제나 하늘 아래 철이 들 것인지.

썩은 기둥골 두고 서까래 갈아댄다고 새집 되랴

———

오래된 옛 집을 수리할 경우 서까래만 갈아도 집은 달라진다. 겉으로 보기에만 말끔해지는 것이 아니라 집이 훨씬 튼튼해질 것이다. 볏짚으로 지붕을 엮었던 시절에야 사이사이 허술한 틈을 따라 쉽게 스며든 빗물에 서까래가 썩는 일은 흔한 일이었을 터, 썩은 서까래는 보기에도 안 좋았지만 집을 제대로 지탱할 수도 없었다.

그러나 아무리 서까래를 간다 하여도 기둥이 썩었다면 이야기는 달라진다. 서까래를 새것으로 바꾼다 하여도 썩은 기둥을 내버려 두어 마침내 기둥이 무너지게 되면 서까래를 새것으로 바꾼 것은 아무 소용이 없게 되고 만다.

무엇보다 먼저 살필 것은 근본이다. 썩은 근본을 두고 겉만 고치는 것은 말 그대로 겉치레일 뿐이다. 서까래를 모두 새것으로 갈았으니 새집이 되었다고 아무리 그럴 듯이 말할 수 있다 하여도, 썩은 기둥을 두고 겉치레만으로 설 수 있는 집은 세상에 없다.

서까래가 밖으로 삐져나와 오가는 사람들 눈에 띈다 하여 서까래만 그럴 듯이 갈아치운다 하면, 썩은 기둥을 모른 척 그냥 둔다 하면 집이 무너지는 것은 시간문제일 뿐이다.

중요한 것은 기둥, 아무리 새것이라 해도 서까래가 기둥을 대신할 수는 없기 때문이다.

석 달 가는 흉 없다
—

남에게 비웃음을 받을 만한 결함이나 잘못을 흉이라 한다. 털어 먼지나지 않는 사람 없듯이 흉 없는 사람 없다고 했다. 아무리 좋은 사람에게도 흉 서너 가지는 있게 마련이다. 제 흉 열 가지 있는 사람이 남의 흉 한 가지를 말한다지만, 누구라도 남이 내 흉을 보면 기분이 좋을 것이 없다. 그러려니 하면서도 은근히 언짢아진다. 때로는 언짢아진 기분이 지나쳐 일을 그르칠 때도 있고, 관계가 상할 때도 있다.

흉의 특징 중 하나는 오래가지 않는다는 것이다. 말하기 좋아하는 이들이 말잔치를 벌여 누군가의 흉을 잡곤 하지만 어디 잔치 중에 석 달을 가는 잔치가 흔할까. 그러다간 슬그머니 사라져 버리는 것이 흉인 것이다. 굳이 흥분하여 덧내지 않으면 얼마 못 가서 슬그머니 없어지고 만다.

'시집가 석 달 같으면 살림 못할 사람이 없다'는 말이 있다. 결혼 후 첫 석 달만큼만 애정이 있다면 함께 살지 못할 일이 없다는 말이다. 그리고 보면 흉도 흉도 석 달 가는 것이 없지 싶다. 누가 나를 흉본다고 지나치게 흥분할 것도 아니고, 내게 좋은 일이 생겼다고 지나치게 흥분할 일도 아니다.

흉도 흉도 잠깐 사이 지나가버리는 것, 그것을 인정할 때 비로소 우리 마음에 여유와 평안이 깃들지 않겠는가.

도둑을 맞으면 어미품도 들춰 본다

'피 다 잡은 논 없고 도둑 다 잡은 세상 없다'는 말이 있는 걸 보면 사람 사는 곳 어디에나 도둑은 있게 마련인가 보다. 사람 심보에 욕심이 들어 있는 한 내것 아닌 것에 눈독을 들이는 일은 늘 있게 마련일 것이다. '도둑을 맞으려면 개도 안 짖는다' 하기도 했고, '열 사람이 지켜도 한 도둑놈을 못 막는다'는 말도 있는 걸 보면 도둑을 막는다는 것은 여간 어려운 일이 아닌 것 같다.

'오이는 씨가 있어도 도둑은 씨가 없다'는 말도 있고, '산 속에 있는 열 놈의 도둑은 잡아도 제 마음속에 있는 한 놈의 도둑은 못 잡는다'는 말도 있으니 누가 도둑이 될지도 모르는 일, 이래저래 도둑을 막는 일은 어려운 노릇이다.

도둑을 맞으면 어미품도 들춰 본다고 한다. 도둑을 맞은 사람 눈에는 모든 사람들이 다 도둑처럼 보이기 때문이다. 다 수상하게 보이는 것이다. 세상은 어떤 마음을 갖느냐에 따라 다르게 보이는 법이어서 믿는 마음으로 보면 믿지 못할 사람이 없고, 의심하는 마음으로 보면 믿을 사람이 없게 마련이다.

언제 어디서 올지 모르는 도둑을 막기는 어려운 일, 그럴수록 지킬 것을 잘 지켜 도둑을 맞지 않는 것이 중요하다. 도둑을 맞은 뒤에 어미품까지 들춰볼 정도로 모든 이를 의심한다면 오히려 도둑맞은 이의 책임이 더 크다 할 것이다.

그런 이유로 '도둑놈은 한 죄, 잃은 놈은 열 죄'라는 말이 생겨났는지도 모르겠지만.

한 놈이 놓은 다리는 열 놈이 건너도
열 놈이 놓은 다리는 한 놈도 건너지 못한다

———

'한 놈이 놓은 다리'를 '열 놈이 놓은 다리'가 이어받는 것이 재미있다. 다리야 한 놈이 놓을 수도 있고, 열 놈이 놓을 수도 있는 법이니 말이다. 굳이 '사람'이라 하지 않고, '놈'이라 부르는 것도 뭔가 시원하다. 말을 조심해서 사리기보다는 있는 그대로 하겠다는 흔쾌함이 느껴진다.

한 놈이 놓은 다리와 열 놈이 놓은 다리는 대번 비교가 된다. 한 놈이 놓은 다리야 얼마나 허술하고 약할까 싶고, 그에 비한다면 열 놈이 놓은 다리야 꼼꼼하고 튼튼하겠지 싶은 생각이 자연스럽게 든다.

그런데 속담에서 일러주는 것은 우리의 생각과는 다르다. 한 놈이 혼자 설계하고 힘을 써서 놓은 다리는 열 놈이 건너도 괜찮을 만큼 튼튼하지만, 열 놈이 놓은 다리는 한 놈도 건널 수 없을 만큼 허술하고 허약하다 하니 말이다.

열 놈이 놓은 다리를 한 놈도 건너지 못한다는 말이 지나치게 들리지만 가만 생각해 보면 그러기가 쉽겠다. 열 놈의 마음이 하나 되지 못하면 결국은 하나 만도 못한 법, 다리가 제대로 놓일 리가 없다. 다리를 놓은 데는 제각각인 열 놈보다는 제대로 된 한 놈이 필요하다.

굳이 나라를 들먹일 것 없이 오늘 교회 공동체는 어느 쪽일까. 정신을 차리고 깨어있는 한 놈일까, 제각각 생각이 틀린 열 놈일까? 우리는 지금 어디에서 어디를 연결하는 다리를 어떤 마음으로 놓고 있는 것일까?

그랭이질

한옥을 떠메고 앉은 우직한 머슴, 주춧돌을 가리켜 그렇게 부르는 것을 어느 책에선가 보았는데 참 적절한 표현이라 여겨진다. 집이 제대로 서려면 물론 기둥이 중요하지만 그 기둥을 떠받치는 주춧돌 역시 중요하다. 사람들은 기둥에는 눈길도 주고 그 우람함에 감탄을 하기도 하지만, 기둥을 떠받치고 있는 주춧돌은 별로 눈여겨보지 않는다. 어찌 생각하면 서운할 것도 같은데 그러거나 말거나 자기에게 주어진 역할을 묵묵히 감당하니, 주춧돌을 두고 우직한 머슴이라 부른 것은 제격이다 싶다.

한옥을 지으며 기둥을 세울 땐 맨땅이 아닌 주춧돌 위에 세워 나무로 된 기둥이 비나 습기에 상하지 않도록 했다. 주춧돌을 놓을 때 당연히 돌의 표면이 반반한 모양이어야 쓸모가 있을 것 같지만 꼭 그런 것은 아니었다. 울퉁불퉁한 자연석을 그대로 써도 기둥을 세우는데 문제가 되지 않았는데, 바로 '그랭이질' 때문이었다.

표면이 울퉁불퉁한 주춧돌 위에 기둥을 세우려면 돌을 반반하게 깎아내야 하지만, 그렇게 하지 않았다. 돌을 다루기보다는 나무를 다루기가 쉬웠기 때문이다. 돌의 울퉁불퉁한 모양을 따라 기둥의 밑동을 깎아내고 파내면 되었던 것이다.

바로 그 일을 그랭이질이라 하는데, 생각해보면 간단하면서도 절묘한 이치다. 서로 성질이 다른 돌과 나무가 그 어떤 접착제가 없이도 빈틈없이 서로를 받아들일 수가 있었던 것이다. 그랭이질을 제대로 한 두 개의 기둥 위에 널판을 얹으면 그 위를 목수들이 올라가 마음대로 걸어 다닐 수가 있었다 하니 감탄할 일이 아닐 수가 없다. 그만큼 그랭이질은 고도의 기술을 필요로 하기에 대목수 중에서도 눈썰미가 뛰어난 도편수가 맡아서 했다고 한다.

믿음에 있어 정말로 필요한 것이 그랭이질 아닐까? 내 뜻에 그분의 뜻을 맞추는 것이 아니라 그분의 뜻에 나를 맞추는, 영혼의 그랭이질을 위해서도 나를 잘라내고 깎아내는 일이 필요할 것이다. 나무 대신 돌을 깎아내려는 것은, 내 뜻은 두고 하늘의 뜻을 바꾸려 하는 것은 서툰 목수의 생각일 뿐이다.

천리길에는
눈썹도 짐이 된다

—

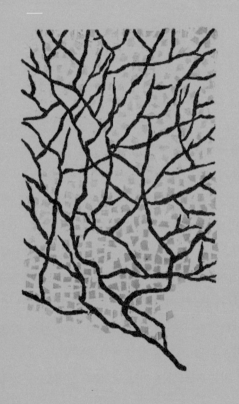

조는 집에 자는 며느리 온다

———

'유유상종'(類類相從)이라는 말이 있다. 비슷한 부류의 무리끼리 서로 어울려 지내는 것을 이르는 말이다. 사람이든 동물이든 대개는 비슷한 성향을 가진 것들이 끼리끼리 모여 지낸다. 전혀 성향이 다른 이들과 어울리는 것이 어색하고 어려운 반면, 비슷한 이들끼리 어울리는 것은 자연스럽고 편하기 때문이다.

'조는 집에 자는 며느리 온다'고 한다. 며느리가 들어왔는데 그가 잠보라 한다면 여간 골치 아픈 일이 아닐 수가 없다. 일찍 일어나 새벽밥을 지어야 할 며느리가 날이 훤히 밝을 때까지 잠에 빠져 있다면 어느 누가 좋아하겠는가?

그런데 자는 며느리는 어느 날 불쑥 들어오는 것이 아니다.

조는 집에 들어온다. 조는 며느리도 어쩌면 처음에는 꽤 바지런한 며느리였는지도 모른다. 그런데 식구들과 어울려 지내다 보니 모두 조는 사람들, 자신도 모르게 느슨해지기 시작한 마음이 자는 데까지 이를 수도 있는 것 아니겠는가?

남 탓할 게 없다. 남 탓하는 탓 속에 이미 내 탓이 들어 있다. 결국 '내'가 달라지지 않으면, '우리'가 달라질 수 없는 법, 언제나 시작은 '나'에게 있다.

얕은 내도 깊게 건너라

———

조심할 일이 따로 있지, 누가 얕은 냇물을 조심해서 건널까? 가벼운 마음으로 쉽게 건널 것이다. 그러나 우리 속담은 얕은 내도 깊게 건너라 한다. 얕은 냇물을 건널 때에도 깊은 물을 건널 때처럼 조심해서 건너라, 그러면 실수가 없을 것이다 함은 모든 일을 조심하여 하라는 뜻이겠다.

살다보면 보이는 대로 판단할 때가 많다. 냇물을 건너는 일도 마찬가지다. 얕아 보이지만 실은 깊은 물이 있고, 얕은 물이라고 쉽게 생각하며 건너다가 넘어져 옷을 다 적시거나 다치는 일이 생기기도 한다.

자신의 경험이나 지식을 앞세워 겉모습만 보고 내 앞의 무엇인가를 판단하려고 하는 것은 어리석고도 위험한 일이다. 내 앞의 개울이 얕아 보인다 하여 생각마저 얕아지면 실수를 하고 마는 것이다.

얕은 내도 깊게 건너라는 말은 단지 냇물을 건널 때만 필요한 말은 아닐 것이다. 오히려 사람을 대하는 태도, 우리 인생을 위한 가르침으로 다가온다. 누군가를 겉모습만 보고 '얕은 내'로 여겨 함부로 대하지 말라는, 그렇게 하면 실수하게 되고 결국 좋은 사람을 놓치게 된다는 엄한 가르침으로도 다가온다.

누구라도 지극한 마음으로 대해야 한다는 그윽한 가르침을 옛 어른들은 냇물 이야기로 편하게 했지 싶다.

맏며느리 오줌 대중으로 제삿밥 하다가 닭 울린다

그 옛날 맏며느리의 역할 중 빠뜨릴 수 없는 것이 제사상 차리기였다. 왜 그리 제사는 자주 돌아오고 때마다 준비할 음식은 그리 많은 것인지. 농사일에 집안 살림에 자식 건사에 시부모 봉양까지…, 그렇지 않아도 일이 산더미인데 꼬리 물듯 돌아오는 제사까지 챙겨야 했으니 참으로 고단하기 그지없는 것이

맏며느리의 생활이었다.

지금이야 자명종 시계가 흔하고, 대부분의 아이들도 가지고 있는 핸드폰에 알람기능이 있어 얼마든지 시간을 맞춰놓고 푹 잠을 잘 수가 있지만 옛날에야 무엇이 있었겠는가. 밤늦게까지 음식준비를 하고 겨우 잠이 들면서도 새벽 일찍 깨기 위해서는 긴장하면서 잠을 잘 수밖에 없었다. 깜박 깊은 잠에 빠지면 시간을 놓치기 십상이니, 대개는 자는 둥 마는 둥 밤을 지새워야 했을 것이다.

제사를 앞둔 전날 밤, 한 며느리가 잠에 들기 전 생각을 한다. 늘 일정한 시간에 깨어 오줌을 누는 버릇이 있으니 그 시간에 깨겠지, 그렇게 믿고 잠이 들었는데 막상 깨어보니 날이 훤하다면 그야말로 낭패가 아닐 수가 없다. 몸이 시계는 아니지만 맏며느리로서는 참으로 얼굴을 들 수 없는 곤란한 일이었을 것이다.

어떤 일을 정확하고 분명하게 하기보다는 대강 어림짐작으로 할 때가 있다. 구렁이 담 넘듯이 두루뭉술하게 넘어갈 때가 있다. 그래서 놓친 제사야 다음번에 잘 하면 된다고 해도, 그렇게 놓친 생이야 어디서 만회를 할 수 있을까.

심사는 좋아도 이웃집 불붙는 것 보고 좋아한다

———

낚시를 하는 사람들 이야기를 들으면 낚시에는 다른 것을 통해서는 느낄 수 없는 짜릿한 느낌이 있다고 한다. 고기가 입질을 하여 찌가 오르내릴 때면 심장이 멈춘 것처럼 긴장을 하고, 낚아채기 가장 알맞은 순간을 기다리는 그 짧은 순간에는 전기에 감전된 것 같고, 절묘한 타이밍을 놓치지 않고 고기를 낚아채 낚싯대에 묵직한 무게가 실릴 때면 머리카락이 솟는 것 같고, 긴 실랑이 끝에 마침내 고기를 낚아 올릴 때의 희열은 다른 곳에서는 찾기 힘든 희열이라는 것이다.

아무리 그래도 낚시를 하며 가장 기분이 좋은 순간이 따로 있는데, 다름 아니라 옆의 사람이 큰 고기를 잡았다 놓칠 때라는 것이다. 웃음이 나지만 웃고 말기에는 찔리는 구석이 있다. 우리는 알게 모르게 다른 이의 불행을 즐기는 마음을 가지고 있는 것이다.

아무리 마음이 좋은 사람이라 할지라도 이웃집이 불붙는 것을 보고는 좋아한단다. 겉으로야 발을 구르며 안타까워 할지 몰라도 속으로는 좋은 구경이라 생각하기도 하고, 불 난 집이 겪게 될 불행과 고통을 은근히 즐기는 것이 사람의 마음이다.

'심사는 없어도 이웃집 불난 데 키 들고 나선다'는 말은 오히

려 한 걸음을 더 나아가 우리의 심보를 여지없이 드러낸다. 이
웃집에 불이 났으면 물을 들고 달려가 불을 꺼야 할 텐데 키를
들고 나서다니, 불 난 집에 부채질을 하게 되는 것이 사람의 마
음이라는 것이다.

　다른 이의 불행을 내가 어떤 마음으로 바라보느냐 하는 것
이 내 인격의 척도일 수 있다. 그것은 또한 신앙의 척도이기도
하다. 눈에 보이지 않는 것을 어찌 잴 수 있겠느냐며 쉽게 모른
척 할 일이 결코 아니다.

바지랑대로 하늘 재기

—

참 많은 것들이 쉽게 사라져 간다. 집집마다 세탁기를 돌려 빨
래를 하고 아예 건조기로 빨래를 말리는 세상에서 바지랑대는
어디 설 곳도 따로 없고, 이름조차 기억해주기를 기대하기가
어렵다.

　냇가에 나가 빨래방망이를 두드려 빨래를 한 어머니가 집으
로 돌아와 팔락팔락 소리를 내며 빨래를 털어 마당 한 가운데
를 가로지르는 빨랫줄에 빨래를 널면 빨래의 무게를 견디지
못한 빨랫줄은 배가 땅에 닿을 듯 늘어지게 되고, 애써 빤 빨래

가 땅에라도 닿을까 서둘러 고였던 장대가 있었으니, 바로 그 긴 나무막대가 바지랑대였다. 고추잠자리가 즐겨 내려앉던 바지랑대 꼭대기를 요즘의 아이들이 알 수나 있을까?

빨래가 없는 날, 밤과 감과 대추를 털기 좋았던 것이 바지랑대였다. 그렇게 바지랑대는 집안에서 찾을 수 있는 그 중 긴 막대기였다. 그러나 바지랑대가 아무리 길다 하여도 그것으로 하늘을 잴 수는 없다. 바지랑대로 높은 하늘을 재려 하는 것은 불가능하며 어리석기도 한 일이다.

그런데도 사람들은 그 짓을 한다. 내가 제법 긴 장대를 가졌다고 그 장대를 들어 감히 잴 수 없는 것들을 재려 한다. 잴 수 없는 것을 재고는 기니 짧으니 말잔치를 벌인다. 경험과 지식과 재산 등 아무리 내 장대가 길다 해도 세상엔 잴 수 없는 것이 있음을 깨닫는 데는 얼마만한 겸손의 세월이 필요한 것일까.

손톱 밑에 가시 드는 줄은 알아도
염통 밑에 쉬 스는 줄은 모른다

———

손톱 밑에 가시 드는 거야 대번 안다. 눈에 금방 띄기도 하고 무엇보다도 아프기 때문이다. 다른 어느 부위보다도 손톱 밑에 박히는 가시는 아프기도 하고 빼내기도 어렵다. 그런 점에서 '손톱 밑의 가시'란 보잘것없어 보이는 자그마한 것 때문에 겪게 되는 적잖은 곤란이나 고통을 의미한다.

염통이라 함은 심장을 말하는 것일 터, 그런데 '쉬 스는'이라는 말은 아무래도 낯설다. '쉬가 슬다'라는 말은 '파리가 알을 까다'라는 말이다. 심장에 파리가 알을 까다니, 그런 심각한 상황이 어디에 있을까 싶다.

그런데 사람이 묘하다. 손톱 밑에 가시 박힌 것은 알아도 심장에 파리가 알을 까는 것은 모르니 말이다. 눈에 보이는 작은 문제는 알면서도 정말로 심각한 문제가 벌어지고 있는데도 눈에 보이지 않는다고 모르는 것이 우리들이다.

우리의 엉뚱한 민감함과 위태위태한 우리의 무감함이라니!

돌이마음

우리말에 '돌이'라는 말은 두 가지 경우에 쓰인다. 접미사로 쓰일 경우 '되풀이되는 주기'라는 뜻을 갖는다. 예를 들면 '사흘돌이로 찾아오는 방물장수'나 '닷새돌이로 서는 장' 따위가 되겠다.

'돌이'라는 말이 의존명사로 쓰일 경우엔 뜻이 달라진다. '이름수 따위의 하나. 무엇의 둘레를 한 바퀴 돌아가거나 감긴 것'을 나타낸다. '새끼로 짚동을 한 돌이 감다'와 같이 쓰이게 된다.

'돌이'와 관련된 말 중에 '돌이마음'이란 것이 있다. '사심을 돌려 바르고 착한 길로 들어서는 마음'이라는 뜻이다. 아마 '마음을 돌려먹는다' 해서 '돌이마음'이라 하지 않았을까 싶다. 그렇다면 '돌이마음'이란 우리가 흔히 이야기하는 '회개'나 '회심'에 해당하는 참 그럴듯한 우리말이 아닐까?

'마음을 돌이킨다'는 단순한 뜻이 그렇고, '한 바퀴 돈다'는 뜻도 그렇다. 진정한 회개란 어쩌면 한 바퀴를 제대로 도는 것인지도 모른다. 한 바퀴를 돌면 도로 그 자리다. 그러나 같은 자리라도 마음은 이전의 마음이 아니다. 같은 세상을 달라진 마음으로 다르게 바라보는 것, 그것이 진정한 회개일 것이다.

벚꽃 지는 걸 보니
푸른 솔이 좋아
푸른 솔 좋아하다 보니
벚꽃마저 좋아

_김지하, 〈새봄〉

시인이 '벚꽃마저 좋아' 했던 바로 그 자리, 바로 그 마음!

볕이 밝으면 그림자도 진하다

'빛과 그림자'는 떼려야 뗄 수 없는 관계를 말할 때 쓰는 말이다. 빛이 있는 곳에 그림자가 있다. 그림자는 홀로 존재할 수가 없어 반드시 빛이 있는 곳에 생긴다. 빛이 없으면 그림자 또한 없다.

빛에도 밝기의 차이가 있듯 그림자에도 진함의 차이가 있다. 어슴푸레한 빛에서부터 눈부신 빛에 이르기까지 빛이 가지고 있는 밝기의 차이야 대번 이해가 되지만, 그림자의 차이는 선뜻 이해가 안 된다. 그림자면 같은 그림자지 그림자에 진하고 옅은 것이 어디 있겠는가 하는 생각이 드니 말이다.

그러나 그림자는 빛의 밝기에 따라 달라진다. 희미한 빛 앞에서는 그림자 또한 희미하나, 밝은 빛 앞에서는 그림자도 진해진다.

은혜의 빛 앞에 서면 우리 자신의 어둠은 더욱 드러나는 법, '나는 죄인 중의 괴수'(디모데전서 1:15)라는 바울의 고백은 그만큼 눈부신 은총의 빛을 보았기에 가능했던 고백이다. 희미한 빛 앞에서 자신의 희미한 그림자를 다행으로 여길 것이 결코 아니다.

천리 길에는 눈썹도 짐이 된다

———

40여 일 동안 산티아고 순례 길을 걷고 온 지인과 이야기를 나눠보니 꼭 필요하다 싶어 챙긴 짐들 중에서 중간에 버린 물건들이 적지 않았다고 한다. 걷는 것이 워낙 힘들다보니 버릴 수 있는 것은 뭐든지 버리게 되더라는 것이다.

천리 길에는 눈썹도 짐이 된단다. 눈썹도 짐이 된다니, 눈썹에 무슨 무게가 있다는 것일까 싶다. 눈썹이 없는 사람도 없지만 눈썹의 무게를 느끼는 사람도 없을 것이다. 눈썹이라는 말과 무게라는 말은 도무지 어울리지가 않는 말이다. 그러나 '백리만 걸으면 눈썹조차 무겁다'는 말이 있는 것을 보면, 눈썹도 먼 길을 걸으면 느낌이 달라지는 모양이다.

천리 길에는 눈썹도 짐이 된다는 것은, 먼 길을 나설 때는 눈썹조차도 빼놓고 가라는 뜻이다. '눈썹조차도'라는 말이 가지고 있는 뜻을 헤아려 볼 필요가 있다. 불필요한 것들은 무엇이든 모두 다 빼놓고 가라는 것이다.

말을 타고 멀리 가려고 하는 자는 말을 배불리 먹일 것이 아니라 말이 내핍에 견딜 수 있도록 해야 한다 했던 것처럼 말이다.

뭐가 필요한지 불필요한지 생각지도 않은 채 온갖 것을 다

챙겨가지고 무거운 걸음을 옮기고 있는 우리네 삶에 눈썹의 무게 이야기는 얼마만한 무게로 다가올 수 있을지.

밭 팔아 논을 사도 논 팔아 밭은 사지 말라

당연한 일이지만 밭과 논은 소용이 다르다. 밭에선 밭곡식을 기르고, 논에선 논곡식을 기른다. 밭곡식이야 얼마든지 선택할 것이 여럿이지만, 논곡식은 벼 외에 특별한 것이 있을 수가 없다.

밭 팔아 논을 사도 논 팔아 밭은 사지 말라는 말은 논이 더욱 소중할 때 나온 말이다. 먹을 양식 중 쌀보다 귀한 것이 없던 시절이 얼마나 길었는지 아예 속담으로 자리를 잡았다. 논 팔아 밭은 사는 일은 어리석은 처사와 다름이 아니었다.

'밭 팔아 논 살 때는 이밥 먹자는 뜻'이었다는 말은, 못한 것을 버리고 나은 것을 취할 때는 더 낫게 되기를 바라서였는데 오히려 그보다 못하게 되었음을 나타내는 말이다.

그러나 속담 중에는 그런 말만 있는 것은 아니다. '밭 장자는 있어도 논 장자는 없다'는 것도 눈에 띈다. 밭으로 벌이를 하여 큰 부자가 된 경우는 있어도 논으로 벌이를 하여 큰 부자가 되는 경우는 없다는 뜻으로, 밭농사가 논농사보다 수입이 더 좋음을 일러주고 있으니 말이다.

아무 투정 없이 심는 것에 따라 열매를 맺는 정직한 땅을 두고서 인간은 이것이 좋으니 저게 나쁘니 계산도 많고 의견도 많으니, 지혜로운 듯 어리석기는 인간이지 싶다.

대 뿌리에서 대 난다

때로 신앙이 어렵고 복잡하게 여겨지기도 하지만, 생각해보면 지극히 단순한 것이지 싶다. '콩 심은데 콩 나고 팥 심은데 팥 난다'는 그 한 마디 속에 신앙의 의미가 고스란히 담겨 있는 것이 아닐까. 콩 심어놓고 팥 금(값)이 좋다고 팥 나기를 기다리는 것이 신앙일 수 없고, 아무 것도 안 심고선 콩이나 팥이 나기를 기대하는 것이 신앙일 수는 더더욱 없는 법이다.

비록 세상이 험하여 콩 심은 데서 콩 나기 어렵고, 팥 심은데서 팥 거두기 어렵다 하여도 하나님께서는 심은 대로 거두게 하시는 분, 그걸 믿는 것이 또한 신앙일 것이다.

'대 뿌리에서 대 난다'는 말도 마찬가지다. 대나무 뿌리에서 나올 것은 대나무 밖에 없다. 그 외 무엇이 더 있겠는가? 뿌리가 대 뿌리면서 나무는 소나무이기를 바란다든지 감이 열매 맺기를 바라는 것은 있을 수가 없는 일이다.

중요한 것은 어떤 뿌리가 되느냐 하는 일, 무엇이 자라 오르느냐 하는 것은 그 다음의 일이다. 오늘 우리의 믿음을 보면서 두려운 것은, 믿음의 뿌리가 보이지 않는다는 것!

복은 쌍으로 안 오고 화는 홀로 안 온다

세상 어디에서나 비슷한 경험이 쌓이면 비슷한 말이 생기나 보다. '복은 쌍으로 오지 않는다'는 뜻의 '복무쌍지'(福無雙至)라는 말도 있고, '화는 홀로 오지 않는다'는 뜻을 가진 '화불단행'(禍不單行)이라는 말도 있으니 말이다. 굳이 어디에서 먼저 시작된 말인지를 가리는 것은 크게 의미 없는 일이지 싶다. 인간의 삶 속 어디에나 그런 일이 일어난다면 말이다.

하루가 낮과 밤으로 이루어지듯 복과 화는 끊임없이 우리를 찾아온다. 사람을 가려 누구에게는 복만, 누구에게는 화만 찾아오는 경우는 없다. 그런데 가만 보면 화는 쌍으로 오고, 복은 홀로 오는 것처럼 보인다. 화는 엎친 데 덮친 격으로 찾아오고, 복은 어쩌다 한 번으로 끝나 아쉬움을 자아낸다.

정말 그런 것일까? 정말로 화는 겹쳐서 오고, 복은 홀로 오는 것일까? 어디 복이나 화가 공장에서 만들어내는 물건이라고 처음부터 쌍으로 혹은 혼자 오도록 만들어졌겠는가.

복과 화를 맞이하는 사람들의 마음이 그러할 것이다. 복이 찾아왔을 때 찾아온 복이 계속 이어지기를 바라는 것은 모두가 같은 마음일 터, 그러나 복이 마냥 이어지지는 않는다. 화가 찾아왔을 때는 어서 화가 물러가기를 바라지만, 화는 쉽게 물러가지 않는다. 그러는 동안 생각지 않았던 어려움이 연이어 찾아오곤 한다. 아마도 복과 화가 똑같이 일정한 간격을 두고 찾아온다 하여도 사람들은 복은 홀로, 화는 쌍으로 찾아온다 생각했을지도 모른다.

복은 홀로, 화는 쌍으로 온다는 말에는 서로의 삶을 이해하고 위로하려는 마음이 담겨있다. 그러려니 하라고, 그런 게, 그렇게 보이는 게 삶이라고, 이내 사라진 것 같은 복과 너무 오래 머무는 것 같은 화에 대해서 서로가 서로의 한숨과 눈물을 닦아주는 따뜻함이 담겨있다. 그런 마음으로 바라보는 삶은 한결 푸근하지 않겠는가.

돌쩌귀는 녹이 슬지 않는다

시대가 바뀌고 생활이 바뀌면 덩달아 많은 것들이 바뀐다. 새로 생겨나는 것들이 있는가 하면, 사라지는 것들도 있게 마련이다. 사람이 하던 것들을 기계가 대신하는 일이 많아지다 보니 사람이 만들어내던 것들이 그 중 많이 사라지고 있다. 일상생활 속에서 늘 유용하게 쓰던 많은 물건들이 이젠 박물관에나 가야 구경할 수 있는 경우가 적지 않다.

예전에 쓰던 문을 쓰는 경우가 극히 드물다 보니 '돌쩌귀'란 말을 듣고 대번 돌쩌귀의 모양이나 소용 등을 떠올릴 사람도 많지 않을 것 같다. 돌쩌귀라 함은 문짝을 문설주에 달고 여닫는데 쓰는 쇠붙이로, 암수 두 개의 물건으로 되어있다. 암짝은 문설주에 수짝은 문짝에 박아 맞추어 꽂게 된다. 창호지를 바르는 옛 문에 주로 썼던 물건이니 돌쩌귀라는 이름을 기억하는 것이 오히려 신기한 일일지도 모르겠다.

돌쩌귀는 녹이 슬지 않는다. 녹이 슬 새가 없다. 문을 여닫을 때마다 쇠와 쇠가 부딪치게 되니 녹이 슬 틈이 없는 것이다. '늘 쓰는 열쇠에서는 빛이 난다'는 말과 같은 이치가 되겠다. 그러나 돌쩌귀에 녹이 슬지 않는 것도 늘 사용할 때의 일이다. 흉가처럼 버려진 시골집에 가보면 돌쩌귀엔 녹이 슬대로 슬어 있다.

늘 쓰는 문의 돌쩌귀가 녹이 슬지 않는 법, 우리의 마음도 믿음도 돌쩌귀와 크게 다르지 않아 쓰지 않으면 녹이 슬고 마는 법, 알맞게 쓰일 때만이 빛이 난다.

옹달

—

'옹달'이란 말은 일부 이름씨 앞에서 '작고 오목한'이라는 뜻을 가진다. 동요 가사에도 나오는 '옹달샘'은 '작고 오목한 샘'을 말한다.

옹달이란 말이 들어가는 낱말 중에는 다음과 같은 것들이 있다. '옹달솥'은 '작고 오목한 솥'이란 뜻이다. '옹달시루'는 '작고 오목한 시루'라는 뜻이요, '옹달우물'은 '작고 오목한 우물'이란 뜻이다.

옹달이 들어간 것 중에 '옹달치'라는 말도 있다. '아주 작은 물고기'란 뜻으로 '가물치가 뛰면 옹달치도 뛴다'는 속담까지 있다.

'옹달샘'이라는 말에는 익숙했지만 '옹달'의 뜻을 따로 새기지 못했던 우리들에게 '옹달'이라는 말의 쓰임은 다양하게 다가온다.

옹달이란 말의 뜻에 비춰 생각해 볼 때 '옹달마음'이나 '옹달믿음' 같은 것은 어떨까 싶다. 밴댕이 속같이 좁은 마음, 좋은 일이 생기면 금방 들떴다가 어려운 일이 닥치면 금방 푹 가라앉는 믿음, 그런 것을 '옹달마음' '옹달믿음'이라 부를 수 있지 않을까. 끝 간 데 없는 마음과 한결같은 믿음, 우리에게 필요한 것은 따로 있을 텐데 말이다.

하기야 '옹달마음'이나 '옹달믿음'을 두고 작고 예쁜 마음이나 숨겨진 믿음이라 한다면 할 말이 없지만.

외손주를 돌보느니 파밭을 맨다

교우 가정을 찾아 예배를 드리던 날이었다. 예배를 드린 후 이런저런 이야기를 나누는 중에 외손자를 돌보고 있는 권사님이 손자를 키우는 즐거움과 고충에 대해 이야기를 했다.

권사님에겐 고충보다는 즐거움이 훨씬 더 컸다. 어렸을 때부터 딸 대신 키워왔기에 손자가 없으면 뭔가 허전하고 불안할 정도라 하였다. 언젠가는 딸이 데려갈 텐데, 벌써부터 그때가 걱정이 된다고도 했다.

웃으면서 '외손자를 귀여워하느니 방아깨비를 귀여워하라'는 속담을 떠올렸더니, 얘길 들은 교우 한 분이 조금 다른 속담을 들려준다. '외손자를 돌보느니 파밭을 맨다'는 것이었는데, 뜻을 묻자 파밭을 매기가 여간 어려운 게 아니기 때문이란다.

파밭 매기가 아무리 어려워도 외손자를 보는 것보다는 쉽다는 뜻이니, 그만큼 외손자를 돌보기가 어렵다는 뜻이 되겠다.

왜 그냥 손자라 하지 않고 굳이 외손자라 했을까? 성이 다른 외손자에게 마음을 주기가 그만큼 어렵다는 뜻이겠으나 이제는 아무런 의미가 없어지고 말았다. 오히려 아이들은 외할머니 외할아버지를 친할아버지 친할머니보다도 더 편한 세상이 되고 말았으니.

제 논부터 물 댄다

벼를 심어보면 생명의 신비를 느끼지 않을 수가 없다. 저게 살까 싶은 작고 여린 모를 심어도 잠깐 사이 벼는 땅내를 맡으며 검푸르게 자라 오른다. 고인 물 가득 하늘이 쉬어가던 논에 벼가 심기면 한동안은 듬성듬성 허술하기 그지없지만, 그것도 잠깐 이내 벼가 땅내를 맡고나면 논은 한순간 녹색의 융단으로 변한다. 막 튜브에서 물감을 짜내 물도 섞지 않은 채 뭉뚝 뭉뚝 물감을 찍어 바른 듯 투명하도록 환한 녹색의 빛깔로 변한다. 그러다가 어느 순간 벼가 패고 황금물결로 번져 가면, 마음속엔 절로 감사가 넘치게 된다.

논농사의 생명은 물에 있다. 그래서 농사꾼은 꿈속에서도 물이 마르면 안 된다. 모를 심을 때 물이 없으면 잠을 물리고 손톱이 다 닳도록 물을 찾아 끌어오는 게 농사꾼이다. 다른 건 다 양보해도 논물 양보하는 농사꾼은 농사꾼이 아니다.

제 논부터 물 대는 것은 지당한 일이다. 그러나 한 가지 기억해야 할 것이 있다. 내 논이 가장 높은 곳에 있다면 모르겠거니와 그렇지 않다면 내 논에 물을 대기 위해 먼저 남의 논에 물을 대야 한다. 남의 논을 지나야 내 논에 물이 닿는 경우가 많기 때문이다.

세상살이의 이치도 크게 다르지 않을 것이다. 먼저 남의 논에 물을 댈 때 내 논에 물이 닿는 복이 절로 찾아올 것이다.

홍시도 떨어지고 땡감도 떨어지고

같이 신앙 생활하던 교우를 먼저 떠나보내는 일은 때마다 마음을 아프게 한다. 함께 했던 시간들을 소중히 새기며 정성껏 보내드리려 노력을 한다. 교우 장례가 있어 부평에 있는 화장장 승화원을 다녀올 때였다. 자동차 뒤편에서 나누는 교우들의 이야기 중에 이런 말이 들렸다.

'홍시도 떨어지고 땡감도 떨어지고.'

아마도 조금 전 화장장에서 본 광경 때문이었을 것이다. 돌아가신 교우의 화장 차례가 되었을 때, 화구에 나란히 들어가던 관 중에는 유난히 작은 관이 있었다. 관의 크기로 볼 때 필시 갓난아기나 어린 아이였을 것이다. 작은 관을 본 이들은 그가 누구인지 모르지만, 안쓰러움에 모두들 쯧쯧 혀를 찼다.

맞다. 감은 잘 익은 홍시도 떨어지지만, 아직 시퍼런 땡감도 떨어진다. 죽음이 무엇 다르겠는가. 모두에게 찾아오는 죽음은 나이 순서대로 오는 것이 아니다. 순서도 없고, 예고도 없이 찾아온다.

홍시도 떨어지고 땡감도 떨어지고…, 죽음에 대한 지긋한 관조였다.

며느리 시앗은 열도 귀엽고 자기 시앗은 하나도 밉다

———

'시앗'이란 말을 지금도 쓰나 모르겠다. '시앗'이란 말이 낯설어진 것은 시대의 흐름과 무관하지 않다. 어느 날 남편이 웬 여자 하나를 집으로 데려 오면, 어느 여자가 그 여자를 받아들여 함께 살겠는가. 끝탕을 하며 받아들여 함께 살기는커녕 자기가 집을 나가든, 남편을 쫓아내든 대번 결판을 내고 말 것이다. 아무리 간이 부었다 해도 여자를 버젓이 집으로 데려올 남자도 더 이상은 없다 싶지만.

'시앗'이란 남편의 첩을 본처가 일컫는 말이다. 몇몇 속담 속에 시앗에 관한 것이 있는 걸 보면, 옛날에는 시앗을 보는 일들이 적잖게 있었던 모양이다. '시앗에게는 하품도 옮지 않는다.', '시앗을 보면 길가의 돌부처도 돌아앉는다.', '시앗 죽은 눈물이 눈 가장자리 젖으랴', 모든 말 속에 시앗에 대한 증오와 미움이 담겼음을 어렵지 않게 짐작할 수가 있다.

'며느리 시앗은 열도 귀엽고, 자기 시앗은 하나도 밉다.'는 속담 속에는 인간의 묘한 심리가 담겨져 있다. 말이 그렇지 며느리 시앗이란 자기 아들의 첩을 말한다. 자기는 하나의 시앗도 받아들일 수 없으면서도 자기 아들이 시앗 두는 일은 열이라도 괜찮다는 것이니, 사람의 심보가 고약하기 그지없다.

자신도 모르게 두 개의 서로 다른 잣대를 가지고 살아가는 우리네 마음이라니!

흉년이 지면 아이들은 배 터져 죽고 어른은 배고파 죽는다

농사가 어려운 것은 사람의 수고와 노력만으로 되는 것이 아니기 때문이다. 하늘이 도와주시지 않으면 낱알 하나 건지지도 못하게 된다. 어떤 땐 홍수로, 어떤 때 가뭄으로 농사를 망치게 되니 사람의 수고가 농사의 전부일 수가 결코 없다.

흉년이 져서 먹을 게 없으면 어른 아이 할 것 없이 모두가 배를 곯게 마련이다. 그런데 왜 흉년이 지면 어른들은 배고파 죽는데 아이들은 배 터져 죽는다고 했을까?

속담 중에는 '아이는 흉년이 없다'는 속담도 있다. 흉년이 아이들한테는 찾아오지 않는다는 뜻이 아니다. 아이에게 흉년이 없는 것은 흉년이 들수록 어떻게 해서든지 자식들을 굶기지 않으려는 어른이 있기 때문이다.

흉년이 지면 행여 자식이 굶을까 사방 헤매서라도 먹을 것을 구해 자식에게 주니 자식은 흉년일수록 배가 터져 죽게 되고, 어린 것들 먹이느라 자신은 먹지 못한 어른들은 배가 고파 죽게 되는 것이다. 별 것 아닌 것 같은 속담 하나에도 눈물겨운 부모님의 사랑이 가득 담겨있구나.

고콜

―

언젠가 태백 골짜기에 있는 너와집을 후배 목사와 찾은 적이 있는데, 너와집에는 집과 너무나 닮은 노인이 살고 있었다. 전에도 몇 번 너와집을 방문한 적이 있는 후배는 길을 나서기 전 가게에 들러 약주를 좋아하는 할아버지를 위해 술 한 병을 샀는데, 그 모습이 보기에 좋았다. 후배가 전하는 술을 받으며 고맙다 하시면서도 전에도 술을 사왔다는 사실을 기억하지 못하시는 할아버지의 모습도 재미있었다.

할아버지가 사는 너와집의 너와는 그야말로 손도구로 일일이 쪼개 만든 것으로 기계로 반듯하게 잘라낸 것과는 거리가 멀었다. '너와 천년, 굴피 만년'이라는 말이 있는 것을 보면 그 생명력이 대단한 것을 알 수가 있다. 허름한 것들이 모여 마침내 견고한 집이 되는 것이 너와집이었다.

약주 때문에 기분이 좋아지신 할아버지는 당신이 사는 방을 보여주셨는데, 방 한 구석에는 놀랍게도 고콜이 남아있었다. 말로만 듣던 고콜을 처음으로 보는 순간이었다. 고콜이란 '두

메에서 밤에 불을 켤 때 불 붙이는 관솔을 올려놓기 위하여 벽에 오목하게 뚫어놓은 자리'로, 요즘 식으로 하자면 일종의 벽난로인 셈이다. '코처럼 생긴 굴'이라 하여 '코굴'이라 불렀다는 말도 있다.

전깃불이 없던 시절 날이 어두워지면 방 한 구석 고콜에 불을 붙여 방안을 밝혔는데, 고콜의 불은 촛불 역할과 함께 방을 따뜻하게 하는 난로 역할까지 해주었다.

"너희는 세상의 빛이다" 하신 말씀 속에는 어둠을 밝히라는 사명과 함께 세상의 차가움을 따뜻하게 녹이라는 사명도 함께 들어있는 것이리라. 우리가 이겨내야 할 것은 어둠과 함께 마음의 추위도 있는 것이다. 고콜이 어두움과 냉기를 동시에 물리쳤던 것처럼.

개와 친하면 옷에 흙칠을 한다

'근묵자흑'(近墨者黑)이라는 말이 있다. 먹을 가까이 하는 사람은 검어진다는 뜻이다. 먹물을 가까이 하면 아무리 조심을 한다 하여도 자신도 모르게 검게 되는 법, 먹을 가까이 하면서 시커 메지지 않기를 바라는 것이 오히려 이상한 일이다.

자기 자신을 검게 하지 않으려면 무엇보다도 먹을 가까이 하지 말아야 한다. 검지 않기를 원하면서 먹을 가까이 하는 것 은 동시(同時)에 동서(東西)로 가려고 하는 것만큼이나 잘못된 일이다. 먹이 묻지 않도록 조심하는 것보다는 아예 먹에 가까 이 가지 않는 것이 우선이고 근본이기 때문이다.

개와 친하게 지내면 옷에 흙칠을 하게 된다. 개가 흙투성이 라면 개와 친한 사람도 옷에 흙이 묻기 마련, 개를 탓할 일이 아니다.

개를 사랑하여 개를 통해 옷에 흙이 묻어도 상관없다 생각 했다면 모를 일이거니와, 옷에 흙 묻힐 마음이 없이 개를 가까 이 했다가 개 때문에 옷이 더러워졌다고 투덜대면 분명 어리 석은 일이다. 흙칠을 두고 누군가를 탓할 거라면, 그것은 개가 아니라 흙칠을 한 자기 자신이다.

돌 뚫는 화살은 없어도 돌 파는 낙수는 있다

어찌 낙숫물을 화살에 비길까? 속도나 힘으로 치자면 낙숫물은 화살에 비길 것이 없다. 현격한 차이가 난다.

제대로 쏜 화살은 많은 것을 뚫는다. 갑옷도 뚫고 방패를 뚫기도 한다. 그러나 화살이 아무리 강하다 하여도 돌을 뚫을 수는 없다. 내로라하는 천하의 장수가 쏜 화살이라도 그것이 돌에 맞으면 부러지거나 튕겨나가고 말 것이다.

그러나 처마에서 떨어지는 물은 마침내 돌을 뚫는다. 지붕에서 떨어지는 물방울이 감히 화살과는 비교할 수가 없지만, 화살이 감히 엄두를 내지 못했던 일을 낙수는 이루어 낸다.

떨어지는 물이 돌에 구멍을 낼 수 있는 것은 두 가지 때문에 가능할 것이다. 하나는, 꾸준함이다. 물 한 방울은 보잘 것 없지만 그럼에도 불구하고 꾸준히 떨어지다 보니 마침내 돌을 뚫게 된다. 꾸준함은 우리가 생각하는 것보다도 힘이 강하다.

다른 하나는, 부드러움 때문이다. 부드러움이 강함을 이긴다. 세상이 돌아가는 모습을 보면 강함이 부드러움을 이기는 것 같지만, 사실은 부드러움이 강함을 이긴다. 겨울눈에 굵은 가지들이 뚝뚝 부러질 때도 갈대는 얼마든지 겨울을 난다. 여름철 강한 폭풍을 견딘 나무들이 겨울눈에 부러지곤 한다.

사랑이 강한 것은 사랑 안에 포기하지 않음과 부드러움이 함께 있기 때문일 것이다. 사랑은 돌도 뚫는다.

봄비가 많이 오면 아낙네 손이 커진다

———

농사가 삶의 전부이던 시절, 하늘에서 내리는 비만큼 중요한 것은 없었을 것이다. 알맞은 때에 알맞게 오는 비야말로 하늘의 은총과 다름이 없었을 테니까. 오죽했으면 농부들은 '비가 온다'는 흔한 말 대신 '비가 오신다'는 말을 쓸까! 내리는 비를 두고 '오신다'고 하는 농부의 지극한 마음을 어느 종교인이 흉내를 낼 수 있을까 싶다.

고맙기로는 봄비만큼 고마운 비도 드물었다. 모내기를 하며 씨를 뿌려야 할 철이기 때문이다. 그래서 농촌에서는 봄비를 두고 '기름'이라고도 불렀고, '쌀비'라고도 불렀다.

봄비는 풍년을 약속하기 때문에 봄비가 잦으면 사람들은 인심부터가 좋아졌다. 풍년을 일찌감치 예감할 수 있었기 때문이다. 우리 속담을 살펴보면 봄비가 잦을 때 덩달아 커지는 손들이 적지 않았다. 아낙네 손도 커지고, 부인네 손도 커지고, 지어미 손도 커지고, 시어머니 손도 커졌다.

때에 알맞은 넉넉한 비는 아직 그 결실이 나타나기도 전 먼저 사람들의 마음을 넉넉하게 했다. 마음이 넉넉하면 소출이야 어찌됐든 모자람이 없었을 것, 사람이 살아가는 데는 소출보다도 마음의 넉넉함이 언제라도 우선이지 싶다.

좋은 소문은 걸어가고 나쁜 소문은 날아간다

'발 없는 말이 천 리 간다'는 말이 있거니와, 말은 발 없이도 멀리 퍼져간다. 어떤 면에서는 빠른 발을 가지고 있는 말(馬)보다도 더 빠르게 퍼져간다. 말(言) 중에는 걸어가는 것이 있고, 날아가는 것이 있다. 금방 퍼지는 말도 있고, 더디 퍼지는 말도 있다.

좋은 소문은 걸어가고, 나쁜 소문은 날아간단다. 나쁜 소문이 좋은 소문보다 더 빨라 좋은 소문보다는 나쁜 소문이 더 빨리 퍼진다는 뜻이겠다. 왜 그럴까?

좋은 소문은 시기심에 멈칫멈칫 쉽게 퍼지지 않는다. 우는 자들과 함께 울기보다는, 웃는 자들과 함께 웃는 일이 더 어려운 일일지 모른다.

반면에 나쁜 소문은 날아간다. 머물 새가 없다. 대개는 참을 수가 없기 때문이다. 갈수록 재미와 몸집을 불리기도 한다. 걸어가는 좋은 소문, 그러나 좋은 점도 있다. 걸어가기 때문에 제대로 간다.

날아가는 것을 제대로 보기는 어려운 법, 대신 천천히 가는 것은 제대로 보인다. 좋은 소문이 더디 간다고 아쉬워 할 것은 없다. 빨리 가는 것보다는 제대로 가는 것이 더 중요한 것, 어쩌면 좋은 소문은 퍼지는 것에 별 관심이 없는 것인지도 모른다. 퍼지다 멈추면 그곳에서 한 알의 씨가 되는 것이기에.

길이 멀면 말의 힘을 알고
날이 오래면 사람의 마음을 안다
───

시간이 지나야 알게 되는 것들이 있다. 겪어봐야 알게 되는 것들이 있다. 잠깐 봐서는 알 수 없고 겉으로만 봐서는 짐작할 수가 없는, 그런 것들이 있다.

말이 얼마나 힘이 좋은지를 말의 겉모습만 보고 판단하기는 어렵다. 말에 대해 눈 밝은 이가 있어 말의 외모를 보고 대강의 짐작을 할 수 있을지는 몰라도, 말의 힘을 제대로 알기 위해서는 먼 길을 달려보는 것이 가장 좋다. 먼 길을 달려보면 말의 힘은 물론 말이 가지고 있는 인내심이나 체력, 성질까지도 소상하게 알 수가 있을 것이다.

사람도 마찬가지다. 누군가에 대해 깊이 알고 싶다면 그와 여행을 해보라는 말이 있다. 여행을 하다보면 많은 이야기를 나누게 될 뿐 아니라 다양한 경험을 하게 된다. 힘들고 어려운 상황을 만나기도 하고, 곤란하고 위험한 순간을 만나기도 할 것이다. 좋을 때보다도 어려울 때 그가 어떻게 행동하는가 하는 것을 보면 그가 어떤 사람인지를 제대로 알게 된다.

그렇게 누군가가 어떤 사람인지를 제대로 알기 위해서는 많은 시간을 함께 해야 한다. 잠깐 좋은 사람이 나중까지 좋을지는 누구도 장담할 수가 없기 때문이다. 함께 하면 할수록 더 좋아지는 사람을 만난다는 것은 큰 복이 아닐 수가 없다.

믿음도 마찬가지 아닐까. 잠깐 뜨거운 것이야 쉬운 일일 수 있다. 긴 세월 지나도록 한결같은 마음을 지키는 것이 믿음의 고갱이다. 믿음은 결코 100미터 달리기가 아닌 것, 길이 멀수록 한결같이 걷는 믿음의 걸음이 그립다.

일흔이 지나면 덤으로 산다

지금이야 평균 수명이 길어져 일흔이 흔한 나이가 되어 고령이라는 생각이 들지 않지만, 예전만 하더라도 일흔이라면 아무나 누릴 수 없는 천복이었다. 환갑잔치를 크게 열었던 것도 평균수명과 무관한 일은 아니었을 것이다.

일찍이 공자께서 사람의 나이를 두고 그 의미를 말한 적이 있는데, 일흔을 두고서는 '종심소욕불유구'(從心所欲不踰矩)라 했다. '마음이 하고 싶은 대로 하여도 어긋남이 없다'고 일흔이 갖는 나이의 의미를 새겼다.

열다섯부터 시작한 나이의 의미가 일흔에서 멈춘 것을 보면 일흔 이상이 되어도 일흔이 갖는 의미를 동일하게 갖는다는 의미도 있겠거니와 일흔의 나이를 인간이 누릴 수 있는 수명의 한계로 본 것이 아닌가 싶기도 하다.

일흔이 지나면 덤으로 산다고 했다. 일흔 하나부터는 남의 나이라는 말도 있다. 덤이란 말이 귀하다. '덤'이란 물건을 사고팔 때, 제 값어치 외에 조금 더 얹어 주거나 받는 물건을 이르는 말이다. 은총으로 거저 받는 것을 말한다.

일흔 이상의 나이를 옛 어른들은 당연한 것으로 생각하지 않았다. 지금 내가 보내고 있는 시간을 덤으로 생각한다면 모든 시간이 하늘의 은총일 터, 일흔이 되어서도 그걸 깨닫지 못한다면 그야말로 철부지가 아닐까 싶다.

어처구니

어이없는 일을 만나게 되면 우리는 흔히 '어처구니가 없다'라는 말을 한다. 어처구니가 무엇이기에 어이없는 일을 당하면 당연한 듯이 '어처구니'가 '없다'고 하는 것일까?

어처구니는 맷돌과 관련이 있다. 맷돌은 곡식을 가는 데 쓰이는 재래식 기구이다. 둥글넓적한 돌 두 짝을 포개고, 윗구멍으로 곡식을 넣은 뒤 위짝을 손잡이로 돌려서 곡식을 갈게 된다. 맷돌을 다른 말로는 돌매, 마석(磨石), 석마(石磨)라고도 부르고, 말을 줄여 그냥 '매'라고도 한다.

맷돌은 밑돌과 윗돌이 제대로 맞물려야 갈린다. 어처구니란 바로 맷돌에서 밑돌과 윗돌이 제대로 맞물려 있게 하는 장치를 가리키는 말이다. 윗돌과 밑돌을 하나로 맞물리게 하는 '맷돌중쇠'가 어처구니인 것이다.

이 '어처구니'가 없으면 밑돌과 윗돌은 서로 겉돌아 곡식이 제대로 갈리지 않거나, 윗돌이 굴러 떨어지게 된다. 그만큼 맷돌에 있어 어처구니는 없어서는 안 될 꼭 필요한 부분이다.

눈에 띄지 않는 곳에서 모든 것을 제대로 만드는 사람, 어처구니의 삶이 그립다. 어처구니가 없으면 어처구니가 없는 세상이 되고 말기 때문이다.

봄불은 여우불이다

각각의 동물에게는 고유한 이미지가 있다. 미련한 것은 곰, 우직한 것은 소, 영험한 것은 호랑이, 온순한 것은 양, 먹성 좋은 것은 돼지, 재주를 잘 부리는 것은 원숭이, 잘 달리는 것은 말, 각각의 동물들이 인정할지는 모르지만 우리는 많은 동물들을 그가 가지고 있는 이미지로 이해를 한다.

꼬리가 열두 개 달린 옛 이야기 때문일까, 여우라 하면 교활함을 떠올린다. 재주를 부린다, 홀린다, 얄밉다 등의 엇비슷한 이미지를 가지고 있다.

봄이 되면 산불이 많이 나곤 하는데, 봄불을 여우불이라 불렀다. 봄불을 여우불이라 불렀던 것은 여우가 가지고 있는 이미지와 무관하지가 않다.

봄불은 눈에 잘 띄지를 않는다. 그냥 봄날 피어나는 아지랑이처럼 보이기 때문이다. 불이 붙었으면 대번 눈에 띄어야 하는데 여간해선 구별이 안 되니 큰불로 번질 가능성이 컸다.

또한 봄불은 사방으로 날아다닌다. 불씨가 허공을 날아 이곳저곳으로 번지는 것이다. 마치 여우가 재주를 부려 여기에도 나타나고 저기에도 나타나 사람을 홀리는 것처럼 어지간한 길은 그냥 뛰어 건넌다. 그러니 속수무책일 때가 많다.

여간 정신을 차리지 않으면 발견할 수도, 잡을 수도 없는 봄
불. 맞다, 생각해 보면 우리네 삶에도 쉬 눈에 띄지 않는 채 온
통 삶을 불천지로 만드는 봄불들이 있다.

쌀을 너무 아끼다가는 바구미 농사짓는다
—

먹을 게 다양해지고 흔해진 탓인지 요즘 우리나라에서는 일인
당 쌀 소비량이 급격히 줄어들었다고 한다. 하루 먹는 세 끼의
쌀값보다도 커피값이 더 비싼 현실이 어질어질하다.

쌀을 많이 먹지도 않을뿐더러 웬만한 가게에 가면 무슨 공
산품 중의 하나처럼 얼마든지 알맞은 양으로 포장된 쌀을 살
수가 있기에, 한꺼번에 많은 쌀을 사서 집에 보관해 두는 경우
는 찾아보기가 어려워졌다. 쌀을 사서 봉지에 담아오거나, 머
리에 자루로 이거나, 지게에 가마니로 지고 다니는 모습은 이
제 거의 찾아보기가 어렵게 되었다.

사실은 불과 얼마 전까지만 해도 그렇지가 않았다. 쌀은 가
장 중요한 양식인지라 쌀독엔 언제라도 쌀이 떨어지면 안 되
었다. 곳간엔 볏섬이, 부엌 주변엔 나무가 켜켜 쌓여있어야 마
음이 든든하곤 했다. 그러기에 웬만한 집에는 뒤주라 불리는

큰 쌀통이 따로 있어 많은 양의 쌀을 보관하곤 했다.

쌀을 오래두다 보면 쌀 속에 바구미가 생긴다. 쌀이나 보리를 갉아먹고 사는 해충인 바구미가 언젠지 모르게 생겨 쌀과 보리를 축냈다.

소중한 것을 아끼는 것은 좋지만 너무 아끼다보면 아무짝에도 소용이 없게 되고 만다. 말 그대로 바구미 농사만 짓게 된다. 쌓아 놓는다고 다 좋은 것은 아닌 법, 풀어 나누는 것이 그것을 가장 잘 보관하는 방법일 수도 있다.

비 오는 것은 밥하는 아낙네가 먼저 안다

———

들에서 논일을 하던 사람이나 산에 올라 나무를 하던 이라면 몰라도 밥 짓는 아낙네가 어찌 비 오는 것을 먼저 알 수가 있을까? 밥은 당연히 부엌에서 지을 터, 아궁이에 불을 때고 찬을 준비하다 보면 밖을 내다볼 겨를도 없을 텐데, 부엌에서 밥하는 아낙네가 어찌 비오는 것을 먼저 안다 했을까?

지금이야 시골 웬만한 집도 가스불이나 전기밥솥에 밥을 짓지만, 옛날에는 꼬박 부엌 아궁이에 불을 때서 밥을 지었다. 장작에 불을 붙인 뒤 불 세기를 조종하면서 가마솥에 밥을 짓는 것은 여간한 경험이 아니면 결코 쉽지 않은 일이었다. '솥뚜껑 운전 몇 년'이라는 말은 괜한 허사가 아니었다.

비가 오게 되는 저기압일 때 불을 때면 불이 잘 들이지를 않는다. 맑은 날 불을 때면 쑥쑥 아궁이로 잘 빨려 들어가던 불도 흐린 날이 되면 무슨 고집인지 자꾸만 부엌 쪽으로 불길이 거꾸로 잡혔다.

불만 그런 것이 아니어서 연기는 더욱 그랬다. 아궁이 속에서 타는 장작불과 함께 굴뚝으로 시원하게 빠져나가던 연기도 흐린 날에는 도살장 끌려가는 소 뒷걸음을 치듯 꾸역꾸역 부엌 쪽으로 쏟아져 나온다.

그러니 밥을 짓는 아낙네는 불과 연기의 모양만 보고도 그날의 날씨를 짐작할 수가 있었다. 굳이 집밖으로 나가 하늘을 따로 보지 않아도 자기가 하는 일을 통해 그날의 날씨를 짐작할 수가 있었던 것이다.

누구라도 자기가 하는 일을 통해 하늘의 징조를 알 수 있게 하셨을 텐데, 나는 과연 내가 하는 일을 통해 하늘의 징조를 살피며 살고 있는지.

말 죽은 데 체 장수 모이듯 한다

우리말인데도 짐작이 안 되는 말들이 있다. 단어를 몰라서 그럴 때도 있고, 말의 뜻을 몰라 그럴 때도 있다. 전혀 경험해보지 않은 일은 말의 뜻을 안다고 해도 공감하기가 어렵다.

말 죽은 데 체 장수가 모이다니, 그게 무슨 뜻일까? 말 죽은 것과 체 장수가 무슨 상관이 있는지를 짐작할 수 없다면, 도대체 '체'가 뭔지를 알 수가 없다면 그 말의 뜻을 헤아리기가 어려워진다.

'체'는 가루를 곱게 치거나 액체를 받거나 거르는 데 쓰는 기구를 말한다. 얇은 나무로 둥근 모양의 쳇바퀴를 만들고 말총이나 헝겊, 나일론이나 철사 따위로 된 쳇불을 메웠다. 도표나 도안 따위를 그리는데 쓰기 위해 일정한 간격으로 사이를 떼워 가로와 세로로 줄이 가게 그려놓은 체눈종이(혹은 채눈종이)처럼, 쳇불의 재료만 달랐을 뿐 대개의 경우 체눈은 고왔다. 체눈이 고우면 고울수록 가루를 곱게 거를 수가 있었기 때문이다.

말이 죽은 곳에 체 장수가 모여드는 것은 체를 만드는 데 쓰는 말총을 구하기 위해서였다. 말의 목덜미에 난 긴 털인 갈기와 긴 꼬리의 털을 말총이라 불렀는데, 바로 그 말총이 쳇불을 메우는 재료로 쓰였기 때문이다.

일과 관련하여 어쩔 수 없는 일이라 하여도 말 죽은데 체 장수 모이는 것은 왠지 스산해 보인다. 혹 내가 갖는 만남이 말 죽은데 체 장수 모이는, 그런 만남은 아닌지를 돌아보게 된다. 다른 이의 사정이야 어떻든 나의 이익과 관련된, 그런 만남 아닌지를.

늙은 개가 짖으면 내다봐야 한다

집을 지키는 개가 짖어대면 대개는 밖을 내다보게 된다. 누가 오지 않았나, 무슨 일이 없나 살피게 된다. 그런데 별 일도 없이 허구한 날 개가 짖는다면 주인은 그러려니 하면서 밖을 내다보지 않게 된다.

늙은 개는 노련하다. 무슨 일이 벌어지고 있는지를 경험으로 안다. 아직 어린 풋개는 아무 것도 몰라 아무 때나 짖을지 몰라도 늙은 개는 경험이 많아 아무 때나 짖지 않는다. 꼭 필요할 때만 짖는다. 그런 점에서 늙은 개가 짖는다는 것은 밖에 뭔가 심상치 않은 일이 생겼다는 것을 뜻한다.

늙은 개는 여러 가지로 쓸모가 없다고 여겨질 때가 많다. 느릿느릿 거동도 불편하고, 힘도 세지 못하다. 그러나 늙었다는 이유로 무시해선 안 된다. 늙음은 곧 경륜을 의미하기 때문이다.

늙은 개가 짖으면 문을 열고 밖을 살피는 것이 좋다. 늙은 개가 짖을 때는 그만한 이유가 있기 때문이다. '늙은 개가 짖으면 내다봐야 한다'는 말이 본래 우리 속담인지는 모르겠다. 독일에도 같은 속담이 있다.

Wenn ein alter Hund bellt, soll man hinausschauen. '늙은 개가 짖으면 밖을 내다봐야 한다'는 뜻, 우리 속담 그대로다. 어디에서 먼저 시작된 것인지는 몰라도 다른 것이 없다. 세상 어디에서나 늙은 개가 짖으면 밖을 살펴야 하는 것이 진리이지 싶다.

늙은 개 이야기를 하다 불쑥 어른 이야기를 꺼내는 것이 조심스럽긴 하지만 그래도! 어른이 하시는 말씀일랑 더욱 귀 기울여 들어야 한다.

독일에서 목회를 할 때의 일이다. 아는 분 가족과 저녁식사를 할 일이 있어 어디에서 식사를 할까 하다가 한국 사람이 막 식당을 개업한 곳이 있다하여 그곳을 찾기로 했다.

온천이 있는 휴양도시로 알려진 바트 조덴(Bad Soden) 외곽, 마인 타우누스의 정경이 아름답게 내려다보이는 언덕 위에 호텔 겸 음식점이 자리를 잡고 있었는데, 알고 보니 꽤 유서 깊은 곳이었다. 바첸하우스라는 이름을 가진 곳으로 1833년에 세워진 이래 근 170년 동안 같은 자리를 지켜와 주변 사람들에겐 널리 알려져 있는 곳이었다.

식당을 개업한 이는 젊은 한국인이었다. 아주 작은 식당으로부터 일을 시작하여 이제 막 유서 깊은 곳에서 규모가 큰 식당을 개업하게 되었으니 앞날이 기대가 되었다. 격려도 하고 덕담도 나누며 잠깐 그와 이야기를 나누게 되었는데, 그의 이야기 중에 인상적으로 들렸던 것이 있었다.

그 건물 주인에 대한 이야기였다. 식당은 임대로 시작을 한 것이었고 임대료가 결코 만만한 것이 아니어서 식당이 잘 되어 나중엔 아예 건물을 살 수 있게 되면 좋겠다고 이야기를 하자 사실은 그게 꿈이라고 대답을 하며 밝힌 건물 값이 우리 돈으로 약 90억 원, 만만한 액수가 아니었다. 그런데 이어진 이야기에 의하면 집주인은 독일 내에 그만한 건물을 스무 여개나 가지고 있다는 것이었다.

그런데 이야기를 들으며 인상 깊게 다가왔던 것은 그 건물 값도 아니었고, 건물 주인이 그런 건물을 스무 여개나 가지고 있다는 사실도 아니었다. 그만한 정도라면 남부러울 것이 없는 큰 부자일 텐데 막상 주인을 만나보면 전혀 그런 느낌을 받을 수가 없다는 얘기 때문이었다.

타고 다니는 자동차는 12년이 된 낡은 오펠(벤츠나 BMW가 흔한 독일에서 오펠 자동차는 그 중 값이 저렴한 자동차다) 승용차이며, 쓰고 있는 안경도 테가 부러져 때가 탄 테이프로 감아서 쓰고 있다는 것이었다. 입고 있는 옷도 마찬가지여서 언제 보아도 검소함을 지나 오히려 초라하다는 느낌까지 든다고 했다.

같이 식사를 하던 이가 건물 주인에 관한 이야기를 듣더니 그게 독일 사람의 진짜 모습이며, 독일을 무시할 수 없는 이유라고 소감을 밝혔다. 재산 규모를 보면 깜짝 놀랄 만큼의 엄청난 부자인데도 전혀 티를 내지 않고 검소하고 소박하게 살아가는 독일 사람들이 곳곳에 의외로 많다는 것이었다.

이야기를 들으며 문득 '든거지난부자'라는 말이 생각났다. 실제로는 가난하여 거지 형편이면서, 밖으로는 부자같이 보이는 사람을 이르는 말이다. 그런가 하면 '든부자난거지'라는 말도 있다. 실제는 부자면서도 밖으로는 거지같이 보이는 사람을 이르는 말이다.

가진 재산을 과시하며 허영과 사치를 즐기기보다는 재산에 상관없이 내게 주어진 삶을 성실하게 살아가는 것이 무엇보다 소중할 터, 이왕이면 우리의 삶이 '든거지난부자'보다는 '든부자난거지' 쪽이면 좋겠다.

혼인날 신부의 방귀는 복방귀다

생각해 보면 이런 말이 참 좋다. 방귀 이야기라 고약해 보일지 몰라도 생각할수록 마음이 따뜻해지는 좋은 말이다.

혼인날 신부가 방귀를 뀌었다면 얼마나 무안하겠는가? 방귀를 마음대로 뀔 수 있기까지는 많은 세월이 필요할 터, 며느리로서는 많은 세월이 지나도 민망한 마음은 여전할 터인데 하필 결혼하는 날에 새색시가 자신도 모르게 방귀를 뀌었으니, 필시 신부의 얼굴은 홍당무가 되어 고개도 들지 못했으리라.

(방귀를 눈치 안 보고 마음대로 뀔 수 있는 사이를 '방귀 튼 사이'라 부르는 걸 들은 적이 있는데, 그 말 또한 정겨운 말이 아닐 수가 없다)

그럴 때 신부의 무안함을 달래주던 말이 '혼인날 신부의 방귀는 복방귀'였다. 그렇다고 신부의 무안함이 쉽게 가시지는 않았겠지만, 그런 말 한 마디가 주는 고마움은 새 삶을 시작해야 하는 신부에겐 더없이 큰 것이었으리라.

다른 사람의 무안함을 후덕하게 덮는 너그러움이 물씬 묻어난다. 하다 못 해 방귀까지도 복방귀라 부르는 그런 마음만 가지고 살아간다면 세상사 그 무엇 하나 흉잡을 일이 따로 있겠는가, 복 아닌 것이 따로 있겠는가 싶다.

'혼인날 신부의 방귀는 복방귀', 누군가를 놀리기 위해서가 아니라 따뜻하게 위로하고 격려하기 위해 마음에 담아두고 싶다.

난리 때는 곡식 놓고 소금 지고 간다

———

갑자기 난리가 나서 황급하게 어디론가 피신을 해야 할 경우가 생긴다면 무엇을 챙겨가지고 가야 할까? 무엇보다 앞서 떠오르는 것이 곡식이다. 피신을 해서도 먹어야 견디는 것 아니겠는가 싶기 때문이다. 밥을 하려면 솥도 필요할 터이니 솥도 하나 챙겨야 하고, 밥그릇 몇 개와 수저는 없어도 될까, 덩달아 생각이 많아진다.

피신을 가며 필요한 것이 어디 한두 가지랴만 문제는 그렇게 챙길 시간이 있는 것인지, 그 모든 것을 가지고 갈 수 있는지의 여부일 것이다. 그러기에 꼭 필요한 것을 챙기는 것은 위급한 순간일수록 중요하다. 난리가 났을 때 지고 가야 할 것은 곡식이 아니다. 곡식보다도 먼저 챙겨야 할 것이 있는데, 바로 소금이다.

곡식 한 짐 지고 가야 며칠 동안 밥을 해먹으면 떨어지고 만다. 그러나 소금은 다르다. 소금 한 짐 지고 가면 산나물이나 풀뿌리에 소금을 쳐서 먹을 수가 있기에 몇 달이라도 지낼 수가 있는 것이다. 그런 점에서 여러 날을 버티는데 곡식보다도 더 요긴한 것이 바로 소금인 것이다.

급할 일을 당했을 때 무엇이 우리에게 가장 필요한 것인지를 아는 것, 그것이 바로 삶의 지혜 아니겠는가. 당연해 보이는 것보다도 의외의 것이 필요할 수가 있는 것이다. 난리 때는 곡식보다도 소금이라 했는데, 아무 생각 없이 곡식만을 챙기는 일이 없었으면 좋겠다. 어려운 때일수록!

눈 많이 오는 해는 풍년이 든다

———

고개고개 무서운 고개, 해마다 보릿고개를 넘어야 했던 옛날에는 밥 굶지 않는 것이 그 중 중요한 문제였다. "진지 잡수셨어요?" "밥 먹었니?" 길에서 어른을 만나든 아이를 만나듯 식사를 했는지를 묻는 것이 인사였으니 무얼 말하겠는가?

먹는 것이 그만큼 중요했기에 날씨에 대한 관심도 클 수밖에 없었다. 날씨는 하루의 생활 에만 관련이 있는 것이 아니어서, 농사일은 물론 그 결실과 떼려야 뗄 수가 없는 불가분의 관계를 가지고 있었다.

겨울이 되면 유난히 눈이 많이 오는 해가 있다. 눈이 얼마나 오는지 내린 눈을 두고 '눈 폭탄'이라 부르기도 한다. 무게도 느낄 수 없는 눈이 아무리 많이 와야 무슨 일이 있겠는가 생각할지 몰라도 그야말로 몰라서 하는 말이다.

눈으로 인한 피해는 생각보다 크다. 길이 끊기는 것은 물론, 자동차 사고도 급증한다. 때로는 바퀴가 구르지를 않아 도로에 갇히기도 한다. 쌓인 눈의 무게를 견디지 못하고 비닐하우스와 축사가 무너져 헤아리기 힘든 피해를 입기도 한다.

벼농사와 함께 보리농사가 중요했던 옛날에는 겨울에 많이 오는 눈은 풍년을 예감하게 하는 좋은 징조였다. 겨울을 나는 동안 보리는 두 가지 위험을 겪게 된다. '갈사'와 '동사'가 그것이다. '갈사'란 말라 죽는 것이요 '동사'란 얼어 죽는 것이니, 겨울을 잘 나야만 하는 보리농사로선 늘 신경이 쓰이는 일이 아닐 수가 없었다.

그런데 눈이 많이 오면 '갈사'도 피할 수 있었고, '동사'도 피할 수가 있었다. 수북이 쌓인 눈이 물기와 함께 솜이불처럼 보리를 덮어주었으니, 추운 겨울을 나야 하는 보리로선 더없이 고마운 게 눈이었던 것이다.

눈으로 인해 피해를 입을 때에도 보리는 조용히 은총을 누리는 법, 세상의 모든 일에는 그렇게 양면성이 있지 싶다. 어려운 일을 만났을 때 눈앞의 것만 보지 말고 다른 한 쪽을 생각할 수 있다면 위로를 얻을 수 있지 않을까.

각시를 아끼면 처갓집 섬돌도 아낀다

'섬돌'이란 말을 오랜만에 대한다. 뜻도 어감도 정겨운 우리말이다. 섬돌은 마당에서 집으로 오르내릴 때 사용하는 편편한 돌층계로, '댓돌'이라고도 한다. 마당과 마루의 높낮이가 제법 차이가 졌던 옛집에서는 대개 마루 앞에 있는 마당에 섬돌을 두어 오르내리는데 불편이 없도록 했다. '섬돌 위에 놓인 하얀 고무신 한 켤레' 하면 그 정경이 눈에 선할 것이다.

누군가를 극진히 아끼고 사랑하면 그와 관련된 모든 것들을 소중하게 여기게 된다. 사랑하는 이가 소중한 만큼 그와 관련된 모든 것들이 소중하게 여겨지기 때문이다.

아내를 극진히 사랑하는 사람도 마찬가지다. 아내가 사랑스러우면 아내와 관련된 모든 것들을 극진하게 위한다. 그렇게 아내를 아끼고 사랑하다 보니 자연스레 처갓집 섬돌까지를 아끼게 되는 것이다.

하나님을 사랑한다 하면서도 하나님이 만드시고 다스리시

180

는 세상을 정죄하는 이들이 있다. 무관심한 것을 신앙이라 여기기도 한다. 교회를 사랑한다 말하면서도 마당에 떨어져 있는 휴지를 주울 줄을 모른다. 사랑한다 하면서도 쉽게 험담을 하기도 한다.

마음은 마음으로 이어지는 법이다. 각시를 아끼면 처갓집 섬돌을 덩달아 아끼게 되는 법이다.

남의 염병이 내 고뿔만 못하다

무슨 뜻인 줄도 모르고 듣거나 내뱉었던 욕 중에는 사실 무서운 욕들이 많다. "육시랄"이란 말이 낯설지 않거니와 '육시'(戮屍)란 이미 죽은 사람을 관에서 꺼내어 머리를 베는 형벌을 말하니 누군가에게 "육시랄 놈" 하고 말하는 것은 끔찍한 일이 아닐 수가 없다. 그냥 욕이 아니라 저주가 담긴 욕이다.

그런 말 중의 하나가 "염병할!"이다. 염병이란 장티푸스를 통속적으로 부르던 말로써, 무서운 전염병을 의미한다. 결국 '염병할'이란 말은 '염병에나 걸릴'이란 뜻으로, 남을 심하게 나무랄 때 쓰는 욕이 된다.

의학과 약이 발달한 지금이야 장티푸스 같은 병이 큰 위협이 아니지만 옛날에는 고치기 힘든 전염병 중의 하나였다. 누군가가 염병에 걸리면 서로 가까이 하지 않는 것이 전염을 막는 최선의 길, 상대가 염병에 걸려서 나 자신은 물론 어느 누구도 그 사람 곁에 가까이 가지 않았으면 좋겠다는 저주의 뜻을 담고 있는 셈이다.

'고뿔'은 감기를 뜻하는 우리말이다. 고뿔과 염병은 서로 비교를 할 수 없을 만큼 당연히 염병이 중한 병이다. 그런데 사람의 마음이란 그렇지가 않아 남의 염병은 내 고뿔만 못한 법이다. 남의 팔이 썩어 들어가는 것보다 내 손끝에 박힌 작은 가시 하나가 더 아픈 법, 어쩌랴 그것이 사람 마음인 것을.

그 마음에서 벗어나 아파하는 사람들과 함께 아파하고 우는 사람들과 함께 우는 것, 신앙의 첫 걸음은 그런 것 아닐까.

흉년 손님은
뒤꼭지가 예쁘다
—

감나무 밑의 개

—

친구 목사로부터 들은 이야기다. 감나무에 감이 안 달리면 감나무 밑동에 개나 소를 매어 놓았단다. 감이 안 달리면 거름을 줄 일이지 개나 소를 매어 놓다니, 우리 생각엔 그게 감이 많이 달리는 것하고 무슨 상관이 있을까 싶다.

개나 소를 나무 밑동에 매어 놓으면 묶인 짐승이 움직일 때마다 감나무의 껍질이 까지게 된다. 그렇게 껍질이 까지라고 일부러 짐승을 매어 놓는다는 것이다.

껍질이 까지면 나무는 위기를 느끼게 되고, 그러면 종족을 보존하기 위해 열매를 많이 맺게 된다는 이치였다.

고난이 삶을 성숙시킨다는 이야기를 그는 어릴 적 듣고 본 감나무 이야기를 통해 하고 있었다. 경험해 보지 못한, 귀한 이야기였다.

하지만 성숙은 껍질이 까지는 그 순간을 잘 견디는 데 있지 싶다. 그 순간을 견디지 못하면 성숙에 이르기 전 자신을 포기하게 되니까.

전어 굽는 냄새에 집나간 며느리도 돌아온다

———

'봄 조기, 가을 낙지'라는 말이 있는 걸 보면 생선도 제 철이 있는 모양이다. 전어는 가을이 제 철이라 한다. 전어와 가을이 관련된 속담이 몇 개 있는데, '봄 도다리, 가을 전어'라는 것도 눈에 띄고, '가을 전어 머리에는 깨가 한 되다'라는 것도 눈에 띈다. 전어는 산란기인 봄에서 여름까지는 맛이 없지만 가을부터는 몸에 지방질이 차면서 맛이 들기 시작하여 늦가을에 별미가 든다고 한다.

전어라는 이름의 유래가 '돈을 생각지 않고 사들이는 생선'에 있다고 하고, '전어는 며느리 친정간 사이 문 걸어 잠그고 먹는다'는 속담이 있는 것을 보면 그 맛이 여간은 아니라는 것을 짐작하게 한다.

전어와 관련, 마음에 와 닿는 속담이 '전어 굽는 냄새에 집나간 며느리도 돌아온다'이다. 집나간 며느리가 다시 집으로 돌아오기는 결코 쉽지 않은 일, 그런 며느리의 마음도 움직일 정도라니 전어의 맛이 절로 궁금해지지 않을 수 없는 대목이다.

그 맛을 잊을 수가 없어 떠난 며느리를 다시 돌아오게 하는 전어 굽는 냄새, 그 냄새가 그리운 것은 전어 맛에 대한 궁금증보다는 그 냄새 우리에게도 있었으면 좋겠다는 마음 때문이다.

남모르는 향기 우리에게도 있어 누군가 어색하게 멀어졌던 이의 발걸음이 다시 돌아설 수 있다면, 그런 마음의 향내 우리에게 있다면 싶어서.

동짓날이 추워야 풍년이 든다

전해오는 속담 중에는 이래야 풍년이 든다거나 저래서 흉년이 진다는 말이 참 많다. 눈 많이 오는 해는 풍년이 들고 비 많이 오는 해는 흉년이 든다는 말이나, 봄 안개는 천 석을 감하고 가을 안개는 천 석을 보태준다는 말처럼 그럴듯한 근거를 가진 말들도 있거니와, 두견새가 소쩍소쩍 울면 풍년이 들고 소똥소똥 울면 흉년이 든다는 말이나, 정월 보름날 아침 소가 밥을 먼저 먹으면 풍년이 들고 나물을 먼저 먹으면 흉년이 든다는 말처럼 엉뚱하게 들리는 말도 있다.

보릿고개를 넘어야 하는 시절, 주변에서 일어나는 사소한 징조를 통해서도 풍년과 흉년을 짐작해보려는 마음은 그만큼 절실한 것이었을 터이다.

동짓날이 추워야 풍년이 든다는 말도 꽤나 근거가 있는 말이었다. 겨울이 겨울답게 추워야 이듬해 병충해가 줄어들게 된다. 겨울을 따뜻하게 나면 온갖 해로운 벌레의 알이나 유충들이 죽지 않고 살아남아 다음해 농사를 망치게 했던 것이다.

어디 그게 농사뿐이겠는가. 우리 삶 또한 추울 땐 추워야 하는 법, 그래야 허망한 잡생각이 없어져 그나마 제대로 살려는 마음 갖게 되는 것 아니겠는가.

말을 하면 백 냥이요 입을 다물면 천 냥이다

우리가 잘 아는 옛 시조 중에 다음과 같은 것이 있다.

> 말하기 좋다하고 남의 말을 말을 것이
> 남의 말 내 하면 남도 내 말 하는 것이
> 말로써 말 많으니 말 말을까 하노라

도대체 한 시조 안에 '말'이라는 말이 몇 번이나 들어가 있는 것인지 모르겠다.

'말이 많으면 쓸 말이 적다', '가루는 칠수록 고와지고 말은 할수록 거칠어진다', '좁은 입으로 말한 것 넓은 치맛자락으로도 못 막는다', '웃느라 한 말에 초상난다', '말 많은 집 장 맛도 쓰다' 등 옛 속담 중에는 말에 관한 속담이 유독 많다. 옛날이나 지금이나 사람 사는 곳에 말 많기는 마찬가지였던 것 같다.

이 말 많은 시대에 옛 말 하나를 마음에 새겼음 싶다. 말을 하면 백 냥이요, 입을 다물면 천 냥이라 했다. 말 한 마디에 천 냥 빚을 갚기는커녕 무익한 말 한 마디로 천 냥 빚을 지는 이 시대에 허튼 말을 삼가 입을 다문다면 누가 알겠는가, 천 냥보다 더욱 귀한 사람을 얻게 될지.

정에서 노염난다

———

살아가면서 누군가에게 아쉬움을 느끼게 되는 것 중의 하나는, 편한 것과 쉬운 것을 구별하지 못하는 경우다. 편하게 대하면 쉽게 대하려 할 때가 있다. 엄하고 까다로운 것에 대해서는 스스로 어려워하면서도, 편한 것에 대해서는 스스로 쉽고 가볍게 생각을 한다. 편한 것을 고마워하여 삼갈 것을 삼가는 대신, 편한 것을 너무 쉽게 함부로 대하려 할 때가 있다. 우리의 삶 속에서 소중하고 진중한 관계가 점점 사라지는 것은, 편한 것과 쉬운 것을 구별하지 못하기 때문일지도 모른다.

'편하다'는 것과 '쉽다'는 것은 다른 말이다. 말만 다른 것이 아니라 의미 또한 다르다. 비슷해 보일지는 몰라도 가만 생각해보면 전혀 다른 뜻을 가지고 있다.

부담이 없다는 뜻에서 두 말은 비슷하게 여겨질 수 있겠으나, '함부로'를 기준으로 두 말의 의미는 갈라진다. '편하다'는 말속에는 '함부로'의 마음 대신 고마움이 담기나, '쉽다'라는 말속에는 '함부로'의 마음이 가벼움으로 담긴다.

'정에서 노염난다'는 말도 같은 뜻을 담고 있다. 서로 좋아하는 다정한 사이에서는 조그마한 일에도 노염을 살 수 있다. 그러기에 정이 깊은 사람일수록 언행을 조심해야 한다. 편함을 쉬움으로 받을 때 정은 한 순간 노염으로 바뀌기 때문이다.

겉볼안

—

'겉볼안'이라니, 낯선 말이다. '겉'과 '안'이라는 상반되는 말 사이에 '볼'이라는 글자가 들어가 이루어진 이 말의 뜻은 무엇일까? 우리말에 이런 단어가 있었는가 싶어 쑥스러우면서도 그 뜻이 궁금해진다.

사전(《우리말용례사전》, 서울대학교출판부, 박용수 지음)을 찾으니 '겉볼안'이라는 단어가 들어 있다. 우선 반갑다. 뜻풀이를 보니 "겉을 보면 속까지도 가히 짐작해서 알 수 있다는 말"이라고 적혀있다.

'겉을 보면 속을 알 수 있다'는 말을 '겉볼안'이라고 단숨에 한 단어로 부르고 있는 것이 재미있게 여겨진다. "겉볼안이라고, 말씨만 들어도 사람 됨됨이를 알 수 있다."고 겉볼안이라는 말의 용례를 적고 있었다.

'될성부른 나무는 떡잎부터 알아본다'는 속담이 있거니와 그가 하는 말이나 행동을 보면 그가 어떤 사람인지를 알 수 있다는 우리말이 따로 있었던 것이다. '좋은 나무에서 좋은 열매를 맺는다' 하신 예수님의 말씀도 순서와 어감은 조금 다를지 몰라도 '겉볼안'과 크게 다르지 않은 가르침이라 여겨진다.

겉은 안을 통해 드러나고 안은 겉을 통해 나타나는 법, 겉볼안이라는 말 앞에 고개를 끄덕이다가 아차 싶다. 나도 모르게 생각 하나가 스쳐지나가기 때문이다. 사람 앞에서도 겉볼안이라면 중심을 보시는 주님 앞에서야 오죽할까 싶은!

눈이 와야 솔이 푸른 줄 안다

———

소나무 잎이 늘 푸르다는 것을 누가 모를까만, 늘 그것을 기억
하는 것은 아니다. 왜냐하면 대부분의 나무가 푸른빛을 띠고
있기 때문이다. 봄부터 가을까지 거의 모든 나무들이 푸른 잎
으로 서 있기에 나무는 당연히 그런 줄 알고 지낸다.

그러나 가을이 되어 하나 둘 나뭇잎이 떨어지기 시작하면
생각이 달라진다. 등불을 켜든 듯 나무마다 고운 물이 들고 하
나 둘 이파리가 떨어지기 시작하면, 그제야 비로소 늘 푸른 나
무들이 눈에 들어오기 시작한다. 푸를 때 같이 푸르렀다고 다
같이 푸른 것이 아니었음을 비로소 확인하게 된다.

잎을 잊은 나무가 알몸으로 서고 한 바탕 눈이라도 내리면
늘 푸른 나무는 더욱 눈에 띈다. 대번 눈에 들어온다. 눈이 내
릴 때쯤이면 거의 모든 나무가 잎이 졌을 때, 앙상한 가지로만
서 있을 때이다. 곱게 하늘 뜻을 모시듯 내린 눈을 받아들고 여
전히 푸른 잎으로 서 있는 나무는 눈 속에서야 돋보인다. 누가
늘 푸른 나무였는지를 제대로 알아보게 된다.

고난이 오기까지는 누가 누구인지 모르는 법, 감당하기 힘든
고난이 찾아왔을 때 그가 어떤 모습을 보이느냐에 따라 누가
푸른 마음을 지녔는지를 알게 된다. 눈 속에서야 소나무가 푸

른 줄 제대로 알게 되는 것처럼.

처갓집 밥 한 사발은 동네 사람들이 다 먹고도 남는다
—

시어머니와 며느리 사이에서 벌어지는 고부 간의 갈등이야 워낙 긴 세월 수없이 듣고 본 일이어서 모르는 이가 없을 정도인데, 요즘은 새로운 갈등이 나타나고 있다고 한다. 이른바 장서갈등으로 장모와 사위 간의 갈등을 말한다. 사위 사랑은 장모라는 말을 귀에 더께가 앉도록 들었던 터에 장서갈등이라니, 시대가 이렇게 달라졌구나 싶다.

백년손님 사위가 오면 장모는 지극한 정성으로 대접을 했다. 씨암탉을 아깝지 않게 잡았다. 씨를 받으려고 기르는 암탉을 잡다니, 결코 당연한 일이 아니었다. 사위가 예뻐서이기도 했겠지만, 무엇보다도 그게 딸을 위하는 길이었기 때문이다.

사위를 향한 장모의 사랑을 느끼게 해주는 속담이 있는데, '처갓집에는 송곳 차고 간다'는 속담이 그것이다. 처갓집을 가는데 웬 송곳을 차고 간다는 말일까? 송곳의 용도가 쉽게 떠오르지 않겠지만, 바로 그 송곳이 장모의 사랑과 닿아 있다. 사위에게 더 많은 것을 주고 싶어 하는 장모가 사위 밥을 풀 때 얼

마나 꼭꼭 눌러 담는지, 송곳으로 파먹어야 먹을 수 있을 정도
로 담는다는 뜻이다.

'처갓집 밥 한 사발은 동네 사람들이 다 먹고도 남는다'는 말
도 같은 뜻에서 나왔다. 사위 밥 한 사발 속에 얼마나 많은 밥
이 담겼으면 온 동네 사람들이 다 먹고도 남는다 했을까, 그런
과장이 재미있고 정겹다.

오늘 우리의 인심이 그랬으면 좋겠고, 교회가 지닌 마음이
그랬으면 좋겠다. 그거라도 안 하면 흉잡힐까 허술하게 밥 푸
는 흉내를 내는 것이 아니라, 더 못 담아 안타까운 마음으로 밥
을 담을 때, 베세다 광야에서 그랬듯이 온 나라가 먹고도 남는
놀라운 일은 나타날 것을.

소는 몰아야 가고 말은 끌어야 간다

———

경제적인 소득을 위하여 또는 좋아하여 집에서 기르는 짐승을
가축(家畜)이라 한다. 소, 닭, 돼지, 말, 개, 양 따위가 모두 가축
에 해당된다.

소나 말은 예부터 사람들과 함께 살아온 가장 흔하고 고마
운 가축이었다. 성격이 유순하여 사람 말을 잘 들을 뿐 아니라,

힘이 세어 사람의 일을 돕기에도 제격이었다. 무거운 짐을 옮기거나 땅을 일구는데 소나 말의 힘을 빌리는 것보다 더 좋은 방법은 없었다.

똑같은 짐승이고 비슷한 일을 했지만 부리는 방법은 달랐다. 소는 뒤에서 몰아야 잘 갔고, 말은 앞에서 끌어야 잘 갔다. 같은 짐승에 같은 일을 시킨다고 같은 방법으로 시킨 것이 아니었다. 그들에게 맞는 방법을 택했다.

하물며 짐승을 부릴 때도 그의 성질을 이해하고 그에 맞게 부리는 법이라면, 사람을 대할 때는 더욱 그리해야 할 것이다. 자녀들만 해도 그렇다. 필요할 때 뒤에서 밀어주기만 해도 알아서 잘 하는 아이가 있는가 하면, 성격이 소극적이어서 앞에서 이끌어줘야 하는 아이도 있다. 무조건 민다든지, 무조건 잡아끌면서 제대로 하지 못한다고 야단만 칠 것이 아니다. 밀어야 할 이를 잡아끌면 잘못이고, 끌어줘야 할 이를 밀기만 하면 그 또한 잘못인 것이다.

밀어야 할 것인지 끌어야 할 것인지를 구별하는 기준은 오직 하나, 사랑 아닐까.

"비록 주님께서 너희에게 환난의 빵과 고난의 물을 주셔도, 다시는 너의 스승들을 숨기지 않으실 것이니, 네가 너의 스승들을 직접 뵐 것이다. 네가 오른쪽이나 왼쪽으로 치우치려 하면, 너의 뒤에서 '이것이 바른길이니, 이 길로 가거라' 하는 소리가 너의 귀에 들릴 것이다"(이사야 30:20-21).

귀 풍년에 입 가난이다

———

굶주린 사람에게 힘이 되는 것은 밥이지 밥 이야기가 아니다. 아픈 이의 병을 고치는 것이 약 이야기가 아니라 약인 것처럼.

배가 고파 허기진 이가 있다고 하자. 옆에서 아무리 많은 사람들이 배고픔에 대해 동정을 하고 걱정을 한다 하여도 그에게 따뜻한 밥 한 그릇을 주는 사람이 없다면 그의 배고픔은 해결되지 않는다. 말로 하는 동정이나 걱정보다는 말없이 밥 한 그릇 전하는 것이 더 필요하다. 말로만 할 뿐 실제로 밥을 전하지 않는다면, 걱정하는 말이 좋으면 좋을수록 배고픈 이에겐 공허함과 상처가 더 클 수밖에 없다.

가난한 이웃을 돌아봐야 한다는 말을 많이 하지만 정작 말만 하거나 바라보기만 한다면 가난한 이웃들에겐 '귀 풍년에 입 가난'일 뿐이다.

요즘은 좋은 말씀들을 접할 기회가 많다. 인터넷과 케이블 방송을 통해 얼마든지 듣고 싶은 이의 말씀을 찾아들을 수가 있다. 훌륭한 말씀을 아무리 많이 듣는다 하여도 그 말씀이 내 삶에 반영되지 않는다면 그것 또한 귀 풍년에 입 가난에 지나지 않는 일이다. 옛 속담 하나를 통해 귀만 풍년일 뿐 비쩍 야위고 마른 우리의 내면을 돌아보게 된다.

'귀 풍년에 입 가난'인 믿음, 그런 믿음을 두고 성경은 한 마디로 '죽은 믿음'이라고 한다.

"나의 형제자매 여러분, 누가 믿음이 있다고 말하면서도 행함이 없으면, 무슨 소용이 있겠습니까? 그런 믿음이 그를 구원할 수 있겠습니까? 어떤 형제나 자매가 헐벗고, 그 날 먹을 것조차 없는데, 여러분 가운데서 누가 그들에게 말하기를 "평안히 가서, 몸을 따뜻하게 하고, 배부르게 먹으십시오." 하면서, 말만 하고 몸에 필요한 것들을 주지 않는다고 하면, 무슨 소용이 있겠습니까? 이와 같이 믿음에 행함이 따르지 않으면, 그 자체만으로는 죽은 것입니다"(야고보서 2:14-17).

섶을 지고 불로 간다

당연한 말이지만, 나쁜 일을 하는 사람들도 많은 것을 따져보고 한다. 이것저것을 생각하고 꼼꼼하게 준비를 한다. 은행을 터는 이들이 아무 생각도 없이 불쑥 은행으로 들어가지는 않을 것이다. 어느 시간이 가장 좋은 시간인지, 어디로 들어가서 어디로 나와야 할지, 경비를 만났을 땐 어떻게 해야 할지, 들켰을 경우 어떻게 대처를 할지, 생각해 보아야 할 것이 한둘이 아닐 것이다.

나쁜 일을 할 때가 그렇다면 좋은 일을 할 때는 더 많은 것을 생각해야 한다. 좋은 일을 한다는 이유로 아무 것도 생각지 않고 나섰다가 생각지 못했던 어려움을 겪는 모습들을 어렵지 않게 보게 된다. 좋은 일을 한다고 했다가 오히려 서로 큰 상처를 입을 때가 있다. 좋은 일을 할 때일수록 여러 가지를 꼼꼼하게 살펴 세심하게 준비를 해야 선한 결과를 얻을 수가 있게 된다.

'섶'이란 섶나무의 준말로 잎나무, 풋나무, 물거리 따위의 땔나무를 통틀어 이르는 말이다. 섶가랑잎은 섶나무로 쓰는 가랑잎을 말하고, 섶단무지는 섶나무를 묶은 단을 쌓은 무지를 말한다. 아궁이에 불을 때던 시절에는 주변에서 흔하게 보던 풍경이었으나, 지금은 이름도 풍경도 찾아보기가 어려워지고 말았다.

'섶을 지고 불로 간다'는 말은 땔감을 지고 불로 간다는 말이니, 재앙을 스스로 불러들이는 어리석은 행위를 의미한다. 섶은 불을 때기 위해 필요한 것이지 그것을 지고 불로 뛰어들 일은 아니다. 그랬다가는 섶에 한꺼번에 불이 붙어 결국은 섶을 진 내가 타버리고 만다.

내가 가지고 있는 것이 섶이고, 섶은 불을 위해 있는 것이라고 생각 없이 불로 뛰어드는 이들을 볼 때가 있다. 섶을 지녔다면 불엔 더욱 조심스레 다가가야 한다. 내 지닌 것이 뜨거운 열심이라고 나머지 것을 소홀히 여긴다면 자칫 모든 것을 태워버릴 수가 있다. 어느 누가 그걸 열심이라 하겠는가.

"지혜 있는 사람은 두려워할 줄 알아서 악을 피하지만, 미련한 사람은 자신만만해서 조심할 줄을 모른다"(잠언 14:16).

반보기

하도하도 보고 저워/ 반보기를 허락받아
이내 몸이 절반 길을 가고/ 친정 어메 절반을 오시어
새중간의 복바위에서/ 눈물 콧물 다 흘리며
엄마 엄마 울 엄마야/ 날 보내고 어이 살았노
딸아 딸아 연지 딸아/ 너를 삶아 먹을 것을
너를 끓여 먹을 것을/ 그랬더면 니 꼬라지
이리 험악하지는 않지/ 밥 못 먹고 살았구나
잠 못 자고 살았구나/ 금옥 같던 두 손이사
갈구리가 되었구나/ 구실(구슬)같은 두 볼이사
돌짝밭이 되었구나/ 금쪽 같은 정내 딸이
부엌 간지(강아지) 다 되었네

'반보기'라는 기가 막힌 말이 있다. 그런 일이 있었던 시대가
있었다. 반보기란 시집간 딸과 친정의 가족들이 양가의 중간쯤
에서 만나 그리움과 정담을 나누는 풍습이었다. 친정으로 가지

않기 때문에 시댁의 가사에 별로 영향을 주지 않고, 또한 친정 갈 때 준비해가야 하는 음식(그것을 정받이 또는 정성이라고 불렀다)도 장만하지 않아도 되고, 당일로 다녀올 수 있기 때문에 매우 편리한 풍속으로 이용되었다.(유안진, '딸아 딸아 연지 딸아') 서로 반쯤 다가가 눈물겨운 만남을 가졌던 반보기, 옛 시집살이는 그만큼 섧고 고달팠던 것이리라.

갈구리가 된 손, 돌짝밭이 된 두 볼, 그래서 부엌 강아지처럼 변해버린 딸을 바라보며 '너를 삶아 먹을 것을 너를 끓여 먹을 것을' 하는 친정어머니의 심정이 아프게 다가온다. 전해오는 민요 '반보기'는 이렇게 끝난다.

살아야 한데이 살아내야 한데이/ 죽드라도 그 대문 안에 서//한 발자욱도 나오지 마라/ 그 집 구신 돼야 한데이// 출가외인 내 딸이야

눈물겨운 반보기 이야기를 대하며 우리의 신앙을 돌아보게 된다. 사람 몸을 입고 십자가를 지기까지 우리를 찾아오신 주님을 가만 앉아 기다리는 것은 도리가 아니다. 적어도 우리가 반쯤은 주님께로 나아가는 것이 마땅한 도리다. 비록 우리의 걸음이 서툴고 때론 두려워 선뜻 주님께 다가가지 못해도 그

런 우리를 주님은 더욱 덥석 끌어안아 주시리라. 그것이 믿는 자로써 가져야 할 최소한의 도리 아닐까. 우리를 안아주시며 말씀하실 주님 음성 귀에 쟁쟁하다.

살아야 한데이 살아내야 한데이/ 어지럽고 험한 세상//사랑하며 살아야 한데이/ 어지럽고 험할수록/한 걸음도 물러서지 말고// 사랑해야 한데이

제 흉 열 가지 있는 사람이 남의 흉 한 가지를 말한다

헌데나 상처의 자국, 혹은 남에게 비웃음을 받을 만한 결함이나 잘못을 '흉'이라 한다. 남이 알지 못하는 곳에 상처 자국이 없는 사람이 누가 있겠는가? 결함이나 잘못이 전혀 없는 사람이 또 누가 있겠는가? 흉 없는 사람 없다 했는데도, 우리는 누군가의 흉을 본다. 흉이 없으면 며느리 다리가 희다'고, 흉을 만들어서 보기까지 한다.

누군가의 흉을 볼 때면 흔히들 손가락질을 한다. 흉을 보기 위해 누군가를 가리키고 있는 손가락을 가만 보면 찔리는 구석이 있다. 남을 가리키는 손가락은 검지 하나다. 그 손가락에 힘을 주고 있다.

하지만 조금만 주의 깊게 살펴보면 그게 전부가 아니다. 남을 가리키는 손가락은 하나지만, 바로 아래 숨은 듯이 나를 가리키는 손가락은 놀랍게도 셋이다. 이런! 그런데 그것만이 아니다. 보니 엄지손가락은 하늘을 찌르고 있지 않은가?

흉보려고 내미는 내 손가락만 살펴도 함부로 남 흉볼 일이 아니다 싶은데, 여전히 남의 흉을 보게 되는 것은 왜일까? 남의 흉을 잡음으로 내 흉을 가리기 위함이라면 그것이야말로 손바닥으로 하늘을 가리는 일, 흉 중에서도 큰 흉이 아닐 수가 없다.

똥 묻은 개가 겨 묻은 개 흉본다는 말처럼, 대개의 경우는 제 흉 제가 모르는 법이다. '남의 흉이 한 가지면 내 흉이 열두 가지'라는 말도 있고, '세 닢 짜리가 삼만 냥 짜리 흉 본다'는 말도 있고, '숯이 검정 나무란다'는 말도 있다. 제 흉 열 가지 있는 사람이 남의 흉 한 가지를 말한다는 말도 마찬가지여서, 제 흉이 많고 큰 이가 남의 흉을 즐겨보는 것을 지적한다.

"땔감이 다 떨어지면 불이 꺼지듯이, 남의 말을 잘하는 사람이 없어지면 다툼도 그친다"(잠언 26:20).

꽃샘잎샘에 설늙은이 얼어 죽는다
―

봄이 다 왔다 싶을 때 느닷없이 찾아오는 추위를 꽃샘추위 혹은 잎샘추위라 한다. 꽃샘잎샘, 혹은 꽃샘잎샘추위라고도 한다. 남이 잘 되는 것을 공연히 미워하고 싫어하는 것을 '샘'이라 하니, 꽃샘잎샘이라는 말은 꽃과 잎이 피는 것을 공연히 시기하는 것을 말하겠다.

늙은이라는 말이야 익숙하지만 그 앞에 '설'이 붙은 '설늙은이'는 조금 낯설다. '설'이라는 말은 '설익다', '설깨다' 등 주로

동사 앞에 붙는 접두사인데, '설늙은이'에서는 특이하게 '늙은이'라는 명사 앞에 붙어 '충분하지 못한'이라는 뜻을 보태고 있다. 그런 점에서 설늙은이란 '나이는 그다지 많지 않지만 기질이 노쇠한 사람'을 의미한다.

'꽃샘잎샘에 설늙은이 얼어 죽는다'는 말은 봄에 갑자기 찾아오는 추위가 만만한 것이 아님을 나타낸다. '겨울 추위에는 살이 시리지만 봄 추위에는 뼈가 시리다'는 속담도 마찬가지다. 추운 것이 당연한 겨울 추위보다도 따뜻함을 기대했던 봄날의 추위를 더 크게 느끼는 것이 사람의 마음이다.

피는 꽃과 돋는 잎을 시샘하는 느닷없는 추위, 꽃과 잎으로서는 그런 추위가 당황스럽고 원망스러울 것도 같은데 오히려 꽃과 잎은 더 환한 빛깔과 더 진한 향기로 대답을 한다. 꽃샘잎샘도 투정 없이 받아 사뿐 넘어서는 자연의 모습이 눈부시다.

"웃어도 마음이 아플 때가 있고, 즐거워도 끝에 가서 슬플 때가 있다"(잠언 14:13).

꼭두새벽 풀 한 짐이 가을 나락 한 섬이다

'거름보다 호미질'이라는 말이 있다. 호미질로 풀도 뽑아주고 땅을 긁어서 뿌리의 발육이 돕는 일이 농사에 있어 얼마나 중요한지를 일러주는 말이다. 호미질의 중요함이야 당연한 일이지만, 곡식을 키우는 데 있어 빠져서는 안 될 것이 거름이다.

거름은 농작물에게 있어 보약과 같다. 겨울 새벽에 일어나 동네를 돌아다니며 개똥을 주웠던 것은 거름을 하기 위함이었다. 밥 한 그릇은 공짜로 남을 주어도, 거름 한 소쿠리는 남을 주지 않았다. 당장 비교해서 생각하면 밥 한 그릇이 더 귀해 보일지 몰라도, 거름 한 소쿠리로 거둘 수 있는 곡식의 양을 생각하면 오히려 거름을 더 귀하게 여길 만도 했던 것이다. '거름더미는 쌀더미'라는 말은 그래서 나온 말이다.

'꼭두새벽 풀 한 짐이 가을 나락 한 섬이다'라는 말도 마찬가지다. 꼭두새벽 일어나 풀 한 짐 베는 일이 어디 쉬운 일일까만, 그렇게 벤 풀로 퇴비를 만들면 가을이 되어 벼 한 섬을 더 수확하게 된다는 것이다. 꼭두새벽 풀 한 짐 베는 수고 없이 가을철 풍성한 수확을 기대하는 것은 헛된 욕심일 뿐이다. 가을 결실은 봄에 흘리는 땀에 달려 있다.

"게으른 자는 자기의 손을 그릇에 넣고서도 입으로 올리기를 괴로워하느니라"(잠언 19:24).

딸은 쥐 먹듯 하고 며느리는 소 먹듯 한다

같은 모습을 보면서도 사람에 따라 서로의 모습이 다르게 보이는 것은 왜일까? 그의 행동보다는 그 사람을 어떻게 생각하느냐에 그 사람의 모습은 다르게 보인다. 그렇게 서로 다르게 보이는 사람 중에 딸과 며느리가 있다. 똑같은 행동을 해도 딸이 하는 것이 예뻐 보이고, 며느리의 모습은 마땅치 않아 보이곤 하는 것이다.

딸과 며느리는 왜 다른 것일까? 무엇이 어떻게 달라 다르게 느껴지는 것일까? 한 상에 둘러앉아 밥을 먹는데도 딸이 먹는 모습과 며느리가 먹는 모습이 다르게 보이니 알다가도 모를 일이다. 밥을 먹는데 무엇이 크게 다를 게 있겠는가?

딸은 쥐 먹듯 하고, 며느리는 소 먹듯 한다. 딸은 눈치를 보며 쥐 먹듯 조금만 먹고, 며느리는 눈치 볼 것이 없어 소처럼 먹는다고 생각하면 오산이다. 같은 양을 먹어도 딸은 적은 양을 먹는 것 같고, 며느리는 터무니없이 많은 것을 먹는 것처럼 보인다는 말이다. 딸은 아무리 많이 먹어도 더 먹었으면 좋겠다 싶고, 며느리는 아무리 조금 먹어도 푸지게(배터지게!) 먹은 것처럼 보여 그만 먹었으면 싶은 것이다.

'딸의 오줌 소리는 은조롱금조롱 하고, 며느리의 오줌 소리는 쐐 한다'는 속담도 있다. 이런, 마음에 따라 달라지는 것 중에 오줌 누는 소리도 있구나! 세상에서 내가 만나는 사람을 딸로 생각하면 안 예쁜 사람 없고, 며느리로 여기면 밉지 않은 사람 없다니 결국은 마음먹기 나름, 남 탓을 할 일이 없다.

가을에는 손톱발톱도 다 먹는다

좋은 습관은 아니지만 제 손톱을 이로 잘라먹는 이들이 있다. 눈도 달리지 않은 이가 얼마나 정교한지 윗니와 아랫니로 손톱을 맞물고는 야금야금 잘라낸다. 손톱을 잘라먹는다고 했지만, 대개는 잘라내어 뱉을 뿐 실제로 먹는 일은 드물다. 몸이 유연하지 못한 탓이겠지만 발톱을 이로 자르는 이들은 없는 건 그나마 다행이다.

　가을이 되면 손톱발톱도 다 먹는다는 말은 어디에서 왔을까? 가을은 입맛이 좋아지는 계절인지라 무얼 먹어도 맛있게 먹는다는 뜻일 듯싶다. 그렇다면 왜 유독 가을에 입맛이 좋아지는 것일까? 정말로 가을이 되면 정말로 입맛이 좋아지는 것일까?

　어쩌면 이 말은 추수와 관련이 있는지도 모른다. 서리가 내리기 전 온갖 곡식을 거둬들여야 하다 보니 가을엔 일이 많을 수밖에 없다. 그래서 가을을 두고 '부지깽이도 뛰는' 시절이라 하지 않는가. 쉴 틈도 없이 분주하고 고단하게 일을 하니 밥맛이 좋아지는 것은 당연한 일, 무얼 먹은들 맛이 없었겠는가.

밥맛이 일에 있다는 것, 말씀의 단맛도 각자가 감내하는 하나님의 일에 달려있을 것이라는 생각은 과장이 아닐 듯하다.

녹비에 가로왈

'녹비에 가로왈'이라니, 이게 어느 나라 무슨 말인가 싶다. 모르고 들으면 딱히 짐작되는 것이 없기 때문이다. 그런데 '녹비에 가로왈'은 우리 속담 중의 하나다. 곁에 가까이 있는 것을 까마득히 모르고 있을 때가 얼마든지 있을 수 있음을 확인하게 된다.

이 말을 제대로 이해하기 위해서는 우선 한문을 이해할 필요가 있다. '녹비'라 함은 '사슴의 가죽'을 뜻한다. '녹비'라 했지만 실은 '녹피'(鹿皮)인 셈이다. 그렇다면 '가로왈'은 무엇일까? 말 그대로 '가로 왈'(曰)자를 의미한다. '왈가왈부'(曰可曰否)라는 말이 있거니와, '왈'은 '가로되'라는 뜻이다.

사슴 가죽은 탄력이 있어 잡아당기면 늘어나고, 그냥 놔두면 줄어든다. 사슴 가죽에 쓴 '가로 왈'(曰)이라는 글자는 가죽을 어느 방향으로 잡아당기느냐에 따라 '가로 왈'(曰)이 되기도 하고, '날 일'(日)이 되기도 한다.

뚜렷한 자기 생각이 없이 경우에 따라 이랬다저랬다 하는 경우를 '녹비에 가로왈'이라고 한다. 나를 평가하는 기준과 남을 평가하는 기준이 다르다면, 올바름과 이익 앞에서의 기준이 달라진다면, 형편과 사정에 따라 입장이 달라진다면 우리의 모습은 영락없이 '녹비에 가로왈'이 되고 만다.

'녹비에 가로왈'이라는 말이 낯설게 들린다고 해서 우리 삶과 아주 무관할 수는 없는 노릇, 더욱 마음에 새겨야 할 것이다.

쌀 한 말에 땀이 한 섬이다

———

예전에는 쌀을 파는 쌀가게가 따로 있었다. 전통 재래시장에서 쌀과 그 밖의 곡식을 파는 가게를 '싸전'이라고 불렀다. 어머니 심부름으로 시장을 찾아가 크지 않은 종이봉투에 쌀을 사던 기억이 있다. 되와 말에 쌀을 어떻게 담느냐에 따라 쌀의 양이 달라지곤 했다. 칼로 무 자르듯이 됫박의 윗부분을 단숨에 지나는 주인의 손은 참 야박한 것이었고, 뒷동산처럼 높다랗게 쌀을 고봉으로 얹어주는 주인의 마음은 더없이 후한 것이었다.

지금이야 웬만한 가게에서 다 쌀을 판다. 일반 가게에서 여느 공산품을 사는 것처럼 쌀을 산다. 일일이 됫박으로 담아 파는 것이 아니라 깔끔하게 포장되어 있는 것을 산다. 상표와 산지도 다양하여 정말이지 공장에서 생산한 물건을 사는 것과 같은 생각이 들곤 한다. 잠깐 사이에 세월이 바뀌어 '되', '말', '섬'과 같은 단위조차 낯설어졌다. '열 되'가 모여 '한 말'이 되고, '열 말'이 모여 '한 섬'이 된다는 것을 요즘의 젊은이들이 알고 있을지 모르겠다.

쌀 한 말에는 농부의 땀 열 섬이 담겨 있다. 쌀 속에는 쌀보다도 더 많은 농부의 땀이 들어있는 것이다. '쌀 미'(米)자는 '八'과 '八'이 합해진 글자로, 농부의 손이 여든 여덟 번을 가야 얻을 수 있는 것을 뜻한다고 한다.

밥은 함부로 먹어서도 안 되고, 밥알을 함부로 남겨서도 안
된다. 그것은 하늘의 은총과 농부의 수고를 잊는 일로써, 내가
무엇으로 사는지를 잊어버리는 일과 다르지 않다. 밥 한 알 대
하는 태도에 하늘의 은총과 농부의 수고를 대하는 우리의 마
음이 다 담겨 있는 것이다.

밭담 터지면 소 든다

———

'밭담 터지면 소 든다'는 말은 제주도 속담이라고 한다. 제주도
속담이라니 실감이 난다. 제주도에 유독 많은 것 중의 하나가
돌이다. 제주도는 화산섬이다. 제주도의 화산 분출은 제주도를
현무암으로 뒤덮인 섬이 되게 했다. 제주도에서 흔하게 볼 수
있는 대부분의 돌은 구멍이 송송 뚫린 검은색의 현무암이다.
이 돌은 화산에서 흘러내리던 용암이 급속히 굳어져서 생긴
돌들이다.

제주도에는 이 돌이 많기 때문에 집은 물론 밭에도 대부분
현무암으로 담을 쌓는다. 밭에 둘러친 돌담은 당연히 밭의 경
계를 나타낸다. 밭의 경계를 돌담으로 하는 것은 자연스러운

일이었다. 밭에서 나온 돌을 처리하는 방법으로 그 중 좋은 것이 밭의 경계를 따라 돌담을 쌓는 일이었다. 돌담으로 땅의 경계를 구분했을 뿐 아니라, 소나 말 등의 동물들이 밭으로 들어와 곡식을 망가뜨리는 것도 막을 수가 있었다.

밭의 경계를 따라 쌓아놓은 돌담이 허물어지면 소나 말 등이 밭으로 들어오는 일은 당연한 일이다. 밭으로 들어와 곡식을 망가뜨린 짐승을 탓할 일이 아니다. 소나 말을 탓하기 전 어디가 왜 무너졌는지, 무너진 담부터 살펴야 한다.

경계가 무너져 마음이 해이해질 대로 해이해졌으면서도 해이해진 틈 사이로 들어온 것만 탓하고 있다면, 그건 잘못된 일이다. 마음의 경계가 무너졌으니 원하지 않는 것이 마음 놓고 들어와 마음을 헤집는 일은 당연한 일, 어찌 결과를 탓하겠는가. 담이 무너져 생긴 일이라면 탓할 것은 밭을 망가뜨린 마소가 아니라 무너진 담인 것이다.

살은 쏘고 주워도 말은 하고 못 줍는다
——

어른들이 하시는 말씀은 더욱 귀담아 들어야 한다. 세월에 익은 이야기이기 때문이다. 경험과 삶이 녹아있다. 웅숭깊은 이야기를 아무렇지도 않게 툭툭 하시기에 자칫 잘못하면 놓치거나 흘리기가 십상이다. 그러나 귀 기울여 들으면 그 모든 이야기 속에는 삶의 빛나는 지혜가 오롯이 담겨 있다. 세월에 잘 익은 삶의 지혜들이 말이다.

우연히 한 어른을 통해 들은 이야기가 있다. '살은 쏘고 주워도 말은 하고 못 줍는다'는 말이다. 쏜 화살은 아무리 멀리 날아가도 그곳을 찾아가 주울 수가 있지만, 한 번 잘못 뱉은 말은 주워 담을 수가 없다는 뜻이다.

'엎드러진 물'이란 말을 흔히들 한다. 땅에 물을 쏟으면 주워 담을 길이 없다. 한 번 말을 잘못 뱉으면 아무리 후회를 해도 그 말을 주워 담을 수는 없다는 일러주는 말이다. 결국 '살은 쏘고 주워도 말은 하고 못 줍는다'는 말은 '엎드러진 물'이라는 말과 같은 뜻을 가진 말이었다.

엎드러진 물 이야기와 쏜 화살 이야기로 가벼운 말에 대한 경고를 들으면서도, 여전히 물 쏟듯 가벼운 말을 쏟아내는 우리는 언제나 생의 가벼움에서 벗어날 수가 있는 것일지.

장마 끝에 먹을 물 없다

홍수가 났을 때일수록 오히려 마실 물이 귀하다 한다. 홍수가 나면 사방 물 천지여서 어디를 둘러보아도 보이는 것은 물밖에 없는데, 그럴수록 안심하고 마실 수 있는 맑은 물은 더욱 귀해진다. 물이 흔한데 마실 물이 없다니, 이런 역설이 어디 있겠는가 싶지만 생각해보면 맞는 말이다 싶어 고개를 끄덕이게 된다.

십자가는 흔하다. 곳곳에서 발견된다. 지나가는 사람의 목걸이나 귀걸이에도 달려 있다. 웬만한 건물엔 예외 없이 예배당이 있어, 어떤 시인은 한밤중에 빛나는 십자가 네온을 보면서 공동묘지를 떠올리기도 한다.

그 흔한 십자가를 바라보며 홍수 났을 때일수록 마실 물이 귀하다는 말을 떠올리는 심정이 처연하다. 액세서리로, 첨탑으로, 믿는 자의 입에서 반복되는 말로 어디든 십자가는 흔하지만 그럴수록 십자가의 의미는 귀해진다. '내 뜻대로 마시고 당신의 뜻대로 하소서' 하는 삶의 고백을 만나는 일은 쉬운 일이 아니다. 곳곳에 교회도 많고 믿는 자도 많다. 그럴수록 참된 믿음은 찾아보기가 힘든 세상, 누가 보든 안 보든 맑은 물 끊임없이 솟는 샘 하나 그립다.

철들자 망령

우리말 중에서 그중 짧고 그중 단순한 말이지만, 그래서 누구라도 그 말을 들으면 픽 웃고 말지만, 실은 내게 가장 두렵게 와 닿는 옛 말은 '철들자 망령'이라는 말이다. 늙거나 정신이 흐려서 말이나 행동이 정상을 벗어나는 것을 망령이라 이르니, 생각해보면 참으로 딱한 일이 아닐 수가 없다.

철모르고 철없이 철부지의 삶을 살다가 어느 날 문득 하늘의 은총으로 철이 들긴 했는데, 철이 든 후 철든 삶을 살아갈 시간이 남아있지 않다면 그보다 더 비참하고 서글픈 일이 또 무엇이 있을까 싶기 때문이다.

삶이 우리를 가르치는 방법 중에는 때늦은 후회라는 방법이 있어 많은 경우 많은 이들이 뒤늦게 깨닫고는 한다. 철들자 망령에서 자유롭지 못한 것이다. 그나마 철도 들지 못한 채, 철이 들지도 못했다는 사실도 깨닫지 못한 채 삶을 마감하는 이들이 적지 않은 것을 생각하면 두려운 마음은 더욱 커진다.

나이만 먹는다고 어른이 되는 것은 아니다. 지금은 아니어도 언제고 마음만 먹으면 제대로 살 수 있을 거라 생각하는 것은 어리석은 생각이다. 철든 삶을 지금 살지 못한다면 내게 남아 있는 삶은 망령뿐일 가능성이 높다.

부엉이 살림

—

부엉 부엉새가 우는 밤
부엉 춥다고서 우는데
우리들은 할머니 곁에
모두 옹기종기 앉아서
옛날이야기를 듣지요

어려서 즐겨 불렀던 동요 중에 '겨울밤'이라는 동요가 있다. 노래 안에 부엉이라는 이름이 나오고 부엉이 울음소리가 나오지만, 사실 부엉이를 눈으로 보거나 부엉이 울음소리를 직접 들은 경험은 많지 않다. 부엉이가 야행성 동물인지라 직접 볼 수 있는 기회는 더욱 드물다. 그래도 부엉이가 낯설지 않은 것은 사진이나 방송 혹은 인형 등을 통해 특이하게 생긴 부엉이 모습을 대할 수가 있었기 때문일 것이다.

부엉이에게는 하나의 미덕이 있는데 한 번 짝을 맺으면 평생을 함께 산다고 한다. 사랑의 상징으로 알려진 원앙새가 사실은 바람둥이인 것을 생각하면, 부엉이야말로 원앙새가 받았던 청송을 대신 받을 만한 새다 싶다.

부엉이는 둥지에 먹을 것을 모아두는 습성이 있다. 그러다보니 부엉이 둥지에는 언제나 먹을 것이 넉넉한데, 그것을 빗대어 없는 것 없이 필요한 모든 것을 다 갖춘 것을 두고 '부엉이 곳간'이라고 부른다. '부엉이살림'이란 말도 같은 뜻이어서 자기도 모르는 사이에 부쩍부쩍 느는 살림을 이르는 말이다.

직접 보지는 못했지만 우리에게 익숙한 새 부엉이. 우리의 믿음도 한 번 맺은 연을 끝까지 지키는 부엉이의 습성을 따라 일구월심(日久月心) 변함이 없었으면, 우리의 믿음도 세월이 갈수록 부쩍부쩍 늘어나는 부엉이살림처럼 알찬 믿음이 되었으면.

산이 울면 들이 웃고 들이 울면 산이 웃는다

둘러보면 아름다운 강산이다. 산은 산대로 어깨를 맞대고 섰고, 들은 들대로 손을 맞잡고 자리를 잡고 있다. 어깨를 맞대고 선 산은 병풍 같기도 하고, 손을 맞잡고 펼쳐진 들은 어머니 품 같기도 하다. 산이 어깨를 내린 곳에 들이 자리를 잡고, 들이 고개를 드는 곳에 산이 자리를 잡는다. 산과 들은 그렇게 서로를 마주보며 살아간다.

'산이 울면 들이 웃고 들이 울면 산이 웃는다'고 한다. 그게 무슨 뜻일까? 산과 들이 서로 사이가 나빠 누군가 잘못되면 좋아라 하는 나쁜 심보를 가졌다는 것일까? 그럴 리는 없을 것이다.

'산이 울면 들이 웃고 들이 울면 산이 웃는다'는 이치는 단순하다. 비가 많이 와서 산사태가 나면 산은 우는데, 들에서는 모를 심을 수 있게 되어 기뻐한다. 반대로 날이 가물어 산사태가 나지 않으면 산은 좋지만, 들에서는 벼가 제대로 자라지를 못해 울게 되는 것이다. 그러니 마주보고 있는 산과 들 중에서 누군가가 웃으면 누군가는 울게 되어 있는 것이 정한 이치인 셈이다.

어떤 일이든 좋아하는 사람이 있으면 싫어하는 사람이 있고,

즐거워하는 이가 있으면 괴로워하는 이가 있는 법이다. 내가 즐거워할 때 혹 누군가 눈물을 흘리고 있는 것은 아닌지를 돌아볼 일이다. 그러면 이기적인 기쁨에서 벗어날 수가 있을 것이다. 내가 눈물 흘릴 때 혹 누군가 웃을 수 있는 사람이 있지 않을까 돌아볼 일이다. 그러면 슬픔을 이길 수 있는 위로를 얻을 수 있지 않겠는가.

더위 먹은 소가 달만 보아도 헐떡인다

더위를 먹는다는 말이 재미있다. 하기야 배고픈 시절을 겪은 탓인지 우리는 '나이'까지도 먹었으니까. (나이를 먹는다는 표현은 언어마다 다른 것 같다. 영어로는 '늙었다'고 표현하고, 프랑스에서는 '벌었다'고 표현한다. 나이를 먹는다는 것은 그만한 경험을 얻게 되었다는 뜻일 터, 그 의미가 귀하게 여겨진다.)

더위를 먹는다는 것은 땀이나 열을 몸 밖으로 제대로 내보내지 못하여 몸에 열이 뭉쳐 생기는 병으로, 맥과 숨이 빨라지고 심장이 세게 뛰며 머리가 아프고 소화가 잘 안 되는 증세를 나타낸다. 더위는 사람만 먹는 것이 아니어서 짐승들도 예외가 아니었던 모양이다. 자라보고 놀란 가슴 솥뚜껑보고 놀라듯,

더위 먹은 소는 달만 보아도 헐떡인다니 말이다.

생각해보면 어디 그게 소 이야기일까? 바로 우리들 이야기 아니겠는가 싶다. 무엇엔가 되게 놀란 이는 그 비슷한 것만 보아도 놀라는 법이다. 자라를 보고 놀란 가슴은 솥뚜껑을 보고도 놀란다 하지 않는가.

그러나 생각하기에 따라서는 그 반대일 수도 있다. '소금에 아니 전 놈이 장에 절까'라는 말이 있는 것처럼, 나를 놀라게 했던 것을 좋은 경험으로 삼는다면 비슷한 일이 닥쳤을 때 딸로 놀랄 일은 없을 것이다. 한 번 놀란 일이기 때문에 오히려 침착할 수가 있는 것이다. '내가 먹은 것은 더위, 하늘에 뜬 저것은 달', 얼마든지 그럴 수도 있을 테니까.

가을 식은 밥이 봄 양식이다

———

'가을 식은 밥'과 '봄 양식'은 무슨 관계가 있는 것일까? 가을 지나 봄 돌아오기까지는 한참 시간이 지나가는데 말이다. '가을 식은 밥이 봄 양식이다'라는 속담을 대개의 사전에서는 다음과 같이 풀이하고 있다.

"먹을 것이 흔한 가을에는 먹지 않고 내놓은 식은 밥이 봄에 가서는 귀중한 양식이 된다는 뜻으로, 풍족할 때 함부로 낭비하지 않고 절약하면 뒷날의 궁함을 면할 수 있음을 비유적으로 이르는 말."

그런데 뭔가 이상하다. 먹을 게 흔한 계절에 양식을 아낀다고 먹을 걸 내놓아 식은 밥을 만들다니, 어색하지 않은가. 가을 식은 밥은 양식을 아낀다는 의미보다는 시간을 아끼는 의미가 더 큰 것이 아닐까? 가을에는 부지깽이도 덤빈다고, 갈수록 해가 짧아지는 계절에 하나라도 더 거두어들이기 위해서 종종 발걸음을 쉴 새 없이 옮기다보면 먹을 때를 놓치기가 얼마나 십상이겠는가.

가을걷이에 마음이 급해 밥 먹는 시간도 아깝게 여기다 보면, 때마다 밥은 식은 밥이 되고 말 것이다. 그런데 바로 그런 시간이 모여 보릿고개가 기다리고 있는 봄철이 되면 능히 고비를 넘길 수 있는 양식이 되었을 것이다.

우리의 삶에는 때를 분별하는 지혜가 필요하다. 지금이 씨를 뿌릴 때인지, 북을 줄 때인지, 거름을 줄 때인지, 거둬들일 때인지, 저장할 때인지를 알아야 한다. 때를 알면 얼마든지 식은 밥도 달게 먹을 수가 있다.

콩 심은 데 콩 나고 팥 심은 데 팥 난다

―

'사족'이란 말이 있다. '뱀의 다리'(蛇足)라는 뜻으로 '화사첨족' (畫蛇添足)의 준말이다. 뱀을 그리는 데 발까지 그려 넣는다는 뜻으로 안 해도 될 일을 쓸데없이 덧붙여 도리어 일을 그르치게 되는 것을 이르는 말이다.

너무도 당연하기에 따로 설명이 필요 없는 말이 있다. 그 중의 하나가 '콩 심은 데 콩 나고 팥 심은 데 팥 난다'는 말이다. 콩 심은 곳에서 팥이 날 리 없고, 팥 심은 곳에서 콩이 날 리가 없다. 콩이 나는 곳은 콩을 심은 곳이고, 팥이 나는 곳은 팥을 심은 곳이다. 어느 시대고, 어느 밭이고 마찬가지다.

우리의 신앙을 한 마디로 하자면, 콩 심은 데 콩 나고 팥 심은데 팥 나는 것을 믿는 것 아닐까? 그런데 우리의 신앙은 콩 심은 데 콩 나고 팥 심은 데 팥 나는 것처럼 당연하고 자연스럽지 못할 때가 많다.

때로는 콩을 심어놓고 팥 나기를 기다리며, 팥 심어놓고 콩 거두기를 기도할 때가 있다. 내가 콩을 심었으면 그 자리에 콩이 나는 것은 당연한 일, 기도로 그것을 바꿀 수가 없다. 그런데도 팥을 거두게 해달라면 그것은 기도가 아니라 생떼일 뿐이다. 때로는 씨앗도 뿌리지 않고 콩과 팥을 거두게 해달라는 더 심한 경우도 없는 것은 아니지만.

"자기를 속이지 마십시오. 하나님은 조롱을 받으실 분이 아니십니다. 사람은 무엇을 심든지 심은 대로 거둘 것입니다"(갈라디아서 6:7)라는 말씀에 비춰보면, 콩을 심고 팥을 바라는 것은 자기를 속이는 일이요, 결국은 하나님을 조롱하는 일이 되는 셈이다.

한 개울이 열 개울 흐린다

동네마다 실핏줄처럼 흐르던 개울을 요즘은 보기가 어려워졌다. 병풍처럼 둘러선 동네 뒷산에서 시작하여 동네 언저리를 흘러갔던 개울, 개울은 어디로 사라진 것일까? 얼마든지 벌거숭이가 되어 멱을 감던 시간과 흔하게 잡아 올리던 고기들, 올망졸망 깔려있던 다슬기며 돌을 들춰 잡아냈던 가재까지, 그 모든 것들은 어디로 사라진 것일까?

한 개울이 열 개울 흐린다고 한다. 어찌 한 개울이 열 개울을 흐리게 할까 싶지만, 생각해보면 크게 어려운 일도 아니겠다 싶다. 시커멓게 썩은 개울물이 다른 개울로 흘러 들어간다면 그 물을 받아들인 개울은 금방 썩고 말 것이다. 썩은 물을 만나면 덩달아 썩는 것은 시간문제일 뿐이다.

한 개울이 열 개울 흐린다는 말을 뒤집어 읽으면 어떨까. 열 개울이 한 개울 맑게 한다고 말이다. 흐린 개울이 있어 그 물을 받아들이면 받아들이는 개울도 흐려지는 건 어쩔 수가 없다. 그러나 개울은 재미있다. 함께 흐르다보면 언젠지 모르게 함께 맑아진다. 흐린 물이라고 해서 피해갈 것이 아니라 기꺼이 둑을 터서 함께 받아줄 때, 흐린 개울은 같이 맑아질 것이다.

세상이 썩었다고 피하다면 세상은 언제까지나 썩은 그대로일 것이다. 둑을 터서 받아들이는 용기가 필요하다. 잠깐 더러워진다 하여도 같이 흘러가면 어느 순간 같이 맑아지는 믿음을 가지고 말이다.

'내가 주는 물은 그 사람 속에서 영생에 이르게 하는 샘물이 될 것이다'(요한복음 4:14)라는 말씀을 썩은 세상을 살려내는 말씀으로 읽었으면 좋겠다. 그렇게도 좋은 샘이 우리에게 있다면 마침내 한 개울이 열 개울을 살려내는 일까지 가능한 것 아닐까?

흉년 손님은 뒤꼭지가 예쁘다

찾아오는 손님이야 일이 있어 불쑥 찾아간다 하여도, 손님을

226

맞는 주인의 마음은 경우에 따라 조심스러울 때가 있다. 쌀독에 쌀이 비었는데 손님이 오면 여간 난처한 일이 아니다. 아무것이나 차려놓아도 흥 될 것이 없는 막역한 사이라면 몰라도, 그렇지 못할 경우에는 당황스럽기가 여간이 아닐 것이다.

'흉년 손님은 범보다도 무섭다'는 말도 그래서 나왔을 것이다. 흉년이 들어 먹을 것이 궁할 때 손님이 오면 반가운 마음보다는 무엇으로 대접해야 할지 걱정이 앞서기 마련이다. 얼마나 마음의 고충이 컸으면 범보다도 무섭다 했을까.

'흉년 손님은 뒤꼭지가 예쁘다'는 말도 같은 의미를 가진다. 흉년 때에는 손님이 찾아오는 것보다도 왔던 손님이 가는 것이 더 반갑다는 뜻이다.

마침 부슬부슬 비가 내리자 손님 들으라고 "가시라고 가랑비가 오네요." 하자, 손님 시치미를 뚝 떼고 하는 말이 "있으라고 이슬비가 오네요." 했다는 말도 있으니, 가난한 시절 손님은 서로에게 쉬운 일이 아니었지 싶다.

이형기의 〈낙화〉(落花)라는 시는 '가야 할 때가 언제인가를 분명히 알고 가는 이의 뒷모습은 얼마나 아름다운가'로 시작된다. 돌아서야 할 때 돌아서는 것이 아름다운 법, 남는 것보다도 떠나는 뒷모습이 더 아름다울 때가 있는 법이다.

굽은 나무는 길맛가지가 된다

나무마다 곧게 자라는 게 아니다. 자로 그은 것처럼 곧게 자라는 나무도 있지만, 그렇지 않은 나무도 있다. 바람 부는 대로 몸을 맡긴 것인지, 마음가는대로 방향을 정한 것인지 이리저리 맘껏 휜 모양으로 자라는 나무들도 적지 않다.

굽은 나무는 아무짝에도 쓸모가 없어 보인다. 곧장 자라야 기둥도 되고 서까래도 될 터인데 몸이 굽었으니 땔감으로나 쓸까, 달리 용도가 떠오르질 않는다.

그러나 굽은 나무의 용도가 아주 없는 것은 아니다. '굽은 나무가 선산을 지킨다'는 말이 보여주듯 굽은 나무는 굽은 대로 쓸모가 있다. 미끈한 나무들이 이런 저런 필요를 따라 베어져 사라질 때에도 굽은 나무는 굽었다는 이유로 잘리지를 않아 조상의 무덤가를 묵묵히 지킬 수가 있는 것이다.

굽은 나무의 쓸모 중에는 '길마'가 있다. 길마란 짐을 실으려고 소의 등에 얹는 안장을 말하는 것으로, 소 등짝 모양을 따라 시옷자 모양으로 굽어 있다. 곧은 나무를 일부러 굽혀 길마를 만들기는 어려울 터, 오히려 굽은 나무가 길마로는 제격이다.

권정생 선생이 우리에게 마음의 선물처럼 남겨준 《강아지똥》이라는 동화가 있다. 달구지에서 떨어져 잠시 강아지 똥 곁에 머물렀던 흙덩이는 자신을 아무짝에도 쓸모없다 생각하는 강아지 똥에게 이렇게 일러준다. "하나님은 어느 것 하나도 쓸모없이 만들지 않으셨어. 분명히 너도 어디엔가 쓸모가 있을 거야."

흙덩이가 남긴 말을 길마가 되는 굽은 나무를 통해 확인을 한다. 내가 굽은 나무라고 한탄할 것도 아니고, 누군가를 굽은 나무라고 무시할 것도 아니다. 아무짝에도 쓸모가 없을 것 같아도 그만이 가지고 있는 고유한 쓸모를 알고 인정하는 것, 믿음의 눈이 그와 무엇이 다를까 싶다.

자연스럽지 못한 것도 자연의 일부, 세상은 굽은 나무가 있어 비로소 자연스러워진다.

모래로 물 막는 격

하나마나한 일 중의 하나가 모래로 물을 막는 일일 것이다. 억지로 막자면 막을 수야 있겠지만 모래에 무슨 힘이 있다고 물을 견디겠는가? 얼마 못 가 더는 견디지를 못하고 모래는 물에 휩쓸리고 말 것이다. 간혹 아이들이 소꿉장난하듯 쌓아올린 모래성이 잔물결에도 쉽게 무너지고 마는 것처럼 말이다.

　그런 점에서 우리를 깜짝 놀라게 하는 것이 있는데, 바다를 막고 있는 것이 바로 모래라는 점이다. 세상에서 가장 크고 가장 강한 바닷물을 막아 그 경계를 넘지 못하게 하는 것은 뜻밖에도 모래다. 세상에서 가장 크고 가장 강한 것을 가장 작고 약한 모래가 막고 있는 것이다.

　"너희는 내가 두렵지도 않느냐? 나 주의 말이다. 너희는 내 앞에서 떨리지도 않느냐? 나는 모래로 바다의 경계선을 만들어 놓고, 바다가 넘어설 수 없는 영원한 경계선을 그어 놓았다. 비록 바닷물이 출렁거려도 그 경계선을 없애

지 못하고, 아무리 큰 파도가 몰아쳐도 그 경계선을 넘어
설 수가 없다"(예레미야 5:22)

모래로 물을 막는 것은 도무지 소용이 없는 일이지만, 하나
님은 모래로도 바다를 막으신다.

무는 개 짖지 않는다
—

담배씨로 뒤웅박을 판다

가난한 시절이었다 해도 옛 사람들에겐 멋과 흥이 있었다. 일을 할 때에도 그냥 하지 않았다. 노래와 춤이 곁들여졌다. 모심는 날 북을 메고 노래만 불러도 하루품삯을 넉넉히 쳐주었다. 일하는 사람들을 신명나게 했으니 그만한 값이 충분했던 것이다. 하긴 곡식도 주인 발자국 소리를 듣고 자란다 했는데, 신나는 노래를 들으면 얼마나 더 튼튼하게 자랄까 싶기도 하다.

모심기를 할 때 많이 불렸던 노래 중에 다음과 같은 것이 있다.

"모시야 적삼 안섶 안에 연적 같은 저 젖 보소/많이 보면 병이 나오 담배씨만큼 보고 가소"

모시적삼의 벌어진 틈으로 보이는 연적처럼 생긴 여인의 젖가슴, 노총각의 눈길은 자기도 모르게 그리로 간다. 하지만 너무 많이 보면 노총각이 병이 날지도 모르니 조금만 보라 한다. 가사를 생각하면 피식 웃음이 난다. 조금 보는 것이야 얼마든지 받아주는 여유가 느껴지는데, '조금'의 뜻으로 쓴 것이 뜻밖에도 '담배씨'이다.

성경은 가장 작은 것을 가리켜 겨자씨라 하지만, 사실은 그보다 작은 씨가 담배씨다. 담배씨는 거의 재와 같아 씨라고 보기도 어려울 정도니까.

'담배씨로 뒤웅박을 판다'는 말은 그 작은 담배씨의 속을 파서 뒤웅박을 만들려고 할 정도로 사람됨이 매우 잘거나 잔소리가 심하다는 뜻이다. 쪼개지 않고 꼭지 근처에 구멍을 뚫은 뒤 속을 파낸 바가지가 뒤웅박이니 말이다.

투기 삼아 넓은 땅뙈기를 구하고, 넓은 평수의 집을 찾으면서도 자기 마음의 크기에 대해서는 무관심한 이들이 있다. 정작 넓혀야 할 것은 따로 두고 무엇에 마음을 빼앗기는 것인지 딱한 노릇이 아닐 수가 없다.

대추꽃은 늦게 피어도 열매는 먼저 익는다

봄이 되면 온갖 나무와 풀에서는 앞 다투어 잎과 꽃이 피어난다. 사람이 볼 때 앞 다투는 것처럼 보이지만, 실은 앞서거니 뒤서거니 평화롭게 피어난다. 앞섰다 으스대는 법이 없고, 늦었다고 조급해 하는 일도 없다.

화들짝 잠에서 깨듯 봄 돌아와 모든 잎이 돋아날 때, 그 중 더딘 것이 대추나무다. 다른 나무들은 연초록 잎사귀가 다 돋아 이미 녹색의 기운이 빈 가지를 다 채우고 있을 때, 대추나무는 뒤늦게 잎사귀를 내기 시작한다. 다른 나무들이 다 잎을 낼 때 혼자만 빈 가지로 서 있는 대추나무를 보면 성질 급한 사람은 죽은 나무라며 베어버리기가 십상일 것이다.

대추나무의 꽃은 6월 초순경에 핀다. 그러나 9월 중순이면 대추가 익는다. 더디게 피어난 것에 비하면 열매가 금방 익는 셈이다.

먼저 된 자가 나중 되고, 나중 된 자가 먼저 된다는 말씀이 성경에도 있거니와(마태복음 19:30) 대추가 꼭 그러하다. 대추의 더딤을 이해하고 기다리지 못한 채 죽은 나무 베듯이 없애버린다면 그것이야말로 어리석은 일이 아닐 수가 없다. 한 나무도 그러하거니와 한 생명을 그렇게 잃는다면 그것은 얼마나

개숫물에 밥풀 하나만 떠도 하늘에서 벌을 받는다

자신을 따르겠다며 깊은 산중을 찾아와 밥을 차리며 배움의 길을 걷던 제자 앞에 어느 날부터인가 스승은 아무 말도 없이 사흘을 굶었다. 끼니마다 차린 상을 그대로 물리던 제자는 스승이 탈이 난 모양이라고 생각을 했다. 드디어 나흘째 되던 날, 스승이 다시 식사를 하자 제자는 조심스레 금식의 이유를 물었다. 스승이 대답을 했다.

"며칠 전 네가 설거지를 한 우물가를 보니 밥풀 세 개가 떨어져 있더구나."

스승은 버려진 밥풀 하나에 하루씩 금식을 한 것이었으니, 그런 스승이라면 달리 무슨 말이 필요할까 싶다. 삶 자체가 가르침이었을 테니 말이다.

요즘은 잘 쓰지 않는 말이지만 '개숫물'이라 함은 설거지를 하는 물이다. 음식 그릇을 씻을 때 쓰는 물로 '개수'라고도 했다. 설거지를 하는 물에 밥풀 하나만 떠도 하늘에서 벌을 받는다고 옛 사람들은 생각했다. 쌀값이 똥금처럼 변한 이 세대에 밥풀 하나가 별 것이랴 생각하기가 쉽지만 옛 사람들은 그렇게 생각하지 않았다.

'쌀 미'(米)라는 글자는 팔(八)과 팔(八)이 합해져서 된 말, 여든 여덟 번 농부의 손이 가야 얻을 수 있는 것이라는 데서 유래된 말이다. 쌀 한 톨 속에는 하늘의 은총과 땅의 기운과 농부의 수고가 고스란히 담겨 있다. 밥을 먹을 때마다 우리가 드리는 감사의 기도 속에는 하늘의 은총뿐만이 아니라 농부의 수고에 대한 감사도 빠지지 말아야 한다.

쌀 한 톨은커녕 농사 자체를 우습게 여기는 이 시대에 '개숫물에 밥풀 하나만 떠도 하늘에서 벌을 받는다'는 속담을 더욱 가슴에 새겨야 할 것은, 그런 마음을 회복하지 못하는 한 우리는 그 어떤 것도 소중히 여길 수가 없게 되기 때문이다. 소중한 것을 소중히 여기는 마음은 쌀 한 톨을 소중히 여기는 마음에서부터 시작이 된다.

까마귀가 오지 말라는 격

대부분의 오해는 사소한 것에서 비롯된다. 말 한 마디를 잘못 알아듣는 데서, 상대방의 웃음이나 침묵을 잘못 이해하는 데서, 상대방의 행동이나 마음을 잘못 헤아리는 데서 오해가 생겨난다.

그렇게 오해는 사소한 일에서 생기지만, 별 것 아닌 것 같았던 오해가 사람 사이의 소중한 관계를 갈라놓기도 한다. 오해의 시작은 가벼워 보이는 것에서 출발하지만, 감당하기 버거운 만큼의 결과가 찾아오곤 하니, 조심해야 할 일이 아닐 수가 없다.

오해의 대부분은 상대방의 말이나 행동을 내 식대로 판단을 하고 단정을 하기 때문이다. 영어로 '이해하다'는 말은 '아래에 선다'는 뜻을 가지고 있다. '누군가의 입장이 되어보다'를 영어권에서는 '누군가의 신발을 신어본다'(be in somebody's shoes)로 표현한다. 인디언의 격언 중에는 "그 사람의 신발을 신고 1마일을 걸어보기 전까지는 그 사람을 비판하지 말라"는 것이 있다.

이런 의미를 담고 있는 속담이 '까마귀가 오지 말라는 격'이다. 무슨 뜻일까? 까마귀는 '까옥까옥' 하고 우는데, 그것을 '가오가오' 우는 것으로 알아들을 수가 있다는 말이다. 까마귀가 자기식대로 우는 것을 두고 나더러 '가라' 하는 것으로 듣는다면 딱한 일이 아닐 수가 없다. '까마귀가 오지 말라는 격'이라는 말은, 누군가가 아무렇지도 않게 한 말을 자기가 잘못 받아들이고선 공연히 언짢게 여기는 것을 놀림조로 이르는 말이다.

까마귀는 까마귀이기 때문에 까옥까옥 운다. 내가 싫다고, 나더러 가라고 가오가오 하는 것이 아니다. 그러나 어쩌랴, 설운 마음을 가진 자에겐 까마귀 울음소리가 영락없이 가라는 소리로 들리는 걸.

내가 어떤 마음을 가지고 있느냐에 따라 내게 다가오는 온갖 일들이 다르게 여겨지는 법, 세상을 탓하기 전 세상을 대하는 내 마음을 돌아보는 일이 우선이다.

돌각담 무너지듯하다

___

돌각담 혹은 돌담이란 말은 말부터가 정겹다. 야트막한 돌각담 사이로 난 실길목을 걷는 것은 마음의 오솔길을 걷는 것과 다르지 않은 일이어서, 그 자체로 마음에 평화가 찾아들 것 같다. 돌각담은 정으로 쫀 돌을 줄을 맞춰 정교하게 쌓은 담이 아니다. 여기저기서 뒹구는 아무렇게나 생긴 돌을 모아 얼기설기 쌓은 담이다.

그렇다고 아무렇게나 쌓은 것은 결코 아니어서, 서로가 서로를 붙들어주는 모양새다. 그러기에 무엇 따로 접착제가 없이 쌓여 있으면서도 돌각담은 비바람과 눈보라와 세월을 이겨 견딘다. 이끼가 낀 돌각담은 우리에게 지극한 겸손과 인내를 가르친다.

모양과 크기가 제각각인 돌들이 모여 서로가 서로를 지켜주고 붙잡아 줌으로 일정한 높이를 얻고 마침내 담이 되는 돌각담, 그러기에 돌각담은 무너질 땐 한순간에 같이 무너진다. 어디선가 누군가가 자기의 역할을 잊거나 포기할 때, 그것에 기댔던 돌들이 함께 무너지고 말기 때문이다.

함께 모여야 이룰 수 있는 것들은 그렇게 모여 고유한 이름과 견고함과 아름다움을 얻지만, 그 중 하나의 잘못으로 얼마든지 모두가 무너지게 된다. 쌓을 때는 모두가 필요해도 무너지는 데는 모두의 잘못이 필요한 것이 아니니 더욱 조심할 일이 아닐 수 없다.

집에서 새는 바가지 들에 가서도 샌다

어릴 적 들었던 말 중에 지금도 생각나는 말들이 있는 것을 보면 오래가는 말이 있지 싶다. 속 좁은 행동을 하면 어른들은 '밴댕이 속 같다'고 했고, 추운 겨울 아침 이불 속에서 일어나지 않고 있으면 '밖에 까마귀가 얼어 죽었다' 하기도 했다. 그말을 들으면 얼마나 춥기에 까마귀가 다 얼어 죽었나 궁금해서 서둘러 밖으로 달려 나가곤 했었다.

어릴 적 들었던 말 중의 하나가 '집에서 새는 바가지 나가서도 샌다'는 것이었다. 잘못을 해놓고서는 변명 삼아 밖에서는 이런 잘못을 하지 않는다고 둘러댈 때 듣던 말이었다. 새는 바가지는 어디서나 샌다는 것이었다. 제 아무리 조심을 한다 하여도 새는 바가지는 어디서나 새게 마련, 여기선 새고 저기선 안 샐 수가 없는 노릇이다.

밥상머리 교육으로 대표되었던 가정교육이 중요했던 것은 집에서 제대로 해야 나가서도 제대로 할 수가 있기 때문이었다. 집안 어른에게 인사할 줄 모르면 나가서도 동네 어른께 인사할 줄을 모른다. 뒷정리를 집에서 제대로 하지 않으면 나가서도 함부로 휴지를 버리게 마련이다. 집에서 밥을 함부로 먹으면 나가서도 함부로 먹게 된다. 나가서 제대로 하면 된다고 목소리를 높일 때가 있지만, 집에서조차 제대로 못하는 이는 나가서 제대로 할 수가 없다.

교회에서는 소금과 빛 같은데, 세상에 나가면 신앙을 갖지 않은 이들과 무엇 하나 다를 게 없는 삶을 사는 이들이 있다. 예수께서는 너희는 '세상'의 소금과 빛이라 하셨지, '예배당' 안이나 '기독교' 안의 소금과 빛이라 하신 적이 없다. 이곳에서 소금과 빛이라면 저곳에서도 소금과 빛이어야 한다. 그게 진짜 소금과 빛이다.

시장이 반찬이다

___

어릴 적 캐 먹던 칡이며 돼지감자 등이 떠오를 때가 있다. 겨울 지나 땅이 녹을 때쯤이 되면 삽과 곡괭이를 들고 뒷산으로 올라 칡을 캐기도 했고, 밭둑에 자라는 돼지감자를 어렵게 찾아내 먹기도 했다. 할머니께서 벗겨주신 소나무 껍질 송기를 먹은 기억도 남아 있다. 대부분은 씁쓰름하고 떫은 맛, 지금의 달콤한 과자와 사탕에 비하면 비교할 수 없는 맛이지만 먹을 것이 궁했던 그 때는 어느 것이든 먹을 수 있는 것은 맛이 있었다.

배가 고픈 사람에게는 맛없는 것이 따로 없다. 무얼 먹어도 맛이 있다. 그러다 보니 '시장이 고기보다 낫다'는 말도 있고, '시장한 놈이 이밥 조밥 따지랴'는 말도 있다. '새벽 호랑이는 중이나 개를 헤아리지 않는다'는 말도 있고, '굶은 개가 언 똥을 마다할까'는 말도 있다. 배가 고프면 쇠똥이 지짐떡으로 보이고, 돌도 씹지를 못해 못 먹을 뿐이다.

그에 비해 비지로 채운 배는 고량진미도 마다한다. 맛없는 음식으로라도 배를 채운 뒤에는 아무리 맛있는 음식을 대한다 한들 입맛이 당기지 않는 법이다. 엉뚱한 것으로 속이 채워져 있는 한 아무리 송이꿀보다 더 단 말씀이라도 소용이 없는 법, 다만 굶주린 이에게는 쓴 말씀도 단 법이다.

늙은 말이 콩 더 달란다

─

톨스토이가 쓴 글 중에 '사람에겐 얼마만큼의 땅이 필요한가?' 하는 것이 있다. 가난한 농부가 더 많은 땅을 얻기 위해 애를 쓰던 중, 하루 종일 걸은 땅이 모두 자기 땅이 된다는 나라를 찾아간다. 다만 한 가지 조건이 있었는데, 해가 지기 전까지 본래의 자리로 돌아와야 한다는 것이었다.

많은 땅을 가지고 싶은 욕심에 농부는 하루 종일 쉬지도 않고 길을 걷는다. 쉬는 만큼 땅이 줄어드는 일이니 어찌 쉴 수가 있겠는가? 정신없이 돌아다니다가 해가 기우는 것을 보고선 급히 떠났던 자리로 돌아오는데, 돌아온 농부는 그만 그 자리에 쓰러져 죽고 만다. 농부는 땅에 묻히게 되는데, 결국 농부에게 필요했던 땅은 자기 몸 하나 뉘일 땅, 과한 욕심을 경계하는 이야기다.

말이 특별히 먹기 좋아하는 것이 있는데, 콩이다. 콩을 좋아하는 것은 젊은 말이나 늙은 말이나 차이가 없다. 그러니 식욕으로 따지자면 한창 자라며 왕성하게 힘을 쓸 젊은 말이 콩을 더 좋아하고 더 많이 먹을 것 같은데, 늙은 말이 콩을 더 달라고 한다.

늙어갈수록 맛있는 것을 더욱 찾게 되는, 늙어갈수록 늘어나는 욕심을 가리키는 말이다. 세월이 갈수록 몸이 가벼워지듯 마음도 가벼워져 있던 욕심도 내려놓아야 할 터, 거꾸로 늘어가느니 욕심이라면 사람이나 말이나 다를 것이 무엇인가 싶다.

천국의 문은 좁은 문이라 했다. 여럿이 단체로 들어갈 수 없는 문이기도 하거니와, 욕심 보따리를 내려놓지 못하면 들어갈 수가 없는 문이다. 그 사실을 천국 문에 이르러서야 깨닫게 된다면 얼마나 후회가 될까.

장독보다 장맛이 좋다

지당해 보이기는 하지만 참 어려운 일 중의 하나가 겉과 속이 같아지는 것이다. 겉 다르고 속 다른 경우가 너무도 많기 때문이다. 맨 위에 놓인 과일은 보기도 좋고 크기도 한데, 속에 든 과일은 잘 익지도 않고 크기도 작은 경우가 있다. 사람도 마찬가지여서 마음과 말이 같고, 말과 행동이 같은 사람을 만나는 것은 흔한 일이 아니다. 그런 사람을 만나게 되면 괜히 반갑고 미덥다.

흔히 하는 말 가운데 '표리부동'(表裏不同)이라는 말이 있다. 말 그대로 겉과 속이 다르다는 뜻이다. 어떤 면에서는 겉과 속은 같기도 어려울 뿐 아니라, 꼭 같아야 할 필요도 없다. 겉은 겉으로서의 모양과 빛깔과 소용이 따로 있고, 속은 속으로서의 모양과 빛깔과 소용이 있기 때문이다. 억지를 부려 겉과 속을 같게 만든다면 오히려 그것이 무리일 수 있다.

그런데 문제는 겉은 그럴 듯하나 속이 보잘 것 없는 경우이다. 겉을 그럴 듯이 꾸며 속을 가리는 경우이다. 겉모습이 아름다워 가까이 왔는데, 가까이 와서 보니 속이 형편없다면 이내 실망을 하고 말 것이다. 이와는 달리 겉모습이 보잘 것 없어 큰 기대를 하지 않았는데, 그 속이 알찬 모습을 보게 된다면 기대하지 않았던 즐거움을 누릴 것이다.

장독이야 어찌 생겼든 중요한 것은 장맛이다. 교회의 외양이야 대리석이든 초가집이든 상관이 없다. 무엇보다 중요한 것은 신앙, 오늘의 교회가 장맛보다 장독에 마음을 빼앗긴 것은 아닌지를 돌아보게 된다. 장독이 장맛을 앞서지 않도록 스스로를 경계할 일이다.

입이 귀밑까지 째지다

———

'웃으면 복이 와요'라는 방송 프로그램이 있었다. 웃으면 복이 온다니, 제목이 귀하게 여겨진다. 대개의 경우 복이 오면 웃기 마련인데 거꾸로 웃으면 복이 온다고 하니, 어느 것이 우선인지를 생각하게 된다.

누군가 크게 웃는 것을 보면 흔히들 '입이 째지게 웃는다'고 한다. '째지게'라는 말이 '찢어지게'라는 뜻이니, 얼마나 크게 웃으면 입이 다 찢어질 정도일까 싶다. 크게 웃는 일은 분명 좋은 일, 더군다나 입이 찢어질 정도로 맘껏 웃는 일이야 얼마나 좋은 일일까.

'입이 째지게 웃는다'는 말은 큰 웃음을 표현하는 말이지만,

'째지게'라는 말이 마음에 걸린다. 좋은 일로 인해 좋아 어쩔 줄 몰라 하는 사람과 덩달아 그 기쁨을 나누는 말이라 하기에는 왠지 어색함이 느껴진다.

'입이 귀밑까지 째지다'라는 말이 있지만 그 말도 마찬가지다. 아무래도 '째지다'라는 말이 부정적인 느낌을 가지고 있기 때문이 아닐까 싶다. 가볍고 천박하다는 느낌을 지울 수가 없다. 큰 웃음을 표현하며 함께 기뻐하는 마음까지 담을 수 있는 좋은 말로 '입이 귀밑에 닿다'는 말이 있다. 누군가 크게 웃으면 '입이 귀밑에 닿겠다' 혹은 '그러다가 입이 귀에 걸리겠다'라고 말할 수가 있다.

'입이 째지겠다'라는 말과 '입이 귀에 닿겠다' 혹은 '입이 귀에 걸리겠다'는 말은 비록 뜻은 같을지 몰라도 어감은 아주 다르다.

우리는 같은 뜻의 말도 전혀 다르게 하여, 우리말을 듣는 이들의 마음을 즐겁게 하기도 하고 상하게 하기도 하는데, 이왕이면 '입이 째지겠다'는 말을 '입이 귀에 닿겠다' 말함으로, 정말로 입이 귀에 닿는 일이 많아졌으면 좋겠다.

봄비는 쌀비다

봄 여름 가을 겨울, 비야 언제라도 내리지만 유독 고맙게 여겨지는 비가 따로 있었다. 봄에 내리는 비였다. 한 해의 농사를 준비하는 봄철에 비가 넉넉히 오면 그 해 농사는 풍년이 들 가능성이 높았다. 논도 갈고 모심기도 해야 할 철에 넉넉히 내리는 비만큼 고마운 것이 어디 있었겠는가? '봄비는 거름이다' 혹은 '봄비는 벼농사 밑천이다'라는 말도 그래서 나왔을 것이다.

계절마다 비에 대한 느낌은 달라, '봄비는 일비고, 여름비는 잠비고, 가을비는 떡비고, 겨울비는 술비다'라는 속담이 있는데, 계절마다 비를 대하는 마음이 잘 담겨있지 싶다. 봄에 비가 오면 할 일이 많아지고, 여름에 비가 오면 잠이나 한 숨 푹 자고, 가을에 비가 오면 떡을 해 먹고, 겨울에 비가 오면 일도 없겠다 술을 먹기에 좋았던 것이다.

봄에 내리는 비가 풍년을 약속하다 보니 이와 관련된 속담들도 적지가 않아 '봄비가 잦으면 동네 지어미 손이 커진다', '봄비가 잦으면 마누라 손이 커진다', '봄비가 잦으면 시어머니 손이 커진다' 등, 인심이 후해지는 일이 덩달아 늘어났다.

단강에서 만난 한 어르신은 비가 올 때마다 "비가 오신다"고 했다. "오신다"는 말은 더없이 신앙적으로 들렸고, 그윽하게 다가오곤 했다. 내리는 비를 그냥 맞지 않고 특별한 의미를 부여했던 옛 어른들에 비해 오늘 우리가 무심하게 귀찮게 비를 대하는 것은 하늘에 대한 고마움, 혹은 철이 들지 않았기 때문일지도 모른다.

도둑 다 잡은 나라 없고 피 다 뽑은 논 없다
—

아무리 노력을 해도 다 이루기 힘든 일들이 있다. 나라에서 도둑을 다 잡는 일이 그렇고, 논에서 피를 다 뽑는 일이 그러하다. 도둑맞는 일과 논의 피 뽑는 일은 그 옛날 생활 속에서 만나게 되는 그중 흔한 일상이었을 것이다.

'오이는 씨가 있어도 도둑은 씨가 없다'는 말이 있다. 정도의 차이가 있을 뿐, 누구나 도둑이 될 가능성을 가지고 있다는 것이다. 게다가 '한 놈의 도둑을 열 사람이 잡기 힘든 법'이니, 어떻게 나라 안에서 도둑을 다 없앨 수가 있단 말인가.

논에서 자라는 피 또한 그러하다. 아무리 경험이 많은 농부의 눈에도 어린 벼 속에서 피를 골라내기란 쉽지 않은 일이다. 설령 눈에 띈다 하여도 다 골라낼 수는 더더욱 없는 일이다.

나라와 논을 얘기할 것 없다. 무엇보다 내 마음을 살피는 일이 우선이고 중요하다. 내 마음 내가 살펴 제대로 지키지 못하면 어느새 도둑질 하려는 자리를 잡고, 알곡 비슷했지만 결국은 피가 자라는 법이다.

'산 속에 있는 열 놈의 도둑은 잡아도 제 마음 속에 있는 한 놈의 도둑은 못 잡는다'는 말은 그냥 생겨나지 않았을 것이다.

늦모는 밤송이를 겨드랑이에 넣어가며 심는다

모든 일에는 때가 있다. 때를 놓치면 헛것이 되고 마는 일들이 있다. 농사가 어려운 것은 일이 고되기도 하지만, 때를 놓치면 아무 소용이 없기 때문이기도 했다. 당연히 모를 심는 일 또한 때가 중요했다. 요즘이야 대부분 수로를 통해 물을 공급받아 크게 물 걱정 없이 기계로 모를 내다보니 대충 짐작해서 심는 '허튼모', 촘촘히 심는 '총총모', 드물게 심는 '삿갓들이', 늦게 심는 '마냥모', 아주 늦으면 '퇴마냥모', 가뭄에 마른 모를 내는 '강모', 호미로 파서 세우다시피 하는 '꼬창모' 등 정겨운 우리의 농사 언어들이 점점 사라지고 있지만, 그 옛날 때에 맞춰 모를 심는다는 것은 당연한 일이 아니었다.

때를 넘겨 뒤늦게 심는 모를 '늦모'라 불렀다. 누가 일부러 모를 늦게 심겠는가, 대개는 비가 제 때 오지 않아 물이 부족했기 때문이었다. 늦모를 심는 일은 그만큼 다급한 일이어서 뻐꾹새도 모가 늦어지는 것이 안타까워 어서 모를 내라 재촉하면서 운다고 했다. '늦모심기에는 지나가던 원님도 심어주고 간다'는 말도 있다. 오죽 안타까우면 지나가던 원님이 일을 거들고 갈까. '늦모심기에는 개구리와 겸상한다'는 말도 있다. 들녘에서 일하다말고 아무 곳에서나 새참이나 점심을 먹다보면 개구리와 마주 바라보고 먹을 때도 많고, 늦모심기는 한 시간이 아쉬운지라 해가 질 때까지 일하다가 개구리들이 나와 울기 시작할 무렵에야 늦은 저녁을 먹게 된다는 뜻이다.

늦모는 꼬챙이로 구멍을 뚫어가며 심기도 했고, 호미로 땅을 파고 심기도 했다. '늦모는 사흘이면 땅내를 맡는다'는 말은 그만큼 땅에 뿌리를 내리는 착근이 빠르다는 말이었다. '늦모는 손에 든 모와 땅에 꽂은 모가 다르다'는 말도 있고, '오전에 앉은 백로가 오후엔 안 보인다'는 말도 있는데, 그만큼 빨리 자라난다는 뜻이었다.

그렇다고 때를 마냥 놓쳐도 괜찮은 것은 아니었을 터이니, 늦모를 심을 수 있는 최종시기가 있었다. '못짐지고 가다가 매미소리가 나면 심어도 못 먹으니 지게를 벗어 버린다'고 했다.

늦모심기는 '대추를 코에 넣어가며', '밤꽃이 질 때까지' 이어졌다. '밤송이를 겨드랑이에 넣어가며'도 모를 심을 수 있는 최종시기 중의 하나였다. 밤송이를 겨드랑이에 넣는다는 것은 아직 밤송이가 보들보들할 때를 말함이니, 밤꽃이 질 때와 거반 비슷한 때를 말한다.

　모심는 시기의 한계를 자연을 통해 정한 것이 재미있기도 하거니와, 늦었다고 외면하지 않고 그래도 사람의 수고를 기억하여 먹을 것을 허락하셨던 하늘의 손길이 더없이 고맙게 여겨지기도 한다.

천 리도 지척이라

　아주 먼 거리를 흔히 '천 리 길'이라 한다. 굳이 요즘 쓰는 단위로 환산하지 않아도 천 리 길은 매우 먼 거리를 말한다. 반대로 '지척'은 아주 가까운 거리를 말한다. 굳이 환산하면 '지'(咫)가 8치, '척'(尺)이 10치, 지척은 약 18cm가 된다.

　거리란 지도상의 거리보다는 마음의 거리가 먼저다. 오가는 정(情)만 있으면 천 리도 지척이요, 마음이 멀면 지척도 천 리가 된다.

오늘 이 땅의 교회와 이웃과는 거리는 얼마나 될까? 천 리가 지척일까, 지척이 천 리일까? 그 거리를 좁힐 수 있는 것은 무엇일까? 지척의 문제를 두고 생각이 천 리길이다.

떡 도르라면 덜 도르고 말 도르라면 더 도른다

———

영어 단어를 열심히 외우는 학생들의 모습은 어렵지 않게 보아도, 우리말에 관심을 갖는 학생을 만나기는 어렵다. 그저 뜻이 통하면 된다 생각하기 때문일까, 우리말을 제대로 아름답게 쓰기 위한 노력은 찾아보기가 어렵다.

'도르다'는 말이 낯설다. 《우리말 사전》(겨레말용례사전, 서울대학교출판부)을 찾으니 '어떤 대상의 둘레를 빙 돌게 하다', '몇 개의 몫으로 나누어 여러 곳에 주거나 보내다', '그럴듯하게 이런 저런 말로 남을 속이다', '몰래 빼어 돌리다' 등 여러 가지 뜻으로 풀고 있다. 뜻은 그렇게 여러 가지인데, 한 번도 사용해 본 적은 없는 듯싶다.

'떡 도르라면 덜 도르고 말 도르라면 더 도른다'는 속담에 나오는 '도르다'는 '몇 개의 몫으로 나누어 여러 곳에 주거나 보내다'는 뜻에 해당한다. 떡을 돌리라면 덜 돌리고, 말을 돌리라면 더 돌린다는 뜻이니, '말은 보태고 떡은 뗀다'는 속담과 비슷한 뜻을 가지고 있다 하겠다.

떡 도르라면 '더' 도르고, 말 도르라면 '덜' 도를 수 있다면 한결 살기 좋은 세상이 될 터, 우리네 삶에 그것 하나 바꾸는 것이 왜 이리도 어려운 일인지.

소금에 아니 전 놈이 장에 절까

속담에 나오는 '전'이라는 말과 '절까'라는 말은 모두 '절다'에서 온 말로, '푸성귀나 생선 따위에 염분이 속속들이 배어들어 숨이 숙다'는 뜻이다. 김치를 담글 때 김치를 다듬은 뒤 소금에 절이는 것은 모두가 알고 있는 과정이다.

'소금에 아니 전 놈이 장에 절까' 할 때의 '장'이란 간장·된장·고추장을 통틀어 이르는 말이다. 간장·된장·고추장을 만들 때도 당연히 소금이 들어간다. 그러나 그 맛의 짜기로 하자면 어디 장이 소금을 당하겠는가.

결국 '소금에 아니 전 놈이 장에 절까'라는 말은, 큰일도 이겨낸 사람이 그만한 일에 넘어갈 리 없다는 뜻으로 쓰인다. 소금을 이겨내면 장은 문제가 없다. 때로 사막을 지나고 불 속을 지나는 고통스러운 순간들이 있지만, 그 순간을 이겨내면 나머지는 더 쉽게 이겨낼 수가 있다. 어떤 일이 와도 넉넉히 이해할 수 있고, 받을 수 있고, 품을 수가 있다.

한 신학자가 고난을 '제3의 성례전'이라 부른 것은 깊고도 그윽한 혜안이라 하겠다.

참깨가 기니 짧으니 한다

'도토리 키재기'란 말이 있다. 도토리가 서로 키를 재봐야 거기서 거기겠지만, 서로 내가 크니 네가 작니 하며 다툴 때가 있으니 딱한 일이 아닐 수가 없다. 도토리 못지않은 것이 참깨다. 참깨가 커야 얼마나 크겠는가? 변변치 못하기로는 마찬가지면서 그래도 서로 따지거나 비교하는 못난 사람들이 하는 짓을 두고 '참깨가 기니 짧으니 한다'고 말한다.

참깨면 참깨 노릇을 하면 된다. 참깨가 크니 작니 하는 것은 꼴불견이다. 자기들이 볼 때 조금 크고 조금 작은 것이 있을지 몰라도, 사람이 볼 땐 그야말로 거기서 거기 아니겠는가. 참깨는 오히려 작아서 참깨다. 고만고만한 작은 참깨들이 모여 참깨다운 모양을 이루고, 참깨다운 맛을 낸다. 그러면 되는 것,

서로 기니 짧니 할 게 없다.

이게 어디 참깨 이야기일까. 바로 우리들 이야기, 작고 보잘것 없는 삶을 두고 기니 짧으니 크니 작니 높니 낮니 자리다툼을 일삼는 인간 이야기일 터이다. 참깨의 허망한 키재기를 보고 웃듯, 우리의 자리다툼 하는 모습을 보면서도 웃는 분이 계실 터인데.

말 타면 경마 잡히고 싶다

말을 타면 경마 잡히고 싶어진다니, 경마라는 말의 뜻이 궁금해진다. '경마'란 남이 탄 말을 몰기 위하여 잡는 고삐를 말한다. 누군가 경마를 잡아준다면 말을 탄 사람은 말 위에 가만 앉아있기만 하면 된다. 그러면 알아서 경마 잡은 이가 목적지까지 데려다 줄 것이기 때문이다.

걷는 것에 비하면 말을 타는 것은 한결 쉬운 일이다. 그런데도 사람 욕심은 끝이 없어서 말을 타면 경마를 누군가에게 잡히고 자기는 더 편하게 가고 싶어 한다. 사람의 욕심은 끝도 없고 한도 없기 때문이다.

은혜를 사모하는 것은 좋지만 말을 태워준 분께 경마까지 잡히게 하는 것은 아무래도 볼썽사나운 욕심, 행여나 신앙이란 이름으로 하나님을 부리려 해서는 안 된다. 경마를 잡는 일은 우리 몫이 되어야 한다.

행랑 빌리면 안방까지 든다

———

사막의 낙타 이야기를 기억한다. 어떤 사람이 낙타를 타고 사막을 여행하다가 날이 저물어 천막을 쳤다. 낙타를 천막 밖에 매어두고 잠을 자는데, 갑자기 추위를 느껴 깨어보니 낙타가 천막 사이로 코를 들이밀고 있는 것이 아닌가. 낙타 또한 추위 그러려니 하고 그냥 잠이 들었는데 결국에는 아예 낙타가 천막을 다 차지하게 되었다는 이야기다.

"도가니는 은을, 화덕은 금을 단련하듯이 칭찬은 사람됨을 달아 볼 수 있다"(잠언 27:21)는 말씀이 있다. 칭찬을 해보면 그 사람의 됨됨이를 알 수 있다는 것이다. 덜된 사람은 누가 자기를 칭찬하면 마치 자기가 대단한 존재인 것처럼 우쭐하지만, 된 사람은 칭찬을 받을수록 더욱 겸손해지기 때문이다.

사람됨을 알아볼 수 있는 또 하나의 기준이 있다. 누군가를 편하게 대해보면 그 사람의 됨됨이를 알게 된다. 편하게 대하면 쉽게 대하는 이들이 있다. 따뜻하고 편하게 대하는 것을 쉽고 무례하게 받아들여 가볍게 대하는 사람이 있는가 하면, 오히려 고맙게 여기며 더욱 자신을 살펴 경우에 어긋나지 않도록 조심하는 사람이 있다.

행랑을 빌려주면 고맙게 여겨야 하는데, 그 참에 안방까지 들려고 하는 게 사람 마음이니 안타깝다. 처음에는 삼가다가 어느 샌가 도를 넘는 모습들을 어렵지 않게 보게 된다.

사람 사이에서의 일이 그러하려니와, 신앙생활에선 더욱 그러하지 싶다. 신앙생활을 오래한 이에게서 거룩함에 대한 두려움을 찾아보기가 더 어렵다. 익숙해지지 말아야 할 것과 익숙해지니, 참으로 딱한 노릇이 아닐 수가 없다.

싼 것이 비지떡

'비지'란 두부를 만들고 남은 찌꺼기를 말한다. '비지떡'이란 비지에 쌀가루나 밀가루를 넣고 반죽하여 둥글넓적하게 부친 떡인데, 떡이라 하기에는 볼품도 없고 초라하다. 그러기에 비지떡이라 함은 '아주 보잘 것 없는 것'을 나타낸다.

싼 물건을 보면 앞뒤 안 가리고 무조건 사기가 쉽다. 그러나

싸다고 무턱대고 산 물건은 후회하기도 쉽다. 싼 물건이 모두 나쁜 것은 아니겠지만, 싼 물건은 싼 값을 할 때가 있기 때문이다.

우리나라의 많은 교회들이 본받으려고 애쓰는 교회 중에 윌로우크릭교회가 있다. 윌로우크릭교회가 자신들의 모습을 돌아보며 만든 자체보고서에는 다음과 같은 고백이 담겨 있다. '우리 신앙의 넓이는 1마일인데, 깊이는 1인치이다.'

사람들이 원하고 있는 쉽고 편한 신앙을 전하다보니 많은 사람들이 모여 성공한 것처럼 보이지만, 주님이 원하셨던 제자와는 분명 거리가 있다는 아픈 성찰을 담고 있다.

싼 게 비지떡이라고, 쉽고 편한 것은 쉽고 편한 것을 낳는다. 찾는 사람 별로 없어 이름만 남았지 싶은 비지떡을 우리네 신앙에서 보게 되는 아쉬움과 안타까움이라니!

나방꾐등

———

그럴듯한 말이나 행동으로 남을 속이거나 부추겨 자신이 의도한 대로 행하도록 하는 것, 또는 그렇게 하는 일을 '꾐'이라 한다. 꾐임을 줄여 '꾐'이라 한다. 그렇게 살살 꾀어넘기는 짓을 '꾐질'이라 부른다. 눈뜨고도 코 베는 세상, 갈수록 꾐질은 교묘해지고 있다.

'나방꾐등'이란 빛을 보고 달려드는 성질이 있는 해충을 유인하여 죽이는 장치로, 북한에서는 그냥 '나비등'이라고 부른다 한다. 날것이 많은 여름철에 음식점 같은 곳에 설치되어 있는 것을 흔하게 보게 되거니와, 푸르스름한 불빛을 보고 벌레들이 날아왔다가는 "치지직~!" 한 순간에 불에 타 떨어지고는 한다. 생명이 불에 타는 소리도 그렇고, 연기를 피우며 잠깐 동안 퍼지는 냄새도 유쾌할 것이 없는 일인데, 그런 것에도 점점 익숙해져 가는 것 같다. '나방꾐등'을 다른 말로는 '벌레꾐등불' 혹은 '꾐등불'이라 부르기도 한다.

저 죽는 줄도 모르고 불을 향해 달려드는 부나비들, 그들에

262

게 불빛은 무슨 의미일까? 무슨 끄는 힘이 있기에 죽는 줄도 모르고 날아드는 것일까?

우리를 넘어뜨리는 사탄, 아이들에게 사탄을 그려보라 하면 이빨이 뾰족하고, 뿔이 나 있고, 흉터가 얼굴 가득한 흉측한 모습을 그려내지만, 사실 사탄은 '달콤한 사탕'에 가까울 것이다. 천사보다도 아름다워야 알면서도 속지 않겠는가?

환할수록, 마음을 빼앗길 만큼 현란할수록 그것의 정체가 무엇인지를 살피는 것이 필요하다. 나방꾐등은 결코 나방을 위한 것이 아니다.

목수가 많으면 집을 무너뜨린다

———

많아서 좋은 것이 있는가 하면, 많아서 좋지 않은 것들도 있다. 예로부터 길가 집을 짓기가 어렵다고들 했다. 요즘의 건축업자가 짓는 집이야 그럴 것이 없겠지만, 옛날에는 그렇지가 않았다.

구들은 이렇게 놔야 한다, 벽돌을 쌓을 땐 이렇게 해야 한다, 굴뚝은 저렇게 세워야 한다, 기둥이 높니 낮니, 지나가던 사람마다 걸음을 멈추고 서서 집 짓는 모습을 보고 한 마디씩을 하니 도대체 어느 장단에 맞출 것인가.

목수가 많으면 많은 만큼 집이 든든하고 반듯하게 세워지기보다는 기울어지거나 허술해지기가 쉽다. 사공이 많으면 배가 산으로 가는 법, 저마다 자기 의견을 내며 고집을 부리니 오히려 탈이 나게 마련이다.

다른 이의 의견에 가만 귀를 기울이기보다는 내 의견을 내기에 급급하다면 우리는 좋은 집을 지을 수가 없다. 서로의 의견이 좋으면 좋을수록 그 집은 오히려 무너지기가 쉬운 집이 되고 만다.

내 의견을 내는 대신 누군가의 의견을 따뜻하게 경청하는 일이, 내 의견을 주장하는 대신 침묵을 지키는 일이 왜 이리도

어려운 것인지, 오늘 우리가 짓는 존재의 집은 점점 허술해져
간다.

시치미를 떼다
―

가난했지만 옛 시절에는 오늘날 갖지 못한 멋과 흥이 있었지
싶다. 옛 사람들이 즐겼던 것 중에는 매사냥이 있었다. 총을 쏴
서 꿩을 잡는 것이 아니라 매를 길들여 꿩을 잡으니 그 긴장과
재미가 여간이 아니었겠다 싶다.

여러 사람이 매사냥을 할 경우 어느 매가 누구 매인지 구분
하기는 쉽지 않았을 것이다. 매의 생김새를 보고 주인을 짐작
하기에는 거의 모든 매가 엇비슷하게 생겼기 때문이다. 잘못하
면 매가 뒤바뀔 수도 있고, 매가 잡은 꿩을 엉뚱한 이가 가로챌
수도 있었을 것이다.

그런 일에 대비하기 위해 매의 꽁지에 주인을 표시하는 이
름표를 달았는데, 그것이 바로 '시치미'이다. 시치미를 보면 매
의 주인이 누구인지를 바로 알 수 있었던 것이다.

남의 매를 잡았을 경우 시치미를 보고 주인에게 매를 돌려
주는 일이 당연한 일이었으나, 때로 심보가 고약한 이들은 시

치미를 몰래 뗐다. 그리고는 자기 매인 양 거짓말을 하기도 했고, 아예 자기 시치미를 달아 자기 매로 꾸미기도 했다.

마음만 먹으면 남의 매를 자기 매로 만드는 것은 쉽고도 절묘했다. 시치미를 떼기만 하면 됐으니까.

매사냥은 우리 주변에서 사라졌지만 우리는 여전히 시치미를 떼며 산다. 영광스러운 일에는 주님의 이름 대신 슬그머니 내 이름을 걸고, 부끄러운 일에는 슬그머니 내 이름 대신 주님의 이름을 건다. 그리고는 아무런 일 없다는 듯 찬송을 부르고 기도를 드리는 우리의 천연덕스러움이라니!

물이 깊어야 고기가 모인다

'빈 수레가 요란하다'는 말이 있다. 맞다, 빈 수레일수록 요란하다. 들은 것이 없으니 소리가 요란하다. 짐을 제대로 실은 수레는 말없이 간다. 속이 허전한 사람이 시끄럽다. 꽉 찬 사람은 조용한 법이다.

'물은 깊을수록 소리가 없다'는 속담도 있다. 깊은 물은 스스로 깊이를 지녀 다스릴 뿐, 소리로 깊이를 드러내지 않는다. 오히려 요란하기로 치자면 얕은 물이 요란하다. 속이 깊어 그윽한 사람일수록 함부로 잘난 체하거나 떠벌리거나 하지 않는다.

깊은 물과 관련하여 '물이 깊어야 고기가 모인다'는 속담이 있다. 깊은 물에 많은 물고기가 모여 사는 것은 당연하고도 자연스러운 일이다. 물고기가 그러하듯이 사람도 덕망이 있는 사람을 따르기 마련이다.

예수께서 가시는 곳에 언제라도 많은 사람들이 따랐던 것은 '깊은 물' 때문이었다. 다른 곳에서는 찾을 수 없고 구할 수 없는 생명의 물, 해결할 수 없는 영혼의 목마름을 가진 사람들이 끌리듯 깊은 물을 찾아 모였던 것이었다. 물이 깊어야 고기가 모인다. 얕은 물엔 모일 수가 없다.

초가삼간 다 타도 빈대 죽는 것만 시원하다

—

생활환경이 개선되면서 찾아보기 힘들어진 것 가운데 빈대가 있다. 빈대는 밤에 활동하는 야행성 해충으로 사람이나 동물의 몸에 달라붙어 피를 빨아먹고 산다. 그런 빈대의 습성 때문에 '남에게 빌붙어서 무엇이든지 공짜로 해결하고 득을 보려는 사람의 행동'을 가리켜 '빈대 붙는다'라고 한다. 빈대는 사라졌지만 빈대처럼 사는 사람은 여전히 있는 셈이다.

시골에 가면 웬만한 동네엔 대부분 '절골'이 있다. "왜 이름이 절골인가요?" 물으면 대개 대답이 같다. "옛날엔 거기에 절이 있었답니다." "그런데 절이 왜 없어졌지요?" 다시 물으면 역시 대답이 같다. "빈대 태우다가 홀랑 타 버렸대요."

'원수와 한 배에 탔다고 해서 배에 구멍을 뚫겠느냐?'는 서양 속담이 있다. 원수와 한 배를 탔다고 배에 구멍을 뚫는 바보는 없다. 원수가 죽으라고 배에 구멍을 뚫으면 배는 당연히 가라앉을 터, 원했던 대로 원수야 죽겠지만 덩달아 자기도 죽고 만다.

자기가 죽는 걸 알면서도 배에 구멍을 뚫는 미련한 놈이 세상 어디 있겠는가 할지 몰라도, 얼마든지 그럴 수 있는 게 사람 마음이다. 보기 싫은 원수만 사라진다면 뭐가 어떻게 되어도 상관없다는 심보가 사람에겐 있다. 자기도 죽게 된다는 것을 모르는 어리석음 때문이 아니라, 원수를 괴롭히기 위해서라면 무엇이라도 괜찮다는 악함이 더 크게 작용을 하기 때문이다.

비록 큰 손해를 보더라도 미운 놈만 없어진다면 속 시원하다는 뜻의 속담이 동서양에 고루 있는 것을 보면, 사람 마음이란 그가 어디에 살건 도 긴 개 긴 비슷한가 보다.

무는 개 짖지 않는다

낯선 동네에 들어서다 보면 사나운 개를 만날 때가 있다. 허연 이빨을 드러내며 금방이라도 달려들 것처럼 사납게 짖어대면 정말이지 겁이 난다. 맞서 싸울 수도 없고, 도망을 치자니 개걸음을 당해낼 수가 없다. 오금이 저리는 순간이다.

사납게 짖는 개가 무서워 보이지만, 실은 사납게 짖는 개는 겁이 많은 개라 한다. 지가 겁이 나니까 가까이 오지 말라고 무섭게 짖어댄다는 것이다. 듣고 보니 그럴 듯하다. 어쩌면 바쁘게 지내는 사람이, 쾌활해 보이는 사람이 외로운 사람인지도 모른다. '거기 누구 없소?' 호소하는 것인지도 모른다.

반대로, 무는 개는 짖지 않는다. 물 때 물을지언정 함부로 짖지 않는다. '받는 소는 소리치지 않는다'는 속담도 있다. 일을 능히 처리할 수 있는 역량이 있는 사람은 공연히 큰소리를 치지 않는다는 말이다.

빈 수레가 요란한 법, 속이 허전한 이가 요란할 뿐 정말 능력이 있고 속이 알찬 사람은 대개가 말이 없다. 무림의 고수가 언제 함부로 제 실력을 입방아로 대신하고, 함부로 칼을 빼들던가. '김 안 나는 숭늉이 더 뜨겁다'는 말이 있거니와, 말 많음으로 스스로의 삶을 더욱 가볍게 하지는 말 일이다.

빛 좋은 개살구

개두릅, 개머루, 개살구, 개오동, 개복숭아…, 또 뭐가 있을까? 그러고 보니 어떤 말 앞에 '개'가 붙은 말들이 적지가 않다. 접두사 '개'가 붙어 좋은 것은 없는 것 같다. 글자 하나가 슬쩍 단어 앞에 붙어 멀쩡한 것들의 맛과 질과 품격을 떨어뜨린다. 참된 것이나 좋은 것이 아니라 함부로 된 것이라는 뜻을 대번 드러낸다.

개소리, 개망신, 개죽음, 개망나니 등의 말을 보면 가뜩이나 좋지 않은 이미지를 더욱 떨어뜨리는 구실을 톡톡히 한다.

내 앞에 무엇이 붙느냐에 따라 내 삶이 얼마든지 달라질 수 있다는 것을 '개'라는 글자는 돌아보게 한다. 개살구는 살구의 일종이지만 살구에 비해서는 맛이 시고 떫다. 개살구도 분명 살구여서 빛깔과 모양은 큰 차이가 없는데도 맛이 달라 개살구라는 소리를 듣는다.

보기에는 엇비슷하고 그럴 듯하지만 본질이 다른 것, 어찌 그것이 빛 좋은 개살구뿐일까.

겉 다르고 속 다른 표리부동(表裏不同)의 세상을 어쩌면 개살 구가 억울하게 뒤집어쓰고 있을 뿐인지도 모른다.

농사꾼은 꿈속에서도 논에 물이 마르면 안 된다

농사짓는 사람 치고 물 욕심 없는 사람은 없다. 돈 도둑질은 안 해도 물 도둑질은 하는 법이다. 물 도둑질은 세상이 다 아는 도둑질이라 했다. 살갑게 살던 이웃끼리도 물싸움에는 살인이 나기도 한다. 마른 논에 물 들어가는 것과 자식 입에 밥 들어가는 것보다 더 좋은 것은 없다고 하지 않았는가. 써레질한 물은 형제간에도 안 나눈다 했으니 이래저래 농사를 짓는 사람에게 물은 더할 나위 없이 중요한 것이다.

단강에서 목회를 하며 농사의 어려움을 배울 겸 서너 마지기의 논에 농사를 지은 적이 있다. 어깨 너머로 배우며 대개는 마을 사람들의 도움을 받으며 농사 흉내를 낸 것이었는데, 그래도 농사의 소중함과 어려움을 아울러 경험할 수 있었던 좋은 시간이었다. 벼농사는 배울 게 한두 가지가 아니었는데, 그중 어려운 것이 물이었다. 논에 물이 어느 때 얼마나 있어야 하는지를 감 잡을 수가 없었다.

하루는 아우처럼 지내는 병철 씨에게 물에 대해 물었더니 그의 대답이 분명하고 시원했다. "농사꾼은 꿈속에서도 논에 물이 마르면 안 된다"는 것이었다. 꿈속에서도 물이 마르면 안 되는 삶, 그게 농사꾼이었다.

꿈속에서도 마르면 안 되는 것이 내겐 무엇일까, 단강을 떠난 지는 여러 해가 되었지만 그때의 질문은 지금도 이어지고 있다.

봄 손님은 범보다 무섭다
──

손님이 오면 반가워야 할 텐데, 손님이 호랑이보다 무섭다니 무슨 뜻일까? 반갑지 않은 손님이라면 귀찮은 손님일 것 같은데, '귀찮다' 하지 않고 '무섭다' 한 데는 무슨 연유가 있는 것일까?

　옛 시절의 봄이라 함은 사방에서 꽃이 피어 온 동네가 꽃 대궐이 되는 경치 좋은 때를 의미하지 않았다. 고개 중에서도 가장 넘기 힘든 고개, 먹을 것이 똑 떨어지고 마는 보릿고개를 넘어야 하는 계절이었던 것이다. 풀뿌리와 나무껍질(草根木皮)로 겨우 입에 풀칠을 해야 하는 시절이었으니, 어느 누가 찾아온들 반갑기만 했겠는가.

　또 한 가지, 봄은 농사 준비로 바쁜 철이다. '봄에는 굼벵이도 석 자씩 뛴다'는 말이 있을 정도로 모두가 바삐 움직이는 때다. 손이 열 개라도 모자랄 것 같은 판에 손님이 오면 참으로 곤란하다. 손님치레하느라 일을 놓자니 그렇고, 손님 두고 일을 하자니 그렇고, 그렇다고 손님더러 같이 일하자니 그건 더욱 그렇고….

아무 때나 찾아가도 반갑게 맞아줄 것을 기대하는 것은 무리다. '어정칠월 동동팔월' 등 때가 있는 법이다. 하기야 봄철에 찾아가도 반가운 사람으로 사는 것이 더욱 중요한 일이겠지만.

재주는 곰이 넘고 돈은 엉뚱한 사람이 번다

야생 곰이 사람을 해쳤다는 소식을 드물게 들을 때가 있지만, 오히려 우리에게 익숙한 모습은 서커스단에서 재주를 넘는 곰의 모습이다. 덩치가 집채만 한 곰이 둥근 공 위에 올라서서 넘어질 듯 넘어질 듯 중심을 잡으며 공을 굴리거나, 쇠막대기를 들고 굴렁쇠를 굴리는 모습을 보면 웃음이 절로 난다. 주인의 손끝을 따라 두 손을, 아니 발을 가슴에 대고 뱅글뱅글 같은 자리에서 도는 모습을 보면 귀엽기까지 하다.

그런 모습을 보며 사람들은 박수를 보낸다. 보내는 것이 어찌 박수뿐이겠는가, 재주를 부리는 곰 덕분에 주인은 돈을 벌게 된다. 재주는 곰이 넘고 돈은 사람이 벌게 되는데, 그래서 이 말은 수고하는 이가 따로 있고 그것으로 이득을 취하는 이가 따로 있음을 이르는 말이 되었다. 왜 그럴까? 재주는 곰이 넘고 돈은 사람이 챙긴다는 이 익숙한 말이 문득 아프고 부끄럽게 다가오니 말이다.

혹시 십자가에 달려 돌아가신 분이 따로 있고, 그 분 덕분에 나의 욕심을 챙기는 이 따로 있는 것 아닌가 싶어.

제 무덤을 제 손으로 판다

———

무덤이야 죽은 자를 위해 산 자가 파는 법, 이치로 보자면 제 무덤을 제가 팔 수 있는 사람은 아무도 없다. 그런데도 많은 이들이 자기 무덤을 자기 손으로 판다.

마치 금광이라도 만난 듯, 자기만 알고 있는 금덩이를 숨기려는 듯 열심히 구덩이를 파지만 그게 결국 자기의 무덤이 될 줄은 꿈에도 모른다.

많은 이들이 무덤인 줄도 모르고 무덤을 판다. 제가 묻힐 무덤을 제 손으로.

묵무덤

'묵무덤' 할 때의 '묵'은 '묵다'에서 온 말로 '때를 지나 오래되다'라는 뜻이다. '묵은 해', '묵은 땅', '묵은 닭', '묵은 때' 등 우리말에 '묵'자가 들어가는 말은 제법 많고 그만큼 흔하게 쓰인다.

'묵'자의 뜻이 그러하니 '묵무덤'이란 말의 뜻도 이내 짐작이 된다. '오래도록 거두지 않고 내버려두어서 거칠게 된 무덤'이란 뜻이다. 산을 오르다보면 산발을 한 것처럼 잡초가 우거져 있을 뿐 아니라 봉분 한가운데 나무가 자라기도 하여 무덤의 흔적조차 알아보기 힘든, 버려진 무덤들이 곳곳에 눈에 띈다.

말이 없는 것이 무덤이지만 묵무덤은 더욱 말이 없다. 식구와 친척과 친구 등 자신을 기억하는 이의 발걸음이 끊긴 무덤이니 오죽 하겠는가.

하지만 묵무덤은 그 쓸쓸함으로 우리에게 말을 건다. 결국 당신의 삶도 묵무덤이 될 거라고, 대단할 것 없어 언젠가는 모두에게 잊히게 될 것이라고 말을 건넨다. 묵무덤은 아무 말 없이 더할 나위 없는 쓸쓸함으로 우리가 잊고 있던 우리 생의 근원에 대해 말한다.

.

봄비는 일비고
여름비는 잠비고
가을비는 떡비고
겨울비는 술비다
—

이 달이 크면 저 달이 작다

———

일일이 기억할 순 없지만 어릴 적 일 년 열두 달 중에서 큰 달
과 작은 달이 있다는 것을 처음 알았을 때 우린 얼마나 신기해
했을까? 어떤 달이 큰 달인지 어떤 달이 작은 달인지를 주먹을
쥐고 주먹 끝 뼈마디가 솟아오른 부분과 가라앉은 부분을 짚
으며 구별할 수 있다는 것을 알았을 때, 또 우리는 얼마나 신기
해했을까? 뼈마디 끝에 이르러 다시 되돌아나오며 볼록 솟은
곳에서부터 다시 시작함으로 7월과 8월이 모두 큰 달이라는
것을 알았을 때, 우리는 얼마나 뿌듯해했을까?

　이 달이 크면 저 달이 작다. 그게 시간이다. 매번 큰 달이 겹
쳐 오지 않고, 그렇다고 작은 달이 마냥 이어지지도 않는다. 이

번에 이익을 보면 다음에 손해를 보기도 하고, 궂은일을 겪다가도 즐거운 일이 찾아오기도 하고, 오르막길을 오르다가 내리막길을 만나기도 하고, 평탄한 길을 걷다가도 험한 길을 만나기도 한다. 그게 세상이고 그게 삶이다.

'이 달이 크면 저 달이 작다'는 지극히 평범한 속담 하나를 통해, 삶을 바라보는 여유와 관조를 배울 수 있었으면.

호랑이를 보면 무섭고 호랑이 가죽을 보면 탐난다

———

살아있는 호랑이를 보고서 무서워하지 않을 사람이 누가 있겠는가? 단숨에 담을 뛰어넘는 모습을 눈앞에서 바라본다면, 이글거리며 타오르는 형형한 눈빛을 코앞에서 마주한다면, 지축이 흔들릴 것처럼 포효하는 소리를 가까이서 듣는다면, 그 앞에 얼어붙지 않을 사람이 누가 있겠는가? 걸음아 날 살려라 도망가는 것도 이야기 속의 이야기일 뿐, 진짜 호랑이 앞이라면 자석에 달라붙은 쇳덩이마냥 발걸음이 떨어지지도 않을 것이다.

그렇게 호랑이를 보면 무서워 도망부터 치려던 사람들이 호랑이 가죽을 보면 탐을 내니 그 심리가 참 묘하다. 호랑이 가죽

을 보고는 갖고 싶어 다가선다. 무서움은 사라지고 소유욕이
발동을 한다.

힘들고 위험한 일은 하기 싫어 피하면서도 남이 애써 힘든
일을 해 놓으면 탐을 내는 사람들이 있다. 가만 앉아 공을 가로
채려는 사람들, 세상엔 그런 사람들이 있게 마련이다. 호랑이
와 호랑이 가죽의 경계를 경계심으로 지키기란 쉬운 일이 아
니다.

밤 말은 쥐가 듣고 낮 말은 새가 듣는다

'쥐도 새도 모르게'라는 말이 있다. 아무도 눈치 채지 못하게
감쪽같이 행하는 것을 두고 '쥐도 새도 모르게'라는 말을 썼던
데에는 이유가 있을 것이다. 쥐는 밤에 활동을 하고, 새는 낮에
활동을 한다. 모든 동물이 그러하듯이 쥐와 새도 소리에 민감
하여 주변에서 일어나는 모든 소리에 귀를 기울이며 산다.

늘 주변을 경계하기에 아무리 뒤꿈치를 들고 접근을 해도
쥐와 새에게 들키지 않고 가까이 다가가기란 쉬운 일이 아니
다. 쥐도 새도 모르게 다가가도 쥐와 새는 기가 막히게 알아차
린다.

밤 말은 쥐가 듣고 낮 말은 새가 듣는다. 어둠 속에서 아무리 은밀하게 나누어도 그 말을 듣는 귀가 따로 있고, 밝은 대낮에 모두의 관심이 흩어져 있을 때 맘 놓고 한 말도 듣는 귀가 따로 있다. 그러기에 아무리 쥐도 새도 모르게 일을 하거나 말을 해도, 쥐도 새도 모르게 아는 이들이 있기 마련이다.

어디 쥐와 새에 비기랴. 쥐와 새를 만드신 분께서는 우리가 입을 열어 말하기 전에 무슨 말 할지를 먼저 알고 계시거늘.

팥으로 메주를 쑨대도 곧이 듣는다

우리가 흔히 '쑥맥'이라 부르는, '숙맥불변'(菽麥不辨)이라는 말이 있다. 콩과 보리를 구별하지 못함을 가리키는 말이다. 보리와 밀이라면 모를까 콩과 보리를 구별하지 못하는 것은 심하다 싶다. 그런 마당에 콩과 팥을 구별하는 것은 콩과 보리보다 구별이 더 어렵다. 모양이나 빛깔이 얼핏 비슷하기 때문이다.

세월이 이렇게 가다가는 메주가 무엇인 줄도 모르는 날이 오지 않을까? 콩으로 쑤는지, 팥으로 쑤는지, 공장에서 물건 찍듯 만드는 것인지, 바다에서 건져올리는 것인지, 만드는 과정은 고사하고 메주의 소용조차 알지 못할 때가 오지 않을까 모르겠다. 어찌 위험한 것이 부실한 핵발전소뿐이랴, 우리 것에 무지해가는 것 또한 우리 삶을 무너뜨리고 말 것이다.

팥으로 팥죽을 쑬 수 있을지는 몰라도, 메주를 쑬 수는 없다. 그런데도 그 말을 믿는 사람들이 있다면 남의 말을 건성으로 듣거나, 누가 무슨 말을 하든지 아무 의심 없이 곧이곧대로 받아들이는 사람들이다.

팥으로 메주를 쑨대도 믿는 사람을 세상에서는 어리석다 하지만, 어쩌면 신앙이란 팥으로 메주를 쑨다고 해도 믿는 것일지도 모른다. 말이란 그 내용보다도 그 말을 누가 하느냐에 따라 달라진다. 분명 팥으로 메주를 쑨다는 말은 받아들일 수가 없다. 하지만 그 말을 하는 분이 주님이라면 다르다. 메주를 쑤게 팥을 달라 하시 건, 팥죽을 쑤게 콩을 달라 하시 건 의심 없이 드리는 것, 그것이 주님이 우리에게 기대하는 믿음, 바보스러운 믿음 아닐까?

저녁놀 다르고 아침놀 다르다

"자연의 현재 모습을 '젖먹이는 어머니' 이외에 또 달리 표현할 말이 어디 있겠는가!" 했던 이는 소로우였을 것이다. 자연

속에서 살아간 그가 자연의 의미를 살갑게 전해주고 있다. 어머니가 품을 열어 사랑하는 자식에게 젖을 물리듯이 자연은 언제라도 스스로 그럴 듯이 자기 자리에서 우리에게 사랑하며 살아갈 힘을 전해주곤 한다.

젖먹이는 어머니에 해당하는 풍경 중에는 노을이 있다. 하루 해가 지기 전 자신에게 남은 모든 것을 쏟아 붓듯 하늘을 붉게 물들이면, 붉게 물든 하늘보다도 우리의 마음이 더 붉게 물들고는 한다. 나의 맨 나중 모습도 저랬으면, 남은 모든 것 전했으면, 기도하는 심정이 되곤 한다.

노을은 저녁에만 있는 것이 아니어서, 아침의 해가 떠오를 때도 잘 익은 석류 쪼개지듯 동쪽 하늘에 붉은 기운 가득할 때가 있다. 노을은 노을이되 아침노을이 다르고 저녁노을이 다르다 한다. 이는 빛깔이나 무늬를 두고 하는 말이 아니다. 노을 뒤에 찾아올 날씨의 변화를 두고 하는 말이다.

대개의 경우 아침놀에는 비가 오고, 저녁놀에는 날이 맑다. 편서풍에 따른 날씨의 변화를 예의 주시한 경험의 산물일 것이다. 그래서 그런지 '저녁놀에는 외아들 배에 보낸다'는 속담이 있다. 저녁놀이 서면 대체로 고기압권에 들어서므로 날씨가 좋아 귀한 아들을 고기 잡으러 보내도 걱정할 것이 없다는 뜻이다.

노을은 아침에도 생기고 저녁에도 생긴다. 빛깔도 비슷하다. 그러나 뒤이어 찾아오는 결과는 다르다. 겉으로 드러난 것은 같아도 결과가 다른 것들이 아침놀과 저녁놀처럼 세상엔 있는 법이다.

입춘 추위는 꿔다 해도 한다

'입춘'(立春)이란 말은 말만 들어도 봄 느낌이 난다. 겨울을 이겨낸 냉이향이 전해지는 것 같다. 입춘은 말 그대로 봄의 문턱에 들어선다는 뜻이다. 예로부터 입춘이 되면 '입춘대길'(立春大吉)이란 글자를 써서 대문에 붙이곤 했다.

'입춘'을 맞는 시기가 묘하다. 꽃이 만발하여 누가 보아도 봄을 알 수 있는 때에 맞이하는 것이 아니다. 겨울의 끄트머리에서, 겉모습만 보아서는 여전히 겨울과 다름없는 시점에서 느닷없이 맞이한다. 열린 눈을 가진 자 만이 겨우 꿈틀거리는 생명의 움직임을 알아챌 수 있을 뿐, 대부분의 사람들은 봄의 낌새를 전혀 알아채지 못할 때 찾아온다.

입춘에 대해 아무런 감각 없이 지내다가, 남들이 입춘이 지났다고 하여 마치 봄이 온 것처럼 안심을 하다가는 낭패를 당한다. 입춘에 김칫독이 얼어터지고, 장독이 깨지고, 오줌독이 깨지는 일이 허다하기 때문이다.

언제라도 방심은 금물이다. 이젠 끝났다고 생각할 때, 그때가 조심해야 할 때이다. 선 줄로 생각하는 자는 넘어질까 조심해야 한다. 입춘 추위는 꿰다 해도 한다지 않는가.

밥남은골

여러 해 전 충청북도 봉양읍 구곡리에 있는 대덕교회로 부흥회를 인도하러 다녀온 적이 있다. 한 작은 시골교회지만 목사님 내외분이 얼마나 지극하게 교회와 마을을 섬기는지 그 모습만으로도 은혜가 되었다.

부흥회를 하며 참 훈훈한 모습을 보았는데, 시간 시간마다 주변에 있는 이웃교회의 목사님 내외분들이 참석을 하는 것이었다. 교파를 초월하여 함께 참석하는 그 모습이 얼마나 정겨웠는지 모른다. 그것은 단지 인사치레 이상의 것이었다.

하루는 예배를 마친 뒤에 차를 마시며 이야기를 나누게 되었는데, 함께 참석했던 이웃교회 목사님 한 분이 당신이 섬기고 있는 마을 이야기를 하였다. 그 교회에 부임을 한 뒤 보니 마을에 '밤나무골'이라는 지명이 있는데, 아무리 둘러보아도 밤나무가 보이지를 않더라는 것이다. 밤나무가 서 있었던 흔적도 없고, 위치가 밤나무가 자랄 만한 곳도 아니더라는 것이다.

마을 어른께 여쭙고 난 뒤에야 이유를 알게 되었는데, 알고 보니 '밤나무골'은 '밥남은골'이 변해서 된 말이었다. 다른 마을 사람들이 보릿고개로 다 굶을 때에도 그나마 그곳엔 넓은 논배미가 있어 밥이 남았는데, 그런 연유로 그곳 이름이 '밥남은골'이 되었다는 것이다. '밥남은골'이 입에서 입으로 전해지다 어느 순간부터 '밤나무골'이 되고 만 것이었다.

밥이 남았다는 것과 밤나무가 많다는 것은 아무런 연관이 없다. 그런데도 어느 순간 '밥남은골'은 '밤나무골'이 된다. 아무 생각없이 누군가 한 말을 따라하다 생긴 결과일 것이다. 별생각 없이 '밥남은골'을 '밤나무골'로 부르는 일이 어디 세상에 '밥남은골' 뿐일까.

제 덕석 뜯어먹는 소다

'제 덕석을 뜯어먹다니', 뜯어먹는다는 것을 보면 먹는 것이지 싶은데, '덕석'이란 말이 낯설다. 대뜸 떠오르는 것이 없다. '덕석'이라 함은 추울 때에 소의 등을 덮어주기 위하여 멍석처럼 만든 것으로, 굳이 문자를 쓰자면 '우의'(牛衣)가 되겠다. (부엌에서 방으로 들어갈 때 발을 닦게끔 짚으로 만들어 놓았던 것도 덕석이라 불렀다.)

반려동물이 많아진 요즘이야 추운 날 강아지나 고양이에게 옷을 입힌 모습을 흔하게 보게 되거니와, 더없이 고맙고 미더운 가축인 소에게도 방한용 옷을 입혔는데 바로 그것이 덕석이었던 것이다. 그런데 '제 덕석을 뜯어먹는 소'라니, 그건 또 무슨 소리일까? 덕석은 짚으로 만들기에 배가 고픈 소는 덕석을 뜯어먹기도 했다.

덕석을 뜯어먹으면 고픈 배는 면할지 몰라도 그 뒤 당장 찾아오는 것은 추위다. 결국 제 덕석을 뜯어먹는 일은 잠깐의 욕심에 빠져 제 손해 가는 짓을 하는 것을 의미한다. 마치 추운 날 제 발등에 오줌을 누는 것과 같아서 잠깐은 따뜻할지 몰라도 이내 얼어붙고 마는 것과 마찬가지 짓인 것이다.

당장의 이익을 좇느라 뻔히 보이는 파멸의 길로 가는 사람들이 있다. 제 덕석 뜯어먹는 소는 보기가 어려워졌지만 그렇게 사는 이들은 얼마든지 흔하다.

눈 온 산의 양달 토끼는 굶어죽어도 응달 토끼는 산다

양달 토끼와 응달 토끼는 서로 다른 토끼의 종류를 말하는 것이 아니다. 토끼는 같은 토끼인데, 사는 곳이 다른 것을 말한다. 말 그대로 양달 토끼는 양지바른 굴에, 응달 토끼는 그늘진 굴에 사는 토끼다. 그런데 왜 눈 온 산의 양달 토끼는 굶어죽어도 응달 토끼는 산다는 것일까? 생각 같아서는 햇빛이 잘 드는 양달에 사는 토끼가 더 잘 살 것 같은데 말이다.

분명한 이유가 있다. 바라보는 곳이 서로 다르기 때문이다. 양달 토끼는 맞은편 응달 골짜기를 바라보며 산다. 바라보는 응달에는 아직도 눈이 그냥 쌓여 있다. 반대로 응달 토끼는 자기의 반대편인 양달을 바라보며 산다. 양달엔 어느 샌지 눈이 녹아 있다.

양달 토끼는 아직 눈이 녹지 않은 응달쪽을 바라보며 굴 밖으로 나갈 생각을 하지 않는다. 반대로 응달 토끼는 눈이 다 녹은 양달쪽을 바라보며 굴 밖으로 나와 먹이를 구한다.

어디에 사느냐 하는 것보다도 무엇을 바라보며 사느냐 하는 것이 더 중요하다는 것을 일러주는 말이다. '무엇을 바라보느냐' 하는 것보다 '어디에 사느냐'를 더 중요하게 생각하는 사람들에게 양달 토끼와 응달 토끼 얘기는 한낱 겨울 산 속에서 들려오는 동화 속 허황된 이야기로 들리겠지만.

산 밖에 난 범이요 물 밖에 난 고기라
———

지당한 이야기지만 범은 산에서 살고, 물고기는 물에서 산다. 산은 범에게 삶의 터전이고, 물은 물고기에게 삶의 터전이다. 범이 산을 떠나면 범다울 수가 없다. 산을 호령하던 위용을 찾아볼 수가 없고, 고양이처럼 순치된 삶을 살 수밖에 없다.

물고기가 물을 떠나면 아예 살 수가 없다. 거센 물살을 가르며 유영을 하고 폭포를 뛰어오르던 물고기도 물을 벗어나면 이내 숨을 거두고 만다.

산 밖에 난 범처럼, 물 밖에 난 고기처럼 신앙인들이 무기력한 삶을 살 때가 있다. 왜 그럴까? 떠나서는 안 될 곳을 떠났기 때문이다. 신앙인에게는 무슨 일이 있어도 떠나서는 안 되는 곳, 아니 떠날 수가 없는 곳이 있는데, 하나님의 품만이 아니다. 또 하나가 있는데 바로 세상이다.

하나님은 세상을 외면하지 않으셨다. 가만히 바라보고만 있을 수가 없어 사람의 몸을 입고 찾아오셨다. 죄와 허물과 반역을 벌하실 수만 없어 상처투성이 세상을 못자국 난 손으로 창자국난 가슴으로 끌어안으셨다. 그런데 우리가 세상을 떠나 어디로 간단 말인가? 그 순간 우리는 산 밖에 난 범이요, 물 밖에 난 고기가 되고 마는 법, 우리가 두 발을 딛고 흔들림 없이 서야 할 곳은 바로 이 세상이다.

입은 작아야 하고 귀는 커야 한다

———

미(美)의 기준은 지역마다 시대마다 다르다. 특이하게도 에티오피아 남부 오모 강 하류에 사는 무르시족 여인들은 입술이 클수록 미인으로 친다고 한다. 재앙과 질병을 가져오는 악령이 입을 통해 들어온다고 믿는 그들은 재앙을 막기 위해 신성한 힘을 갖고 있다고 믿는 진흙으로 접시를 만들어 여성의 입술에 끼웠다고 한다. 15, 16세가 되면 앞니 몇 개를 제거하고 아랫입술에 둥근 진흙 접시를 끼우기 시작하는데 나이가 들면서 크기를 점점 늘려간다니, 참 특이한 풍습이 아닐 수가 없다.

입은 작아야 하고 귀는 커야 한다는 말은 미의 조건이나 복

받을 얼굴상에 대해서 말하는 것은 아니다. 말은 되도록 적게 하고, 남의 말은 되도록 많이 들어야 한다는 뜻이다. 하나님께서 사람을 지으실 때 입은 한 개 귀를 두 개 주신 것은 듣기를 말하기의 두 배로 하라는 뜻이었다고 탈무드는 말하고 있는 바, 같은 뜻이 되겠다.

그런데 어떤가? 옛 가르침에 비춰 오늘 우리들의 모습을 돌아보면 입은 대문짝만하게 큰데 귀는 여물기 전의 도토리 알만큼 작아 보인다. 입은 열려진 대문이요, 귀는 닫힌 자물쇠다. 제 말 하는 덴 순서도 없고, 남의 말 듣는 덴 어른도 없다. 내 말을 귀담아 듣는 자가 없다보니 더 목청껏 이야기하고, 그러느라 남의 말을 들을 틈은 갈수록 없다.

입은 화와 복이 드나드는 문(口是禍門)이라 했거늘 입단속을 제대로 하지 못해 불을 내뿜을 때도 있고 칼을 휘두를 때도 있어 소중한 것을 한 순간 태워버리기도 하고 사랑하는 이의 가슴에 깊은 상처를 남기기도 한다. 말 많은 세상을 탓하기 전, 마음의 거울 앞에 서서 나 자신을 살펴볼 일이다. 내 입과 귀의 크기가 어떤지부터.

흉년 곡식은 남아돌고 풍년 곡식은 모자란다

———

흉년이면 당연히 곡식이 모자라고 풍년이면 당연히 곡식이 남을 터, 흉년 곡식은 남아돌고 풍년 곡식은 모자란다니 대체 무슨 영문일까? 흉년에는 흉년이니 때문에 곡식을 아낄 수 있을 만큼 아껴먹기 때문에 부족하던 것이 오히려 남게 되지만, 풍년에는 먹을 게 넉넉하다고 함부로 먹기도 하고 함부로 버리기도 하다가 어느 샌지 모자라게 된다는 뜻이니 얼마든지 그럴 수 있겠다 싶다.

선 줄로 생각하는 자는 넘어질까 조심하라고 했다. 사랑할 시간이 많지 않다는 것, 살아갈 시간이 충분하지 않다는 것을 아는 것, 나의 삶이 하늘의 은총을 떠나서는 그 어떤 것도 불가능하다는 것을 알 때, 우리 삶은 아무리 가난하다 해도 실은 넉넉하다.

그러나 내게 주어진 시간이나 건강 혹은 물질이 언제까지나 영원하리라고 생각하는 삶은 제 아무리 많은 것을 가졌다 하여도 실은 빈궁한 삶이다. 아무 것도 내 것이 없다는, 절대의 가난함을 알고 인정하는 것이 결국 넉넉한 삶을 사는 길이다.

제가 똥 눈 우물물 제가 도로 마신다

예전에는 동네마다 우물이 있었다. 우물은 동네 한복판에 있었다. 지리적으로 한 가운데가 아니라 마음의 중심이었다. 아침 저녁으로 물을 긷고 빨래를 하고, 우물은 만남의 장소였고 대화의 장소였다. 우물이 있어 비로소 마을 사람들은 한 식구와 같은 '우리'가 될 수 있었다. '남'이 따로 없었다. 우물은 그렇게 마을을 형성하는 중심이었다.

그런데 우물에다 똥을 누다니, 누가 그런 말도 안 되는 행동을 한단 말인가? 그 무슨 억하심정이 있어 우물에다 똥을 눈다는 말인가? 누군가를 골려주려고 그랬을 수도 있고, 대판 싸운 집이 있어 분한 마음 때문에 그랬을지도 모르겠다.

하지만 우리의 속담은 '제가 똥 눈 우물물 제가 도로 마신다' 고 말한다. 단순하고 명쾌하다. 재미있고, 통쾌하다. 자신의 감정 때문에 해서는 안 되는 일을 하는 것, 급하다고 아무도 안 본다고 앞 뒤 가림 없이 행동하는 모든 것, 그 모든 것들은 우물에 똥을 누는 것과 다르지 않다.

보는 이 없다고 슬쩍 쓰레기를 버리거나, 돈에 눈이 멀어 비 오는 날 하수구에 독성이 있는 공해물질을 함부로 흘려버리거나, 화가 났다고 자기의 감정을 여과 없이 쏟아낸다든지, 그 때는 편할지 몰라도 그 모든 일들은 고스란히 자기에게로 돌아온다. 자기도 모르는 사이 자기 입으로 들어오게 된다. 우물에는 제발 똥 누지 말 것, 그 당연한 일에 우리의 미래가 달려있다니!

집손

———

'집손'이란 말을 들은 건 한석진 목사님이란 분을 통해서였다. "교인이 아닌 동네 사람 몇 분과 1박 2일 여행을 다녀왔고, 언제라도 마을 사람들과 마음을 나누고 싶다"고 했을 때 한 목사님이 '집손' 이야기를 했다.

'집손'이란 허술하고 초라한 차림으로 이 집 저 집 다니며 밥도 얻어먹고 잠자리도 얻어서 자는 사람인데, 겉모습만으로 보면 거지와 다름없지만 그냥 밥을 얻어먹고 잠만 얻어 자는 것이 아니라 그런 시간을 통해 그 집에 있는 문제를 꿰뚫어보면서 넌지시 해결책을 일러주는 사람이라는 것이다.

더없이 허술한 차림으로 바람처럼 살아가지만 어디에도 속해있지를 않으면서 모든 사람을 진정으로 만나는 사람, 티내는 일없이 구원의 빛과 길을 전해주는 사람, 그들을 '집손'이라 한다고 했다.

동양사상에 많은 관심과 해박한 지식을 가지고 있어 늘 귀를 기울이게 하는 한 목사님의 '집손' 이야기는 이렇게 끝났다.

"내 생각에는 예수님도 이 땅에 '짐손'으로 오신 것 같아. 예수님을 믿고 따르는 우리도 '짐손'으로 살아야 할 것 같고."

겉은 번지르르 하되 속이 텅 빈 우리를 부끄럽게 하는 '짐손'이란 말, '짐손'의 삶!

하나를 보고 열을 안다

누군가가 하는 말보다도 그의 행동이나 표정이 그의 마음을 나타날 때가 있다. 굳이 말로 하지 않아도 그가 보이는 행동이나 표정이 그의 의중을 충분히 드러낼 때가 있다. 그가 하는 많은 말 중에서 단어 하나에 그의 마음이 담기기도 한다. 그가 했던 많은 말보다도 지나가듯 우연히 한 말 한 마디에, 단어 하나에 그의 진정한 마음이 담겨 있는 것을 느낄 때가 있다.

그런가 하면 말보다도 말투에 마음이 담기기도 한다. 어떤 말을 하느냐보다는 어떻게 말을 하느냐에 사람의 마음이 담길 때가 있다. 인디언들은 자녀들을 가르칠 때, 상대방과 말할 때는 그의 말을 듣지 말고 말투를 들으라고 가르친다고 하는데 적절한 가르침이라 여겨진다. 사람의 마음은 말보다도 말투에 담기기 때문이다.

행동이나 표정이, 단어 하나가, 말투가 그 사람의 마음을 이미 충분히 드러낼 수 있으니, 때론 말을 통해서만 사람들이 내 마음을 이해할 수 있을 것이라 생각하는 것은 너무 단순한 생각일 수 있다.

작은 일에 충성된 자가 큰일에도 충성되다 하신 것도 하나를 보면 열을 충분히 알 수 있기 때문이었을지도 모른다.

훈장 똥은 개도 안 먹는다

———

요즘 아이들은 '훈장'이라 하면 무슨 공을 세워 가슴에 다는 메달쯤으로 생각할지 모르겠다. 당연히 여기서 말하는 훈장은 서당에서 아이들을 가르치던 선생님을 의미한다.

왜 훈장 똥은 개도 안 먹는다고 했을까? '똥개'라는 말을 지금도 흔하게 쓰는 것을 보면 알 수 있듯, 사람 먹을 것도 턱없이 부족했던 예전에는 개도 먹을 것이 부족했다. 그 시절 사람 똥은 개에게 없어 먹지 못할 좋은 먹을거리가 되었을 것이다. 그런데 어찌 배고픈 개가 똥을 가렸을까?

아이들을 가르치는 일이 얼마나 어려운지, 선생님은 늘 애가타고 속이 썩는다. 애가 타고 속이 썩는 사람이 눈 똥이 다른 사람이 눈 똥과 같을 수가 없다. 아무리 먹을 게 궁한 개에게도 훈장이 눈 똥은 쓰디써서 먹을 수가 없었던 것이다. 오죽하면 개도 그랬을까, 훈장 똥은 개도 안 먹는다는 말은 선생님 노릇이 얼마나 어려운지를 역설적으로 생각하게 한다.

먹을 게 흔해지고 사는 게 좋아진 지금은 사람 똥도 아무데서나 찾아보기가 어렵고, 사람 똥을 먹고 사는 개도 찾아보기가 힘들다. 때론 사람이 먹는 것보다 더 고급스러운 것을 먹는 애완견들도 적지가 않은 세상이니 더욱 그렇다.

우스꽝스러운 생각일지 몰라도 그가 무얼 먹고 무얼 싸는지가 그 사람이 누구인지를 말해주는 것인지도 모른다. 혹시 세상이 돌고 돌아 개가 사람 똥을 먹는 세상이 다시 온다면 어떨까? 여전히 개가 피할 똥이 있지 않을까?

근심과 걱정으로 애가 타고 속이 썩어서가 아니라, 정말로 마음과 양심이 썩을 대로 썩어 개도 안 먹을 똥, 오늘 그 똥을 누고 있는 자들은 누굴까?

놓친 고기가 더 크다

낚시하다가 기분이 가장 좋을 때는 언제일까? 물고기가 입질을 할 때, 찌가 움직일 때, 물린 물고기가 기를 쓰며 도망을 쳐서 낚싯대를 붙잡고 한창 씨름을 하며 묵직한 손맛을 느낄 때, 마침내 입이 벌어질 만한 큰 물고기를 낚아 올릴 때…, 낚시를 좋아하는 사람들이 대답할 말은 많은 것이다.

그러나 다음 한 마디에 모두들 수긍을 하지 않을까 싶다. 옆 사람이 큰 물고기를 잡았다 놓쳤을 때! 그물이든 낚시든 고기를 잡다보면 다 잡았다 싶은 고기를 놓칠 때가 있다. 낚시에 걸린 고기를 낚아 올리다가 바로 눈앞에서 고기를 떨어뜨릴 때가 있고, 그물에 걸린 고기를 조심스레 그릇에 담다가도 손에서 미끄러지며 물속으로 놓칠 때가 있다.

고기를 놓친 뒤 다시 고기를 잡지만 놓친 고기는 자꾸만 생각이 난다. 그리고 생각할 때마다 아쉬움도 커진다. 놓친 고기는 본래의 것보다도 더 커 보이는 법이다. 손가락만한 고기를 놓치면 손바닥만한 고기를 놓친 것 같고, 손바닥만한 고기를 놓치면 팔뚝만한 고기를 놓친 것 같고, 말뚝만한 고기를 놓치면 어린애만한 고기를 놓친 것 같은 게 사람 마음이다.

지난날의 자랑에 빠져 지금의 삶을 지키지 못하는 이들이 있다. 지난날의 화려한 시절과 믿음을 떠올리며 자기자랑에 빠지지만 지난 시간을 화려하게 떠올리면 떠올릴수록 현재의 삶과 믿음은 초라해질 뿐이다. 놓친 고기가 아무리 크면 무엇 하겠는가? 놓친 고기는 더 이상 내 속을 채워주는 대신 허전함만 크게 할 뿐이다.

빨리 먹은 콩밥 똥 눌 때 보자 한다

바쁘다고 바늘에 실을 묶어 쓸 수는 없다. 바늘허리에 실을 묶으면 아무리 단단하게 묶는다 하여도 바느질을 할 수가 없다.

급할수록 숨을 골라 실을 바늘귀에 제대로 끼워야 한다.

　제대로 씹지 않고 서둘러 먹은 음식들은 대개 그대로 배설된다. 옥수수나 보리 등이 똥에 섞여 나오는 일은 흔하다. 기차가 지나가는 철로 변의 개똥참외 또한 그래서 열렸을 것이다.

　'빨리 먹은 콩밥 똥눌 때 보자 한다'는 속담은 '일은 어떻게 하거나 반드시 그 결과로서 나타난다'는 뜻이다. '무슨 일이거나 급히 하면 탈이 나게 마련이다'는 뜻도 있다.

　밭에 난 풀을 뽑아보면 안다. 뿌리까지 제대로 뽑지 않고 대충대충 줄기만 잘라내면 일이야 쉽지만 이내 티가 나고 만다. 금방 새로운 풀들이 고개를 내밀게 된다. 힘들고 더뎌도 꼼꼼하게 뿌리까지 뽑아야 김을 제대로 매는 것이다.

　모래 위에 짓는 집은 쉽게 지을 수 있을지 몰라도 무너지는 것도 쉬운 일이다. 맑은 날에야 모르겠지만 바람이 불고 비가 오면 견딜 재간이 없다. 대충대충 사는 삶이 편하고 쉬워 보여도 때가 되면 알게 된다. 똥 눌 때 보면 무얼 어떻게 먹었는지를 알게 되는 것처럼. 그동안 이루어져 온 한국교회의 외적인 성장이 과연 이 속담과 무슨 관련이 있는 것일지, 무관한 것일지.

논 열 번 다녀도 가뭄비 한 방울만 못하다

———

'봄 가뭄은 꿔다해도 한다', '찔레꽃 가뭄은 꿔다해도 한다'는 옛말이 있는 것을 보면 봄이 되어 가뭄을 겪는 일은 해마다 반복이 되었던 것 같다. 한창 모판을 만들고 씨를 뿌려야 할 때 찾아오는 가뭄은 모판의 모를 시뻘겋게 태우고 모를 심어야 할 논의 바닥을 거북이 등짝처럼 만들어 놓지만, 일이 그 지경이 되면 무엇보다는 농부의 가슴이 더 시뻘겋게 깊이 타들어 갔을 것이다. 농사를 지어 곡식을 거둬들여야 식구들 먹이고 자식들 공부를 가르칠 텐데, 마른 땅 마른하늘을 바라보며 내쉬는 농부의 한숨엔 땅이 다 꺼질 듯 했을 것이다. '자식 입에 밥 들어가는 것과 가문 논에 물 들어가는 것이 기쁘다'는 말은 괜히 나온 말이 아니다.

가뭄이 계속되면 한 방울의 물을 찾기 위해서 할 수 있는 일은 다 한다. '자식 죽는 것은 봐도 곡식 죽는 것은 못 보는 것'이 농부의 마음이다. 밤을 꼬박 새우기도 하고, 손톱이 빠지도록 물고랑을 파기도 한다. 식구처럼 사이좋게 지내던 이웃끼리도 가문날 물을 놓고서는 시퍼런 낫을 들고 싸우기도 한다.

가뭄에 관한 속담 중에 '논 열 번 다녀도 가뭄비 한 방울만 못하다'는 속담이 있는데, 심한 가뭄에는 사람이 아무리 물을 퍼 나른다고 해도, 하늘에서 내리는 비 한 방울만 못하다는 뜻이다.

사람의 수고와 노력 없이 농사는 불가능하지만, 그렇다고 사람이 다 하는 것도 아니다. 하늘의 도움이 있어야 가능한 것이다. 사람의 부족함을 어루만지는 가없는 하늘의 손길이 있어야 비로소 가능한 것이 어찌 농사뿐일까만!

사흘 길에 하루 가서 열흘 눕는다

———

어느 누가 그렇지 않을까만, 단강에서 첫 목회를 시작할 때 무엇을 어떻게 해야 할지를 몰랐다. 무어라도 하고 싶은데 할 수 있는 것이 보이질 않았다. 일 할 사람도 별로 없고, 어떤 일을 생각해도 그 일을 이룰 만한 예산도 없었다.

먼저 농촌목회를 시작한 선배에게 마음의 고충을 털어놓았다. 그때 선배가 들려준 말 가운데 하나가 "농촌목회는 마라톤이다"라는 것이었다. 먼 길을 가야하니 100m 달리기하듯 서두르지 말라는, 서두르다간 스스로 지쳐 낙오하게 된다는 뜻이었다.

그 말의 의미를 깨닫는 데는 오랜 시간이 걸리지 않았다. 농촌목회는 그냥 마라톤이 아니라 이상한 마라톤이었다. 내가 지금 정해진 코스를 제대로 달리고 있는 것인지, 코스에서 벗어나 엉뚱한 길을 달리고 있는 것은 아닌지 하는 생각까지 들었으니까.

길 표지판도 없고, 길가에 서서 박수를 치며 응원하는 사람들도 보이지 않고, 지칠 때 마시는 물도 보이지 않고, 때로는 같이 뛰는 사람도 보이지 않는데, 뜨거운 뙤약볕 아래 흙먼지 나는 길을 계속 달려야 하는, 농촌목회는 참으로 이상한 마라톤이었다.

우리말에 '사흘 길에 하루 가서 열흘 눕는다'라는 말이 있다. 사흘 걸려서 가야 할 길을 무리하게 하루 만에 가서 결국은 열흘을 앓아눕다니, 그런 어리석음도 드물다 싶다.

그러나 우리 삶이 그런 뻔한 어리석음에 빠질 때가 사실은 얼마나 많은가. 남보다 앞서려고 숨넘어가는 줄도 모르고 달리다가 풀썩 제풀에 쓰러져 버리는, 그런 허망함 삶이 얼마나 많은가. 사흘 길은 사흘에 가는 것이 마땅하다.

정신깸

—

"그만큼 정신깸을 했으면 정신을 차려야 할 텐데…." 단강에서 목회를 할 때 동네 한 어르신과 이야기를 하다가 '정신깸'이라는 말을 들은 적이 있다. 그 분은 자연스럽게 말했지만 나로서는 처음 듣는 말이었고 당연히 낯선 말이었다. 잘못 들었나 싶어 다시 한 번 여쭤보았지만 '정신깸'이 맞았다. 나중에 마을 분들에게 여쭤보니 마을 분들도 그 말을 알고 있었고 자연스럽게 쓰고 있었다. 정신깸, 우리말에 이런 말이 있구나, 새삼스러웠다.

'정신깸'이라는 말은 '정신'이라는 말과 '깸'이라는 말이 합쳐져 정신을 확 깨어나게 한다는 뜻을 가진 말이었다. '잘못한 일이 있어 혼을 내준다'라는 뜻으로 쓰이고 있었다. 마을 분들에게 '정신깸'이라는 말이 어떤 경우 어떻게 쓰였는가를 물으니 다음과 같았다.

"정신깸을 했으니 정신을 차리겠지."

"정신깸을 단단히 했네."

"제발 정신깸을 해야 할 텐데."

욕심과 나태함, 깊고 긴 신앙의 잠에 빠진 우리를 단번에 일깨워 줄 정심깸은 언제 어디에서 무엇으로부터 시작될 수 있을 것인지.

기와 한 장 아껴서 대들보 썩힌다

———

기와가 깨지거나 주저앉으면 갈면 그만이다. 허나 대들보가 썩으면 집이 무너진다. 기와는 그때 그때 얼마든지 갈 수 있지만, 대들보는 경우가 다르다. 대들보를 간다는 것은 집을 다 뜯어내야만 가능하다. 기와를 갈듯, 대들보를 갈 수는 없다.

대들보를 갈 정도라면 집을 새로 짓는 것이 오히려 나을 것이다. 대들보가 썩을 정도라면 서까래를 비롯하여 나머지 어디가 성하겠는가? 그런 점에서 대들보가 썩었다는 것은 집이 다됐다는 뜻이 된다.

기와 한 장 아낀다고 깨진 기와를 그냥 내버려 두면 결국 빗물이 새게 되고, 빗물이 계속 새다보면 대들보는 썩게 되고 만다. 애써 견디던 집도 대들보가 썩으면 맥없이 무너지고 만다. 우리에게 정말로 필요한 것은 기와와 대들보를 구별하는 일이다. 세상에, 기와와 대들보를 구별하지 못하는 사람이 어디 있냐고 웃을지 모르겠다. 그러나 둘러보면 꼭 그렇지만도 않은 것 같다.

세상에는 기와와 대들보를 구별하지 못하는 경우가 제법 많다. 그 중 한 가지 경우를 대보라면 아프지만 교회를 대고 싶다. 주변을 돌아보는 대신 자기만을 생각하는, 낮아지는 대신 자기 덩치만 부풀리는 교회 말이다. 아끼는 것이 무엇인지 썩는 것이 무엇인지를 끝내 깨닫지 못한다면, 어느 날 무너지는 소리만 요란할 것이다.

들은 천 냥이요 본 백 냥이다

——

들은 천 냥이요 본 백 냥이라니, 어려운 말은 없는데 선뜻 이해가 되지 않는다. '듣다'와 '보다'가, '천 냥'과 '백 냥'이 어울리고 있는데 선뜻 이해가 되지 않는다. 오래 씹기, 참 맛을 알기 위해서는 오래 씹어야 하는 것처럼 우리말의 맛을 느끼는 데에도 오래 씹기가 필요한 것 아닌가 싶다.

들은 천 냥이요 본 백 냥이라는 말은, 듣기는 천 냥이라 들었지만 보니 백 냥뿐이라는 뜻이다. 소문은 크게 났지만 실제는 소문보다 작다는 의미다. '소문난 잔치에 먹을 것 없다'는 속담과 같은 뜻이 되겠다.

'들은 천 냥이요 본 백 냥이다'는 말은 아무래도 우리 자신을 돌아보게 한다. 우리들의 신앙, 오늘 날 이 땅의 교회 모습이 그런 것은 아닌지를 돌아보게 된다. 말로 듣기로는 그럴 듯한데 막상 확인해보면 가볍기 그지없는.

기우라면 좋겠지만 정말로 그렇다면 여간 민망한 일이 아닐
수 없다. 굳이 말하자만 믿음과 교회의 모습은 '들은 백 냥이요
본 천 냥'이 되어야 마땅하다. 말을 줄이고 말없이 믿음을 실천
해야 한다. 말이 행함을 앞서지 못하도록 스스로를 경계해야
한다. 우리의 믿음이 천 냥이라면 들은 것이 백 냥이면 어떻고,
열 냥이면 어떻겠는가!

독 속에 숨긴 돈도 남이 먼저 안다

'막현호은 막현호미'(莫見乎隱 莫顯乎微)라는 말이 있다. 《중용》 1
장에 나오는 말로, '감추는 것보다 더 잘 드러내는 수 없고, 숨
는 것보다 더 잘 드러나는 수 없다'는 뜻이다. 감추고 숨는 것
보다 더 잘 드러나는 것이 없다니, 낯설게 들린다. 자신을 알리
기 위해 많은 노력을 하는 세상이기에 더욱 그렇다.

'기자불립 과자불행'(企者不立 跨者不行)이란 말도 있다. 노자(老
子)에 나오는 말로, '까치발로는 오래 서지 못하고, 가랑이를 한
껏 벌려 성큼성큼 걷는 걸음으로는 멀리 가지 못한다'는 뜻이
다. 일부러 자기 자신을 드러내려 하는 일이 한 때는 통할지 몰
라도 오래가지 못함을 지적한다. 그 한때를 위해 발에 쥐가 나

는 줄도 모르고 발뒤꿈치를 들고, 병이 나는 줄도 모르고 무리한 걸음을 죽자사자 옮기기도 한다.

다른 이가 모르라고 항아리 속에 몰래 숨긴 돈을 남이 먼저 알다니? 굳이 티를 내지 않아도 누군가 돈을 버는 것이나 돈이 있고 없는 것은 남이 먼저 안다는 뜻이 되겠다. 돈이란 도둑맞기 쉬우므로 잘 간수해야 한다는 뜻도 가지고 있는 말이다.

따로 자랑을 하지 않아도 느낌과 분위기를 통해 그가 무엇을 얼마나 가지고 있는지 남이 먼저 알 수 있는 것은 비단 독속에 숨기는 돈만이 아닐 것이다. 우리 마음속에 무엇이 들었는지 굳이 말하지 않아도 사람들은 느낌으로 먼저 안다.

교회도 마찬가지일 것이다. 교회가 자기 자랑을 하자 않아도 세상 사람들은 안다. 교회 안에 무엇이 있는지를 말이다.

우리를 두고 성경은 그리스도의 향기라 했는데, 향기는 어떤 특정한 장소에 갇히지 않는다. 언제라도 퍼진다. 굳이 자랑하지 않아도 우리 안에 소중한 보물이 있다는 것을 남들이 먼저 알아차리는 그런 삶을 살았으면.

노인 말 그른 데 없고 어린아이 말 거짓 없다

말을 듣는 것과 관련, 우리말이 재밌다. 다 같이 듣고 있어도 어떤 마음으로 듣느냐에 따라 그 의미는 전혀 달라진다. '귓등'으로 들을 수도 있고, '귀담아' 들을 수도 있기 때문이다. 아무리 많은 말을 해도 귓등으로 들으면 아무 것도 남는 것이 없게 된다. 몇 마디 안 해도 귀담아 듣는 말이 마음에 남는다.

남의 말을 귀담아 듣는다는 것은 쉬운 일이 아니다. 마음을 기울여 들어야 하기 때문이다. 하도 말 같지 않은 말이 많은 세상이라 그럴까, 다른 사람의 말을 귀담아 듣는 일이 갈수록 어렵게 느껴진다.

노인의 말은 노인의 말이라고 무시하기가 쉽고, 어린아이의 말은 아이의 말이라고 무시를 하기가 쉽다. 노인의 말은 잔소리라 생각을 하며 아이의 말은 서툴다고 생각을 하니, 이건 이래서 안 되고 저건 저래서 안 되는 꼴이다. 남의 말을 새겨듣는 일에 익숙하지 않은 이들은 어떤 말도 마음으로 받아들이지를 못한다.

그러나 뒤집어 생각해보면 노인의 말은 경험이 풍부한 데서 나오는 말이기 때문에 그른 데가 없고, 어린 아이의 말은 순진함에서 나오기 때문에 거짓이 없다. 모두가 다 귀담아 들어야 할 말인 것이다.

어떤 점을 더 중요하게 보느냐에 따라 세상은 달라진다. 하긴 귀담아 들을 마음만 있다면 세상에 무익한 말이 어디 따로 있을까?

개 잡아먹고 동네 인심 잃고
닭 잡아먹고 이웃 인심 잃는다

───

지금도 시골에 가면 흔하게 볼 수 있거니와, 웬만한 집에서는 가축을 기른다. '가축'(家畜)이란 말 그대로 '집에서 기르는 짐 승'을 의미한다. 소·말·개·닭 따위의 집짐승을 가리키는 말인데, 가축은 지금의 반려동물과는 의미가 다르다. 물론 정으로 기르기도 하지만 때로는 식용이 되기도 하고, 때로는 재산 증식의 수단이 되기도 한다는 점에서 말이다.

'개 잡아먹고 동네 인심 잃고 닭 잡아먹고 이웃 인심 잃는다'는 속담이 재미있다. 개와 닭도 시골에서 기르는 대표적인 가축인데, 그 크기에 따라 개는 동네와 동네가 어울리고 닭은 이웃과 이웃이 어울린다는 점에서 차이를 보인다. 개 한 마리를 잡으면 그런대로 한 동네 사람들이 어울려 잘 먹을 수가 있다.

그렇지만 옆 동네 사람들이 들으면 '개를 잡아 지들끼리만 먹었군' 하며 괜히 서운해 할 수가 있다.

닭 한 마리를 잡으면 식구들이 한 끼니를 잘 먹을 수가 있다. 그러나 옆집에서 그 사실을 알면 '지 집 식구끼리만 먹었군' 하며 서운해 할 수가 있다. 결국 음식은 많거나 적거나 상관없이 골고루 나누어 먹어야지 그렇지 않으면 결국은 인심을 잃게 된다는 뜻이다. 좋은 일로 음식을 차렸다가 뒤끝이 개운하지 않은 일을 우리는 어렵지 않게 경험을 한다.

어디 그게 음식뿐이겠는가. 마음은 더욱 그러하지 않겠는가. 형편이 어떠하든 골고루 나누어야지 그렇지 않으면 결국 사람을 잃게 되고 만다.

그런 점에서 《논어》에 나오는 '불환과이환불균(不患寡而患不均), 불환빈이환불안'(不患貧而患不安), '적은 것을 걱정하지 않고 고르지 못한 것을 걱정하며, 가난함을 근심하지 않고 편안하지 못함을 걱정한다'는 말은 지당한 가르침으로 다가온다.

봄비는 일비고 여름비는 잠비고
가을비는 떡비고 겨울비는 술비다

———

비는 언제라도 오지만 계절에 따라 그 의미는 각각 다르다. 봄에 오는 비는 일하라고 오는 비다. 비가 오면 미루지 말고 해야하는 일들이 잔뜩 밀려 있기 때문이다. 여름은 비교적 농한기여서 비가 오면 낮잠을 자게 된다. 빗소리를 들으며 낮잠을 즐기는 모습이 눈에 선하다. 잠이 얼마나 달까.

가을에 비가 오면 햅쌀을 찧어 떡을 해먹으며 쉰다. 겨울에 비가 오면 날도 궂은데 술 생각이 나고, 그러면 친구나 이웃들과 함께 술을 나누며 즐거운 시간을 갖게 된다.

비가 오는 날은 궂은 날이지만, 비를 맞는 마음은 어느 것 하나 궂은 것이 없다. 봄엔 일하고, 여름엔 자고, 가을엔 떡 해 먹고, 겨울엔 술 마시고, 언제 비가 와도 비를 맞는 모습은 건강하고 태평하다.

내 인생의 계절이 봄이든 여름이든 가을이든 겨울이든, 하늘이 우리에게 허락하시는 모든 것을 건강하고 여유 있게 있는 그대로 받아들일 수 있는 삶, 우리에게 필요한 것은 바로 그런 마음 아닐까? 언제 어떤 비가 오면 어떠랴, 은총으로 받으면 모두 은혜의 단비인 것을….

땅 타박

'땅 타박'이란 말은 '땅'과 '타박'이 합해진 말이다. 말 그대로 '땅이 나쁘다고 타박하는 것'을 말한다. '타박'이란 말이 '허물이나 결함을 잡아 핀잔하거나 탓함'을 뜻하니, 땅 타박이란 공연히 땅만 나쁘다고 땅만 야단치는 경우를 말한다.

게으른 농부가 땅 타박을 하는 법, 부지런한 농부는 땅 타박을 하지 않는다. 부지런한 농부에게는 좋고 나쁜 논밭이 따로 없어, 언제라도 땀으로 땅을 일궈 땀 흘린 만큼 열매를 거두어들인다. 땀과 땅의 관계를 성실함으로 지키는 이들이 농부이기 때문이다.

최선을 다하지 않으면서 상사 탓을 하고, 부모 탓을 하고, 환경 탓을 하고, 하늘 탓을 한다면 그야말로 땅 타박을 하는 것과 다름 아니다. 삶의 조건을 탓하는 것은 게으른 농부의 땅 타박일 뿐이다.

풍년 두부 같다

———

흉년이 그러하듯 풍년 또한 들판보다 마음으로 든다. 흉년이
들면 빈 들판보다도 마음이 먼저 허해지고, 풍년이 들면 풍성
한 들판만큼이나 마음이 넉넉해진다. 풍년이 들어 마음이 넉넉
해지면 덩달아 손도 넉넉해진다. 밥도 넉넉히 하고 반찬 양념
도 듬뿍 아끼질 않는다.

두부를 만들 때도 콩을 넉넉히 넣으니 두부가 실하게 된다.
큼직하기도 하고 통통하기도 하여 보기에도 좋고 맛도 좋은
두부가 만들어진다. 그런 점에서 보기 좋게 살이 오른 사람을
두고서 '풍년 두부 같다'고 한 것이다.

맛있는 식당을 소개하고, 요리법을 소개하는 것이 방송의 중
요 관심이 되었다. 식탐으로 인해 갈수록 뱃살은 늘어나고, 몸
매를 가꾸는 일이 마음을 가꾸는 일보다 우선순위가 되고 말
았다. 그러면서 우리네 마음은 갈수록 야위어 간다. 서로를 대
하는 마음이 풍년 두부 같으려면 어디에서부터 풍년 소식이
들려와야 하는 것인지.

늙은 개가 짖으면
내다봐야 한다

나무는 소가 다 때고 양식은 머슴이 다 먹는다

다함께 고루 잘 사는 세상은 언제쯤 올까? 기업을 하는 이들이 일하는 이들을 식구처럼 아끼고, 일하는 이들이 회사를 내 집 안의 일처럼 여기는 그날이 말이다. 이 엄동설한에 굴뚝 위에 올라가 농성을 하는 해고노동자들이 있고, 승무원이 내 맘에 들지 않는다고 이륙준비를 하던 비행기를 되돌리는 일이 버젓이 일어나고 있는 세상이니 말이다.

농사를 지으려면 필요한 것들이 많다. 그 모든 것들이 제대로 갖춰질 때 농사를 지을 수가 있었다. '나무는 소가 다 때고 양식은 머슴이 다 먹는다'는 속담이 있는데, 나무는 소죽 쑤는 데 많이 들고, 양식은 머슴 먹는데 많이 든다는 뜻이다. 하기야 소도 부리고 머슴도 둘 정도면 웬만큼 규모 있는 집안의 이야기라 하겠다.

논밭 가는 일을 대부분 소가 맡아서 하던 시절의 이야기니 당연히 농사를 지으려면 소를 든든히 먹여야 하고, 농사일이 많고 고되어서 머슴을 두었으면 머슴 또한 든든히 먹어야 일을 한다. 사람이든 짐승이든 일이 많을수록 먹는 것 또한 많아지는 것은 당연하다.

당연한 일이 왜 속담으로 생겨났을까? 이 속담에서는 속상

해하는 주인의 마음이 읽힌다. 애써 농사 지어봐야 소 좋은 일만 시키고, 머슴 좋은 일만 시킨다는 자조 섞인 불평이다. 남좋은 일만 시켰다는 주인의 투정이 느껴진다.

주인 눈엔 그렇게 보이고 주인 마음엔 그렇게 여겨진다 하여도 그렇게 생각하거나 그렇게 말하면 안 된다. 농사를 짓기 위해서는 당연히 필요한 것들이 있고, 바로 그들의 수고가 있어 농사가 가능했고 그 덕에 주인 또한 살아갈 수가 있기 때문이다. 크게 고마워하지는 못할망정 소와 머슴의 수고를 두고 남좋은 일만 했다니, 도대체 누가 누구 덕을 보며 사는 것인데!

도토리는 들판 내다보며 연다

도토리가 들판을 내다보며 열다니, 도토리에 눈이 달렸나 싶다. 도토리에 눈이 어디 있으며, 혹시 눈이 달렸다 하여도 어찌 들판을 내다본다고 했을까. 굳이 바라본다면 자기를 먹으려고 달려드는 다람쥐가 맞을 것 같은데.

도토리를 비롯한 대부분의 과일나무들은 해거리를 한다. 한 해 많이 열리면 다음 해에는 적게 열리곤 한다. 자신을 다스리지 못하면 오래 갈 수 없다는 것을 나무들은 잘 알고 있는 듯

하다.

도토리가 들판을 보고 열매를 맺는다는 말은 해거리를 설명하는 말은 아니다. 해거리 이상의 깊고도 귀한 뜻이 담겨 있다. 도토리는 들농사가 흉년이 들면 식량에 보탬이 되도록 많이 열리고, 농사가 풍년이면 조금만 열린다는 뜻을 담고 있기 때문이다.

들판을 내다보면서 농사의 풍흉 여부에 따라 열매 맺는 양을 달리한다는 도토리, 어디 도토리에 그런 마음이 있고 그런 현상을 과학적으로 증명할 수가 있겠는가만, 그럴수록 이야기는 귀하게 와 닿는다.

그건 필시 도토리의 마음이라기보다는 도토리를 바라보는 사람의 마음일 것이다. 산에 자라며 열매를 맺는 나무도 사람의 삶하고 무관하지 않다는 점을 생각하는 마음이 귀하다. 무엇 하나 인간의 삶과 무관한 것이 없다고 여기는 것은 얼마나 귀한 생각인가.

또 한 가지 귀하게 여겨지는 것은, 때마다 먹을 것을 주시는 하늘의 은혜를 도토리를 통해서 생각한다는 점이다. 이것이 모자라면 저것으로 채우시는 하늘의 가없는 손길을 도토리를 통해 보았으니 그처럼 깊고 그윽한 마음이 어디 흔한 것일까.

도토리의 그윽한 그 눈을 우리 인간은 언제나 배우게 될는지.

하룻길을 가다보면 소 탄 놈도 보고 말 탄 놈도 본다

살다보면 별의 별 사람들을 다 만나고 보게 된다. 세상에 사람이 아무리 많아도 그 모든 사람이 이름도 다르고 얼굴도 다르고 성격도 다르니, 생김새와 마음이 같은 사람이 같은 사람이 세상에 있을 리 만무하다.

그러니 별 별 사람을 다 만나는 것이 세상살이의 당연한 이치일 텐데도 때로 누군가의 낯선 모습을 보면 얼굴을 찡그리거나 고개를 갸웃하게 된다. 특히나 믿었던 누군가의 잘못된 모습을 보면 실망을 넘어 마음이 흔들리거나 약해지곤 한다.

'소 탄 놈과 말 탄 놈'이라는 말이 시원하기도 하고 낭만적으로 다가오기도 한다. 승마장이라는 곳이 있어 말을 운동 삼아 타는 이들이 있지만, 요즘 누가 소를 타고 다닌다 하면 아마도 기인으로 여기지 않을까 싶다. 요즘이야 짐승을 타고 거리를 다니는 모습을 보기 어렵지만, 옛날에야 어디서고 흔한 모습이었을 것이다.

'하룻길을 가다보면 소 탄 놈도 보고 말 탄 놈도 본다'는 것은 사람이 세상을 살아가자면 별 별 사람을 다 보게 된다는 뜻이다.

소 탄 놈을 보면 소를 탔구나 바라보면 되고, 말 탄 놈을 보면 말을 탔구나 생각하면 될 터, 왜 소를 탔냐 말을 탔냐 시비할 일이 아니다. 소 탄 놈 보고 우습다 할 일도 아니고, 말 탄 놈보고 따질 일도 아니다. 그런데 그 일이 왜 그리 어려운 걸까. 소 탄 놈 말 탄 놈 곁을 왜 그냥 지나가지 못하는 걸까. 그 모든 것들이 모여 세상을 이루는 것인데도.

삼 년 가는 거짓말 없다

———

거짓말로 잠깐 속일 수는 있다. 그러나 아주 속일 수는 없다. 거짓말로 사람을 속일 수는 있다. 그러나 하늘을 속일 수는 없다. 결국은 모두 드러난다. 그런데도 거짓말을 하는 것은 어리석음보다도 악함 때문이다.

남산골샌님 역적 바라듯

———

남산골은 지금의 서울 이태원 부근에 해당하는 옛 이름이다. 옛날 이곳에는 벼슬도 못하고 빈궁하게 지내는 선비들이 모여 살았다. 남산골샌님, 혹은 남산골딸깍발이는 바로 그들을 가리키는 말이었다.

아무도 알아주는 이 없어 벼슬길에 오를 길이 막막하니, 혹시 역모라도 일어나 그 참에 벼슬자리나 얻지 않을까 기대하는 것을 두고 '남산골샌님 역적 바라듯'이라고 했다.

반란이 일어나는 것은 드물고도 위험한 일, 일어난다 하여도 자신에게 벼슬자리가 보장되리라는 법은 없는 일이다. 그럼에도 그것이라도 일어나야 혹 요행히 기다리던 일이 주어질 수 있으리라 기대를 하니 딱한 일이 아닐 수가 없는 것이다.

혹 우리의 신앙이 남산골샌님 역적 바라는 모양이 아닌가를 돌아보게 된다. 세상을 향한 우리의 태도는 성실과 사랑이어야 한다. 요행한 일로 행운을 바라는 것을 어찌 신앙이라 은총이라 할 수가 있겠는가.

단솥에 물 붓기

'단솥'이라 함은 불에 달아 뜨거워진 솥을 말한다. 달아오른 솥에 물을 부으면 물은 금방 말라버리고 만다. 뜨거운 수증기가 되어 이내 사라진다. 먹이를 주는 대로 덥석 덥석 삼켜버리는 굶주린 짐승처럼, 단솥은 이내 물과 물기를 말려버리고 만다.

단솥에 물을 붓는다는 것은 아무런 여유도 없이 금방 금방 없어지는 것, 혹은 아무리 도와주어도 소용이 없는 것을 이르는 말이다. 그런 점에서 '깨진 독에 물 붓기', '밑 빠진 독에 물 붓기'와 유사한 뜻을 가지고 있다.

그러나 생각해볼 만한 것이 있다. 아무리 단솥이 물을 이내 말려버린다 하여도 물을 계속 부으면 당할 수가 없다. 아무리 뜨거워도 결국 단솥은 식고 만다.

해외선교가 붐을 일으킨 것에 비해 국내의 농어촌선교는 외면당하고 있다. 아무리 해도 티가 나지 않는다는 것이다. 돈도 많이 들고 수고도 많이 하지만, 그럴듯한 성과를 찾아보기가 힘들다.

농촌교회에 들이는 예산이면 얼마든지 외국에 그럴 듯이 예배당을 지을 수가 있고, 훨씬 적은 예산으로도 얼마든지 많은 이들을 불러 모아 훌륭한 행사를 치를 수도 있다. 그곳에서 있었던 일을 사진과 동영상으로 담으면 누군가에게 이야기하기도 좋다. 그에 비해 농어촌선교는 드는 것은 많지만 티는 안 나 지극히 비효율적으로 여겨진다.

단솥에 물 붓기는 분명 아무 소용이 없는 것처럼 보이지만, 정말로 물을 채우기를 원한다면 계속 물을 부으면 된다. 아무리 뜨겁게 달아올랐다 해도 단솥이 꾸준함과 성실함을 이길 수는 없다.

속 빈 자루는
곧게 설 수 없다

—

소 잡아먹은 자리는 없어도 밤 벗긴 자리는 있다

———

일에는 규모라는 것이 있어 누가 보아도 크고 대단해 보이는 일이 있고, 작고 사소해 보이는 일도 있다. "지극히 작은 것에 충성된 자는 큰 것에도 충성되고 지극히 작은 것에 불의한 자는 큰 것에도 불의하다"(누가복음 16:10)는 말씀을 떠올리면, 일은 규모만이 아니라 어떤 마음으로 임하느냐 하는 것이 더욱 중요할 수 있다는 것을 생각하게 된다.

　'소 잡아먹은 자리'와 '밤 벗긴 자리'는 비교가 되지 않는다. 밤 몇 톨 까먹은 자리와 소 한 마리 잡아먹은 자리가 어찌 비교의 대상이 되겠는가? 일을 할 때도 그렇게 일을 마친 뒷자리도 그렇고 당연히 소를 잡는 자리가 요란할 것이다.

일의 규모로 치자면 비교도 할 수 없는 두 가지 일을 두고 우리 속담은 뜻밖의 지적을 하는데, 소 잡은 자리는 없어도 밤 벗긴 자리는 있다 한다.

그 말이 맞구나 하는 것을 일하는 모습을 보면 알게 된다. 크고 대단한 일을 조용히 티 안 내고 하는 사람도 있고, 작은 일도 요란하게 시끄럽게 하는 경우가 있다. 불안하게 보였던 큰 일을 무탈하게 마무리 하는 경우도 있고, 별 일 아니다 싶은 작은 일을 하면서도 큰 상처를 남기는 경우도 있다. 그런 면에서 보자면 믿음이란 묵직한 일을 묵묵히 말없이 감내하는 것인지도 모른다.

속 빈 자루는 곧게 설 수 없다

———

세상에는 불가능한 일들이 있는데, 그 중의 하나가 속 빈 자루를 곧게 세우는 일이다. 혹 자루에 풀을 먹이거나 철사로 자루를 짠다면 몰라도 속이 빈 자루를 곧게 세울 수 있는 사람은 따로 없을 것이다.

'자루'라는 말은 몇 가지 뜻을 가지고 있다. 연장의 손잡이를 말할 때 자루라 한다. 낫자루, 도끼 자루, 호미 자루 따위 등으로 쓰인다. 자루는 물건을 세는 단위이기도 해서 권총 한 자루 혹은 연필 두 자루와 같이 쓰인다.

그런가 하면 여러 가지 물건을 담을 수 있게 헝겊 따위로 만든 크고 길쭉한 주머니를 말하기도 하고, '쌀 두 자루'와 같이 물건을 헝겊 따위로 만든 크고 길쭉한 주머니에 담아 그 분량을 세는 단위로도 쓰인다.

'속 빈 자루는 곧게 설 수 없다' 할 때의 자루는 당연히 헝겊 따위로 만든 크고 길쭉한 주머니를 의미한다.

자루는 제 스스로는 힘이 없어 무엇인가로 채워지지 않으면 설 수가 없다. 지독하게도 가난했던 시절 아마도 이 속담은 먹는 것과 관련하여 '굶주린 사람은 체면을 차리고 올바로 살기가 힘들다'는 뜻으로 쓰였을 것이다.

오늘날은 다르지 않을까? 마음이 비면 똑바로 설 수가 없다. '비면'이라는 말은 '비우면'이라는 말과는 다르다. 마음을 스스로 비우면 천국이려니와, 있을 게 없어 속이 비면 이리 비틀 저리 비틀 결국은 넘어지고 말 것이다.

천석꾼은 천 가지 걱정이요 만석꾼은 만 가지 걱정이다

'저런 사람은 무슨 걱정이 있을까?' '저런 사람은 얼마나 행복할까?', 세상에는 다른 사람들의 부러움을 사는 사람들이 있다. 대부분은 사람들이 부러워하는 것을 넉넉히 가지고 있는 사람들이다. 많은 재산이나 높은 지위, 넓은 마당과 수영장이 딸린 큰 집, 빛이 번쩍번쩍 나는 외제 자동차, 대개는 다른 사람들이 갖지 못한 것을 많이 가지고 있는 사람들이 부러움의 대상이 된다.

그러나 그것은 바라보는 사람들의 생각일 뿐, 부러움의 대상이 되는 이들에게도 남모르는 걱정과 근심이 있다. 이를 두고 우리 속담은 천석꾼은 천 가지 걱정이요 만석꾼은 만 가지 걱정이라고 말한다.

하시디즘에는 '슬픔의 나무'에 대한 이야기가 있다. 사람이 죽으면 누구나 커다란 슬픔의 나무 밑으로 가게 된다고 한다. 그는 세상을 살면서 자신이 겪은 고통과 불행을 슬픔의 나무 나뭇가지에 걸어놓게 된다. 그리고는 천천히 나무 주위를 돌면서 자신이 나뭇가지에 걸어둔 것보다 덜 고통스러워 보이는 인생이 있으면 그것을 자신의 것과 바꿀 수 있다.

그러나 누구든지 결국에는 다른 사람의 것이 아닌 자신의 불행과 고통을 택하게 된다고 한다. 그때는 감당하기 힘들었고 어려웠어도 결국 자신이 겪은 고통과 아픔이 다른 사람의 것보다는 가볍게 여겨진다는 것이다. 그래서 사람들은 슬픔의 나무에 도착했을 때보다도 한결 가벼운 마음으로 슬픔의 나무를 떠나게 된다고 한다. 썩어가는 속도 모르고 천석꾼과 만석꾼을 부러워할 일은 결코 아니다.

흐린 물도 윗물부터 가라앉아야 아랫물도 맑아진다

'윗물이 맑아야 아랫물이 맑다'는 말은 어릴 적부터 들어왔다. 생각해 보면 지당한 말이다. 아랫물이 아무리 맑아도 위에서 흐린 물이 내려오면 결국은 덩달아 흐려질 수밖에 없다. 흐린 윗물을 두고 아랫물이 맑기에는 뻔한 한계가 있는 법이다. 위쪽이 흐리면 아래쪽은 당연히 흐릴 수밖에 없으니, 아랫물이 흐린 것은 어쩔 도리가 없는 일이다.

　그와는 반대로 위에서 맑은 물이 내려오면 아랫물은 저절로 맑아지게 된다. 맑아지라고 잔소리를 하지 않아도 당연히 맑아진다. 위에서 맑은 물이 계속 내려오는데, 아랫물이 계속해서 흐린 상태로 있기도 어려운 법이다.

흐린 물이 맑게 되는 길은 윗물부터 맑아지는데 있다. 윗물 스스로가 흐린 상태를 벗어나지 못하면서 아랫물이 흐리다고 야단을 친다면 결국은 자기 얼굴에 침을 뱉는 것과 다를 것이 없는 일이다.

어디를 둘러보아도 온통 흐린 세상이다. 그럴수록 《노자》에 나오는 '숙능탁이정지서청'(熟能濁以靜之徐淸)이라는 말이 그립다. '누가 흐린 것과 어울리면서 고요함으로써 그것을 서서히 맑게 하겠는가?'라는 뜻이다. 누가 이 말을 가슴에 새겨, 말없이 이 말에 담긴 삶을 살 것인가?

가을 아욱국은 문 걸고 먹는다

군대 화장실에 가면 빵 봉지가 흔하게 눈에 띄곤 했다. 지금은 사정이 좋아져 안 그런지 모르겠지만 내가 군 생활을 할 때는 그랬다. 어떻게 빵을 냄새나는 화장실에서 먹을 수가 있을까, 이해가 되지 않는 사람은 분명 군 생활을 경험해 보지 않은 사람일 것이다. 군대에서 빵을 혼자 먹기에 그곳만큼 좋은 곳이 없기 때문이다.

가을 아욱국의 맛이 얼마나 좋기에 문을 다 걸어 닫고 먹는다 했을까? 문을 열어놓고 먹다가 혹시 지나가던 누가 보면 같이 먹어야 했을 터, 그것이 아까워 문을 걸어 닫고 먹을 정도라니 그 맛이 궁금해진다.

가을 상치를 두고도 문 걸어 잠그고 먹는다는 말이 있는 것을 보면, 가을 아욱국은 맛도 맛이지만 그때가 되면 식물의 한해살이가 끝나는 시기여서 더 이상은 아욱을 구하기가 어려울 때였기 대문인지도 모른다. 그 해에 더 이상은 먹을 수가 없었기 때문에 더욱 아까웠을 것이고, 그래서 문을 닫아걸었을 것이다.

누구하고도 나누고 싶지 않을 만큼 아깝고 소중한 양식, 때때로 하나님의 말씀이 문 닫아 걸고 먹는다 했던 가을 아욱국만큼이나 맛있고 귀한 것이 된다면 얼마나 좋을까 싶기도 하다.

뱃속은 밥으로 채우지 말로는 못 채운다

먹을 게 넉넉해진 요즘이야 밥보다도 따뜻한 말 한 마디가 더 필요할 때가 많지만, 여전히 배고픈 사람에게는 말보다도 밥이 더 필요하다. 밥이 필요한 사람에게는 그 아무리 좋은 말보다도 밥 한 그릇이 더 절실한 법이다. 그러기에 배고픈 이에게 밥 한 그릇을 전하며 밥값삼아 이런저런 충고나 설교를 덧붙인다면, 그것은 밥에 모래를 끼얹는 것과 크게 다르지 않을 것이다.

행함이 없는 믿음은 죽은 믿음이라며 야고보서는 다음과 같이 기록하고 있다.

"나의 형제자매 여러분, 사람이 믿음이 있다고 말하면서도 행함이 없으면, 무슨 소용이 있겠습니까? 그런 믿음이 그를 구원할 수 있겠습니까? 어떤 형제나 자매가 헐벗고 그 날 먹을 것조차 없는데, 여러분 가운데서 누가 그들에게 평안히 가서 몸을 따뜻하게 하고, 배부르게 먹으라고 말만 하고 몸에 필요한 것들을 주지 않으면 무슨 소용이 있겠습니까? 믿음에 행함이 따르지 않으면 그 자체만으로는 죽은 것입니다"(야고보서 2:14-17).

사람이 떡으로만 사는 것은 아니지만, 그래도 굶주린 자에게는 말보다도 밥이 필요하다. 밥이 말일 때가 있다.

언구럭

—

농촌에 살면서 동네 어른들로부터 어렵지 않게 듣던 말 중에 '언구럭을 떤다'는 말이 있었다. 내게는 낯선 그 말을 마을 어른들은 자연스럽게 말했다.

'언구럭'이라는 말을 사전에서 찾아보니 '사특하고 교묘한 말로 떠벌리며 남을 농락하는 짓'이라고 풀고 있다. '괜히 죽는 소리를 하며 다른 사람의 마음을 떠보는 일'을 '언구럭을 떤다'고 설명하고 있었다.

언구럭에 대해 들으며 은근히 마음이 걸리는 것이 있다. 혹시 우리가 드리는 기도가 언구럭을 떠는 일과 한 가지 일이 아닐까 싶은 생각이 든다.

기도란 내 뜻 버리고 하늘 뜻을 모시는 것, 힘들고 어려워도 내 뜻 버리고 하늘 뜻 받아 모시는 것, 가벼운 흥정이나 교묘한 타협일 수가 없다. 부모에게서 사탕을 받아내는 법을 체득한 아이의 사특한 칭얼거림일 수가 없다. 우리의 기도가 언구럭의 한계를 벗어나지 못할 때가 얼마나 많은지를 돌아보게 된다.

거지가 빨래하면 눈이 온다

눈은 겨울에 온다. 당연히 날씨가 추울 때 온다. 춥지 않은 날
엔 눈 대신 비가 온다. 때문에 눈은 날이 매섭게 추운 날 오는
것처럼 생각하지만, 대개의 경우 눈은 겨울 날씨 중에서도 푹
한 날 온다. 찬바람에 휘날리는 가루눈이 없는 것은 아니지만
대개의 경우 눈은 날씨가 포근할 때 내리는 법이다. 함박눈이
내리는 날은 마음까지가 푸근한 날이었다.

　겨울을 보내던 거지도 모처럼 빨래를 하는 날이 있다. 아무
리 거지라도 빨래를 하고 싶은 날이 왜 없겠는가? 거지로서는
밖에서 빨래를 해야 했으니 아무래도 날이 푹한 날을 택해야
한다. 세탁기가 아니라 개울에서 빨아야 했을 터이니, 빨래를
하는 손이 얼 수는 없는 노릇 아닌가.

　거지가 빨래를 하면 눈이 온단다. 거지가 눈 오는 날을 용케
알아맞힌다는 게 아니다. 거지가 빨래를 하는 날은 날이 푹한
날이고, 그런 날은 눈이 올 가능성이 많을 뿐이다.

　"아침에는 하늘이 붉고 흐린 것을 보니 오늘은 날씨가 궂겠
구나 한다. 너희는 하늘의 징조는 분별할 줄 알면서, 시대의 징
조들은 분별하지 못하느냐?"(마태복음 16:3)

　예수께서 하신 말씀이다. 이런저런 기준으로 날씨는 짐작하

면서도 어찌 시대의 징조는 알지 못하느냐 꾸중을 하신다.

거지가 빨래하는 모습을 본 지가 오래 돼서 그러는 것일까, 이제는 날씨의 징조도 신문이나 방송의 일기예보에 의존을 하며 살아간다. 거지의 빨래에서 눈을 짐작하는 마음조차 잃어버린 이 시대에 시대의 징조를 헤아리는 눈을 갖기를 기대하는 것은 너무 지나친 기대일까?

터주에 놓고 조왕에 놓고 나면 아무것도 없다
———   ·

'터주'와 '조왕'이란 말이 모두 낯설다. 터주가 무엇이고 조왕이 무엇이기에 거기에 놓고 나면 아무것도 없다 했을까? '터주'란 집터를 지키는 지신을 이르는 말이었고, '조왕'(竈王)은 부엌을 지키는 신을 이르는 말이었다. 옛 사람들은 이들을 잘 모셔야 집안이 평안하다고 생각했다.

터주와 조왕을 잘 모시는 방법 중의 하나가 떡을 해서 바치는 일이었다. 그런데 없는 살림에 떡을 해서 터주에도 바치고 조왕에도 바치고 나면 남는 떡이 별로 없다. 적은 것을 여기저기 나누다 보면 남는 것이 따로 없음을 나타내는 말이 '터주에 놓고 조왕에 놓고 나면 아무것도 없다'였던 것이다.

가만 보면 신앙인들이 주변의 어려운 일에 관심을 갖거나 어려운 사람을 돕는 일에 무심할 때가 있다. 오히려 신앙을 갖지 않은 이들보다 더 인색한 경우가 있다. 갖고 있는 믿음대로라면 더 열심히 도와야 할 것 같은데 왜 그럴까?

어쩌면 나는 늘 시간과 물질을 드리고 있다고 생각하기 때문 아닐까. 늘 예배에 참석하고 때마다 헌금을 드리고 있다는 생각으로 정말로 누군가를 돕고 관심을 가져야 할 일들을 외면한다면, 과연 그 신앙이 온전한 것일까에 대해 우리는 진지하게 물어야 할 것이다.

이웃의 아픔 앞에서 터주에 놓고 조왕에 놓고 나니 아무것도 없다 말하는 것은 결코 신앙인답지 않아 보이기 때문이다.

곶감이나 건시(乾柿)나

감이 잘 익는 마을에서 가을 지나 곶감을 만드는 모습을 보면 일의 고됨과는 상관없이 참 아름답게 보인다. 그 또한 풍경의 일부로 자리를 잡는다. 감 껍질을 벗겨 꼬챙이나 실에 꿰어 주렁주렁 환한 볕에 매단 곶감은 얼마나 붉게 빛나는지, 바라보는 이의 마음을 환하게 하며 평화를 선물한다.

어머니도 뜰에 있는 감나무에서 감을 따 껍질을 벗겨서는 처마 밑에 매달아두곤 했는데, 그렇게 매달아 둔 곶감은 언제인지 모르게 하나씩 없어지곤 했다. 애써 모아둔 것을 조금씩 쉽게 헐어 써 버리는 일을 두고 '곶감 꼬치에서 곶감 빼먹듯'이라 하는데, 곶감은 나도 모르게 손이 가게 하는 맛과 힘을 가지고 있다.

곶감은 말린 감으로 한문으로는 건시(乾枾)라 한다. '시'(枾)라는 말에서 감을 연상하기는 쉬운 일이 아니나 홍시나 연시라는 말을 떠올리면 이내 이해를 하게 된다. '시'(枾)와 관련된 말 중에 '시설'(枾雪)이란 말이 있는데, 곶감에 하얗게 피어나는 분을 말한다. 잘 익은 곶감에서만 피어나는 '감의 눈'인 셈이다.

'곶감'이나 '건시'나 같은 말이다. 같은 과일 같은 상태를 이르는 말이다. 그런데 곶감이 맞느니 건시가 맞느니 다툰다면 그야말로 우습고도 어리석은 일이 아닐 수가 없다. 그런데도 깎아 말린 감을 두고 '곶감'이니 '건시'니 다툴 때가 있는 것이 우리네 삶이니, 감이 웃을 일이 아닐 수가 없다.

호랑이 입보다 사람 입이 더 무섭다

───

동물의 왕으로는 사자를 꼽지만, 맹수 중의 맹수로 빠뜨릴 수 없는 동물이 호랑이다. 옛 이야기에 자주 등장하기 때문일까, 여러 가지 면에서 우리에게 익숙한 동물은 사자보다도 호랑이다.

한밤중에 으슥한 산길을 혼자 가면 호랑이에게 잡혀 먹힌다는 사실을 잘 알고 있던 옛날과는 달리 철창 안에 갇혀있는 호랑이에 익숙해진 요즘은 호랑이가 얼마나 무서운 동물인지를 잊어버린 것 같기도 하다.

호랑이의 무서움은 묵직한 걸음걸이와 불이 번쩍이는 눈빛에도 있지만, 단숨에 달려들어 상대의 급소를 물고 늘어지는 민첩함에도 있다. 한 번 물렸다 하면 빠져나갈 재간이 없을 만큼 빈틈이 없다.

무섭고도 무서운 호랑이 입, 그러나 호랑이 입보다 더 무서운 입이 있으니 바로 사람의 입이다. 사람의 입이 물어야 무얼 얼마나 물겠는가 싶을지 몰라도 생각해보면 세상에는 사람의 입보다 무서운 것이 달리 없을 듯싶다.

아무리 무섭다 하여도 호랑이 입은 한 번에 사람 한 명이나 동물 한 마리밖에는 물지를 못한다. 아무리 재빠르고 사납다 하여도 한꺼번에 사냥감 둘을 물 수는 없다. 그러나 사람의 입은 다르다. 말 한 마디로도 얼마든지 많은 사람을 죽일 수가 있다. 잘못된 말 한 마디로 수십, 수백, 수천, 수만 명을 다치게 하거나 쓰러져 죽게 만든다. 내 입이 호랑이 입보다 무섭다는 것을 언제쯤에나 깨달아 세상 평온해질까.

입맛이 없으면 밥맛으로 먹고
밥맛이 없으면 입맛으로 먹는다

———

그 말이 그 말 같은데 '입맛'과 '밥맛'의 차이는 어떤 것일까? 사전을 찾으니 다음과 같이 풀고 있다.

> *입맛: 입이 받는, 음식의 자극이나 맛. 구미(口味). 입맛이 변하다./ 입맛이 하나도 없다. 입맛대로 하다.(저 좋을 대로 하다) 입맛(을) 다시다.(1. 일이 난처하게 되어 근심스럽게 여기다. 2. 무엇을 갖거나 하고 싶어하다.)

> *밥맛: 1. 밥의 맛(밥맛이 좋은 쌀) 2. 밥을 비롯한 음식을 먹고 싶은 욕망(밥맛이 떨어지다. 밥맛이 당기다.)

어감의 미묘한 차이가 없는 것은 아니나, 입맛과 밥맛은 큰 차이가 없는 말이다. '밥'이 모든 음식을 대표하던 옛 시절엔 더욱 그러했을 것이다.

몸이 아프거나 마음에 근심이 있으면 입맛이 없어진다. 입맛이 없어 밥을 먹지 못하면 기운을 잃어버리고, 몸도 마음도 더 약해지게 된다. 그런 것을 잘 알기에 우리의 어른들은 입맛이 없을 때는 밥맛으로라도 먹어야 한다고 했다. 거꾸로 밥맛이 없을 때는 입맛으로라도 먹으라 했다. 어떻게든 먹어야 기운을 차리고, 기운을 차려야 살아갈 수가 있으니 무얼 붙잡고라도 일어나 먹으라고 다독였던 것이다.

하나님의 말씀이 늘 꿀처럼 달 수는 없을 것이다. 소태처럼 쓰디쓰게 여겨질 때가 있고, 감당하기에 너무도 벅차게 여겨질 때가 있다. 때로는 상처에 소금을 붓는 것처럼 무심하게 느껴지기도 한다.

그럴 때에도 먹어야 한다. 입맛이 없다면 밥맛으로, 밥맛이 없다면 입맛으로라도 먹어야 한다. 그렇지 못하면 우리 믿음은 점점 야위어 가는 법, 어떻게든 먹어야 기운을 차리고 다시 믿음의 길을 걸어갈 수가 있게 되는 것이다.

덜미를 잡히다

―

'덜미를 잡히다'라는 말은 흔하게 쓰고 듣지만, 막상 '덜미'가 어떤 부위인지 아느냐 물으면 대답이 궁해진다. 덜미에는 목덜미도 있고 뒷덜미도 있는데, 목의 뒤쪽 부근을 목덜미라 하고 목덜미 아래의 양 어깻죽지 사이를 뒷덜미라 한다.

덜미는 한 가지 특징이 있는데, 일단 붙잡히면 힘을 쓰지 못한다는 점이다. 덜미가 결정적인 약점이 되는 것이다.

사나운 짐승이 약한 짐승을 사냥할 때 보면 덜미를 문다. 신체의 많은 부위 중에서 덜미를 물면 약한 짐승은 자기 발로 버둥거리면서도 꼼짝을 하지 못한 채 끌려가게 된다.

결국 덜미를 잡힌다는 것은 결정적인 약점을 잡히는 것을 말한다.

우리에게 덜미는 무엇일까? 몸의 덜미야 모두가 같은 부분이지만 마음의 덜미, 양심의 덜미, 신앙의 덜미는 각자 다를 것이다.

한 가지 조심해야 할 것은 우는 사자처럼 두루 다니며 삼킬

자를 찾는 마귀는 우리의 약점인 덜미를 잘 알고 있다는 것이다. 우리의 믿음이 아무리 좋다 하여도 덜미가 잡히는 순간 우리는 끌려갈 수밖에 없다. 그런데도 시도 때도 없이 세상에 드러내는 우리 신앙인들의 덜미가 마음에 걸린다.

흉은 없어야 아홉 가지라고

'흉'은 '헌데나 다친 곳의 아문 자리'를 말하기도 하고, '비난을 받을 만한 점' 즉 허물이나 흠을 말하기도 한다. 누구라도 자기의 몸을 자세히 살펴보면 언제 생겼다가 아문 것인지 다 알 수 없는 흉이 있게 마련인데, '흉은 없어야 아홉 가지'라 할 때의 흉은 두 번째 경우에 해당되는 말이다.

동양에서 아홉이라는 숫자가 갖는 의미가 '길다' '아득하다'(하늘을 두고 구만리라 한다)임을 생각한다면, 사람은 누구나 흉이 적지 않음을 이르는 말이 된다.

누구에게나 부족함이 있다. 허물과 흠, 흉이 있다. 아무리 훌륭한 사람이라 하여도 예외일 수는 없다. 성인이란 부족함이 전혀 없는 완벽한 사람을 일컫는 말이 아니라, 자신의 부족함을 누구보다 잘 알아 그것을 인정하며 자신의 한계를 겸손하게 받아들이는 사람을 의미한다.

남의 흉을 보기 전에 자신의 흉을 바라보는 것이 필요하다. 내 흉을 보지 못하면 남의 흉은 대들보로 보인다. 내 안에 있는 아홉 가지 흉을 바라보며 인정할 때 비로소 세상과 다른 사람을 받아들일 마음의 여지가 생기는 법이다.

한가을에는 작대기만 들고 와도 한몫이다

'가을철에는 부지깽이도 저 혼자 뛴다'는 말도 있고, '추수 때는 돌부처도 꿈쩍인다'는 말도 있다. 얼마나 바쁘면 부지깽이도 저 혼자 뛴다고 했을까, 얼마나 바쁜 손길이 안쓰러웠으면 돌부처도 꿈적거릴까 싶다.

심지어는 '가을철에는 죽은 송장도 꿈지럭거린다.'는 말까지 있을 정도니, '동동 팔월'의 분주함이 어느 정도인지 눈에 보이는 듯하다. 서리가 내리기 전에 곡식을 모두 거두어들여야 하는데, 갈수록 해는 짧아지니 손길이 분주할 수밖에 없다. 이렇게 곡식을 거둬들이느냐고 바쁜 철엔 작대기만 들고 와도 한몫을 한다. 뭐라도 거들 일이 있기 때문이다.

중요한 것은 마음이다. 작대기 하나, 그게 산더미 같은 농사일 앞에 무슨 소용이 있을까 싶지만 그래도 무언가를 거들려는 마음은 작대기 하나에도 충분히 담기는 법이다. 이사 오는 집에 걸레 하나 들고 가는 마음도 마찬가지일 것이다. 사랑과 관심은 작대기 하나, 작은 일에서부터 시작된다.

밤은 비에 익고 감은 볕에 익는다

———

감과 밤이 익어가는 풍경은 생각만 해도 정겹다. 마당 뒤뜰에
선 감이 익어가고, 동네 뒷산에선 밤이 익어 가면 마음부터 넉
넉해지곤 했다. 밤과 감은 모두 가을에 익는다. 같은 철에 익지
만 익는 방법은 다르다.

감은 가을볕이 좋아야 잘 익어서 맛이 달다고 한다. 가을볕
을 닮고 그 볕을 몸 속으로 담아 그리 붉은 빛을 띠는 것인지
도 모른다. 그에 비해 밤은 비에 익는다. 밤송이가 여물 무렵에
는 수분을 많이 흡수하므로 비가 자주 와야 제대로 맛이 들게
된다. 같은 때에 익어도 비에 더 잘 익는 것이 있고, 볕에 더 잘
익는 것이 있다.

사람이 익는 것도 마찬가지 아닐까? 비에 더 잘 익는 사람이
있고, 볕에 더 잘 익는 사람이 있을 것이다. 말씀에 신앙이 자
라는 사람이 있고, 기도에 자라는 사람도 있다. 조용히 기도할
때 믿음이 자라는 이도 있고, 목청껏 소리쳐야 믿음이 자라는
이들도 있게 마련이다. 비와 볕, 내게 맞는 것이 따로 있다 하
여 남에게도 강요할 일은 아니다.

쌀광이 차면 감옥이 빈다

'쌀광이 차면 감옥이 빈다'니 쌀광과 감옥이 무슨 상관이 있는 것일까? 쌀을 넣어두는 곳이 쌀광이요 죄를 진 사람을 가두는 곳이 감옥, 왜 쌀광이 차면 감옥이 비는 것일까?

'곳간이 차야 예절도 안다'는 말이 있다. 굶주리게 되면 먹는 것에 얽매여 사람의 도리를 생각하기가 어렵다는 뜻이다. '쌀 독에서 인심 난다'는 말도 마찬가지다. 내가 넉넉해야 인심을 쓸 수 있지, 내가 어려우면 다른 이의 처지를 생각하기가 어려운 법이다.

집집마다 쌀광에 쌀이 가득하여 마음이 넉넉해지면 도둑질 하는 사람이 없게 되고, 그러면 감옥은 자연히 비게 될 것이다.

생명의 양식이 마음 창고에 가득하면 감옥과 같은 마음은 비게 된다. 생명의 양식이 마음의 창고에 부족하다보니 남의 것을 기웃거리게 되고, 내 것 아닌 것을 내 것이라 생각하게 된다. 때로는 내 것 아닌 것을 내 것으로 만들기 위해 무리한 방법을 동원하기도 하고, 그느라 세월을 허비하기도 한다.

쌀광에 쌀을 채우듯 우리의 마음 창고에 하늘 양식을 채울 일이다. 생명의 양식 창고가 비는 만큼 마음 속 감옥의 규모가 커지기 때문이다.

가문 해 참깨는 풍년 든다

콩과 보리를 구별하지 못하는 '숙맥불변'의 세상에 참깨와 들깨를 구별한다는 것은 더욱 어려운 일이 아닐 수가 없다. 들깨든 참깨든 깨를 보고 '깨'라는 말을 떠올리면, "와, 깨도 아네" 하며 인정과 칭찬을 받을 날도 멀지 않을 듯싶다.

이런 세상에 '가문 해 참깨는 풍년 든다'는 말은 더욱 낯설게 들린다. 참깨는 건성식물이라 습기나 물기가 많은 땅에서는 잘 되지를 않는다. 오히려 마른 땅에서 잘 자라기에 가문 해에 풍년이 드는 것이다.

어려서부터 아버지가 짓는 농사를 자식이 거들며 자연스레 배우고 익힐 때, 그렇게 배운 농사가 제대로 된 농사였다. 어디 책에서 배운 것이 비기겠는가? 내 사는 곳의 토양과 기후 등에 맞는 농사가 아버지의 손끝 발끝에 모두 담겨 있을 터이니 말이다. 자식에게 농사를 전수하는 그 아버지는 당신의 아버지에게서 배운 것일 테고 말이다.

어떤 땅에 뭘 심어야 좋은지를 알기까지는 그만한 세월과 다양한 경험이 필요한 법, 갈수록 농촌에 노인들만 남아있는 것을 왜 우리는 두려워하지 않는 것일까 모르겠다.

그나저나 가문 해에 잘 되는 곡식이 따로 있다는 것이 반갑다. 가문 해엔 모든 것이 흉작 아닐까 생각하게 되기에 더욱 그렇다. 희망이 사라져가는 시대의 가뭄, 가물 때에 더 훌륭하게 키워낼 것이 우리에게 있음을 일깨우는 귀한 격려가 아닐 수 없다.

차돌에 바람이 들면 백 리를 날아간다

———

겨울을 지나며 무나 배추나 고구마에 바람이 들어 푸석푸석해지는 것을 본 적이 있거니와 돌에 바람이 든다는 말은 받아들이기가 어렵다. 단단한 돌에 어찌 바람이 들 수가 있단 말인가. 그냥 돌도 그러할 터인데 하물며 차돌일까?

차돌이 무엇인가? 돌 중에서도 더없이 단단하고 야무진 돌을 말한다. 흔히 겉은 물러 보이지만 속이 단단한 사람을 두고서 차돌 같다고 한다.

그런데 차돌에 바람이 들다니, 매우 드문 일이 아닐 수가 없는데 차돌에 바람이 들면 백 리를 날아간다고 한다. 흔한 일이 아니지만 그런 일이 생기면 결과가 놀랍다는 것이다. 차돌의 옹골참과 백 리의 가벼움이 선명한 대조를 이루고 있다.

지조를 지키던 사람이 지조가 무너지면 처음부터 지조가 무너진 사람보다 더 걷잡을 수 없음을 나타내는 말이다. 같은 뜻을 가진 말로 '차돌에 바람 들면 석돌보다 못하다'는 속담도 보인다. 석돌이라 함은 푸석한 돌을 이르는 말이다.

바람에 날아가는 차돌을 본 적은 없지만, 그런 삶을 사는 이들은 보인다. 지조나 신앙, 무슨 일이 있어도 끝까지 지켜야 할 소중한 가치를 지푸라기처럼 버리고 어처구니없는 모습으로 날아가는 것은 뿌리가 뽑혀도 단단히 뽑히는 일이 아닐 수가 없다. 단단한 차돌이 백 리를 나는 모습을 보는 것은 재미난 구경이 아니라 참으로 민망하고 마음 아픈 일이다.

밭을 사려면 변두리를 보라

그 사람이 어떤 사람인지를 알려면 그의 친구를 보라는 말이 있다. '친구는 또 하나의 나'라고, 그의 친구가 곧 그의 됨됨이를 말해주기 때문이다.

신부를 고를 때 눈으로 고르지 말고 귀로 고르라는 서양 격언이 있다. 내 눈으로 직접 보니 눈이 가장 확실한 기준이라 생각할지 몰라도, 그보다는 사람들이 그에 대해 무어라 말하는지가 더 중요한 기준이 될 수 있음을 일러주는 말이다.

밭을 살 때도 변두리를 보라고 한다. 밭을 살 때 사려고 하는 밭이 좋으면 그만 아니냐고 생각할지 몰라도 그러다간 낭패를 당하기 쉽다. 아무리 밭이 좋아도 변두리가 좋지 못하면 소용이 없다. 밭으로 가는 길이 없다거나, 근처에서 큰물이 난다거나, 해를 끼치는 시설물이 주변에 있다거나 하면 그 밭의 소용은 반감될 수밖에 없기 때문이다.

우리가 하는 말과 행동이 우리가 어떤 존재인지를 드러낸다. 말 따로 인격 따로 없고, 믿음 따로 생활 따로 없다. 말이 인격이고, 생활이 믿음이다. 변두리를 보아 그의 가치를 알 수 있는 것이 밭만은 아니기 때문이다.

도사리

———

가지고 있는 책 중에 《우리말 도사리》라는 책이 있다. 겨레 얼이 담긴 우리 토박이말을 찾아 모아 설명을 해놓은 책이다. 비슷한 유형의 책이 없진 않으나 소중한 노력의 결과물이라고 여겨진다.

'도사리'라는 말은 우리에게 낯설게 다가온다. 컴퓨터 자판으로 도사리라 치면 자동적으로 단어교정을 하는 기능을 따라 단어 밑에 빨간 밑줄이 그어진다. 무언가 다른 말로 교정을 하란다. 그러고 보면 도사리라는 말은 컴퓨터에게도 낯선 단어인 모양이다.

도사리는 익는 도중에 바람이나 병 때문에 나무에서 떨어진 열매를 이르는 말이다. 이른바 낙과(落果)를 우리말로는 도사리라 했던 것이다.

도사리라는 말과 관련 '감또개'와 '똘기'라는 우리말도 눈에 띈다. 감또개는 꽃과 함께 떨어진 어린 감을, 똘기는 아직 익지 않은 과실을 이르는 말이다.

낯설지만 모두 예쁜 우리말이다. 도사리라는 말과 함께 도사리라고 함부로 버리지 않고 정성껏 모아 잼이라도 만들던 정성을 생각했으면 좋겠고, 도사리 같은 내 삶을 사랑으로 받아 주시는 하늘의 사랑을 또한 생각했으면 좋겠다.

범 없는 골에 토끼가 스승이라

언젠가 무임승차하지 말게 해달라는 '어느 날의 기도'를 드린 적이 있다.

"무임승차하지 않게 하소서/ 버스든 전철이든/ 제 값 치르게 하소서/ 다른 이의 수고나 공로에/ 덩달아 승차하지 않게 하소서/ 당신의 은총을 부를 공덕이/ 따로 있을 수 없으나/ 그렇다고 은총을/ 당연하게 생각하지 않게 하소서/ 내 삶의 어떤 순간이든/ 나를 향한 그 무엇이든/ 무임승차하지 않게 하소서"

살아가며 드는 생각 중의 하나가 '남의 공을 가로채지 말자'는 것이다. 축구를 하며 남의 공을 가로채지 말자 하면 그것이야 문제겠지만, 여기서 말하는 공은 'Ball'이 아니라 '功'이다. 누군가 받아야 할 칭찬을, 내가 받아서는 안 될 인정을 내가 받아서도 안 되고 받을 수 있을까 기대해서도 안 된다고 생각을 한다.

막상 그런 생각을 하고 보니 그런 일이 결코 쉬운 일이 아니라는 것을 깨닫게 된다. 은근하고도 당연하게 공을 내 것이라 생각하고, 누군가 그 공을 가로채는 느낌이 들면 괜히 마음이 불편해지곤 한다. 기꺼운 마음으로 공을 다른 이에게 돌리는 일이 쉬운 일이 아니라는 것을 새롭게 느낀다.

범 없는 골에 토끼가 스승이라, 잘난 사람이 없는 곳에서 못난 사람이 잘난 체함을 이르는 말이다. 잘난 사람이 왜 없겠는가, 못 알아볼 뿐이지. 눈 밝지 못한 못난 사람들에 의해 가려져 있을 뿐이지.

주님은 우리와 늘 함께 하시겠다 말씀하셨다. 우리 안에 언제나 함께 하시는 그 분을 두고 토끼로 나서는, 토끼 노릇으로 그 분을 가릴 때가 있는 우리들의 꼬락서니라니.

가을 안개는 천 석을 올리고 봄 안개는 천 석을 내린다

———

같은 안개인데도 봄에 끼는 안개와 가을에 끼는 안개는 전혀 다르다. 같은 안개인데도 왜 그런 것일까? 가을 안개는 벼가 익는 것을 촉진시켜 잘 영글게 하지만, 봄 안개는 햇빛을 차단하여 식물의 발육을 방해하므로 해가 된다. 가을에 안개가 끼면 날이 따뜻하여 곡식이 영그는데 도움이 되는데, 봄에 안개가 끼면 심한 온도차를 보여 곡식이 자라는데 방해가 될 뿐 아니라 병충해를 입게 된다.

'봄 안개는 천 석을 깎고, 가을 안개는 천석을 보태 준다.',

'보리 안개는 죽 안개고, 나락 안개는 밥 안개다'라는 속담도 같은 의미를 담고 있다.

"사람은 그 입의 대답으로 말미암아 기쁨을 얻나니 때에 맞는 말이 얼마나 아름다운고"(잠언 15:23) 했거니와, "때에 맞는 말은 목마른 사람에게 냉수"(잠언 25:25)처럼 다가온다.

같은 안개라고 다 같은 안개가 아닌 것처럼, 같은 말씀이라고 다 같은 말씀은 아닌 것, 때에 맞는 말씀을 만난다는 것은 여간한 은총이 아닐 수 없다. 때에 맞는 말씀을 만나기 위해서는 지금이 어느 때인지를 알아야 할 터, 시대를 분별하는 깨어 있는 믿음과 양심이 더욱 그립다.

뒤주 밑이 긁히면 밥맛은 더 난다

쌀 따위의 곡식을 담아 두는 세간을 '뒤주'라 한다. 뒤주는 대개 나무로 궤짝같이 만들었다. 시대가 변해 요즘은 플라스틱으로 만든 쌀통으로 대체가 되었지만, 예전에는 대부분 뒤주에 쌀을 담아 보관했다.

'뒤주 밑이 긁히면 밥맛은 더 난다'고 한다. 뒤주 밑이 긁힌다 함은 쌀이 떨어진 상황을 나타낸다. 쌀이 떨어지면 밥맛도 따라 떨어져야 그나마 어려운 시절을 견딜 텐데, 쌀이 떨어지면 밥맛이 더 난다니. 하지만 그게 사람의 마음이다. 더 이상 먹을 것이 없다는 것을 알고 먹으면, 밥알 하나하나가 아까울 만큼 맛있어 지는 법이다.

양식이 떨어질 때 더 돋는 입맛, 그게 사람 마음이라면 하나님의 말씀 앞에서도 마찬가지 아닐까? 내 마음의 쌀독이 비었음을 알 때 그때 하나님의 말씀은 더욱 달게 다가오지 않을까?

쌀 들여 벼 거두기

———

"이건 쌀 들여 벼 거두는 거예요." 단강에서 목회할 때 한 할아버지로부터 들은 말이다. 농사를 지으면 지을수록 빚이 늘어나는 현실을 두고 탄식처럼 한 말이었다.

벼를 거둬 쌀을 얻는 것이 농사의 당연한 이치다. 벼를 거둔 뒤에 방아를 찧어 쌀을 얻는데, 쌀은 당연히 벼보다 양이 줄어들게 된다. 왕겨와 싸라기 등이 떨어져 나가 벼의 칠십 퍼센트 정도, 상태가 안 좋은 경우에는 겨우 절반가량의 쌀을 얻게 된다.

결국 쌀 들여 벼를 거둔다는 말은 들어가는 것이 거두는 것과 그만큼 차이가 난다는 뜻이다. 눈에 띄는 손해를 입는다는 것이다.

이 땅의 농부들은 그럼에도 불구하고 씨를 뿌린다. 셈을 할 줄 몰라서가 아니라 알면서도 씨를 뿌린다. 다른 걸 할 줄 아는 게 없어서 그런다고 생각하면 안 된다. 그건 정말 하늘의 뜻을 몰라서 하는 말이다.

농부들이 손해를 감수하면서도 씨를 뿌리는 데는 거역할 수 없는 이유가 있기 때문이다. 농부가 되어 땅을 놀리면 하늘로부터 죄 받는다고 생각하기 때문이다.

죄와 벌의 거리를 한참 벌려두고 사는 수많은 사람들은 의아해하겠지만, 농부들에게는 죄와 벌의 거리가 없다. 그래서 '죄를 지으면 벌을 받는다' 하지 않고 그냥 '죄 받는다'고 한다. 죄를 지으면 벌을 받는 것이 지당하기 때문이다.

쌀 들여 벼를 거두어도 땅 놀리는 일은 하늘로부터 죄를 받는 일이어서 여전히 씨를 뿌리는 농부들, 이 땅 어느 누가 허리 숙여 농부의 마음을 배울 것인가.

'아' 다르고, '어' 다르다

오래 전 교역자 모임에서 있었던 일이었다. 외진 마을에서 목회를 하는 후배가 오랜만에 참석을 했는데, 얼굴이 수척해 보였다. 이유를 물으니 한동안 되게 앓았다고 했다.

젊은 친구가 시골에서 목회를 하며 한동안 앓았다니 마음이 안쓰러웠다. 지금은 어떠냐고 물으니 괜찮다고 하면서, 덕분에 몸보신을 하느라 멍멍이를 여러 마리 먹었다고 했다. 그 때문인지 몸이 많이 좋아졌다는 것이었다. 이야기를 들어서 그랬을까, 정말로 그의 얼굴에는 기름기가 흐르는 것도 같았다.

몸보신을 하느라 멍멍이를 여러 마리 먹었다는 이야기를 듣고는 웃으며 말했다.

"얘기를 듣고 나니, 목소리가 다르게 들린다."

내 얘기에 같이 있던 모두가 가볍게 웃었다. 그때 같은 자리에서 이야기를 나누던 선배가 감탄을 하며 말을 했다.

"역시 글 쓰는 사람이라 말을 다르게 하네."

불쑥 하고 싶은 말을 했을 뿐인데 말을 다르게 하다니, 선배의 생각이 궁금했다.

"나는 '이야기를 듣고 나니, 목소리가 개소리로 들린다'고 말하려 했거든."

우린 다시 한 번 웃었다.

그렇다. 사소하다면 사소한 차이다. 가벼운 자리였고 모두가 후배를 염려하는 자리, 어떤 말을 해도 고맙고 가볍게 받을 수 있는 자리였다. 그러나 '다르게 들린다'는 말과 '개소리로 들린다'는 말은 어감이 다른 말이다. 비록 뜻은 같을지 몰라도 어감은 다르다. 자리가 편한 자리여서 그렇지 경우에 따라서는 서운하게 들릴 수도 있을 것이다.

인디언들은 자녀들에게 상대방과 이야기를 할 때에는 상대방 '말'을 듣지 말고 '말투'를 들으라고 가르친다고 한다. 말보다도 말투! 사람의 마음이 담기는 것은 말보다도 말투이기 때문이다.

우리가 의식하건 의식하지 않건 우리 또한 누군가와 이야기를 나눌 때 상대방의 말보다는 말투를 듣는다. 선물을 전할 때도 '무엇을' 전하느냐 하는 것보다는 '어떻게' 전하느냐 하는 것이 더 중요하다 하는데, 하물며 말투는 말해 무엇하랴.

같은 말을 해도 어떻게 하느냐에 따라 전해지는 것은 달라진다. '아' 다르고 '어' 다르다 했는데, '아'와 '어'의 그 사소한 차이를 우리는 어떻게 지나고 있는지를 조심스레 살펴야지 싶다.

다 씻어 먹어도 물은 못 씻어 먹는다

우리가 흔히 쓰는 말 중에 '돈을 물 쓰듯 한다'는 말이 있다. 돈을 함부로 쓰는 것을 경계하고 나무라는 말이다. 아무렇지도 않게 그 말을 쓰지만 그 말 속에는 우리가 곰곰 생각해봐야 할 부분이 있다. 함부로 쓰는 것을 왜 '물 쓰듯'이라 했을까 하는 것이다.

물이 그 중 흔하고 어디서든 구하기 쉬웠기 때문이었을 것이다. 오랫동안 그런 시절이 이어져 어디에나 맑은 물이 흐르고 어디를 파도 맑은 물이 나오니 물의 소중함을 모르고 지내왔던 것이다.

하지만 어느새 사정은 달라졌다. 안심하고 마실 물이 점점 귀해지고 있기 때문이다. 산속 조용한 곳에 자리를 잡고 있어 조금도 오염을 생각하지 않았던 약수터에서조차 오염물질이 검출되고 있다. 약수터가 그 정도라면 안심하고 마실 물은 어디서 구할 수 있는 것인지 두려운 마음이 든다. 머잖아 '돈을 물 쓰듯 한다'는 말은 '물을 돈 쓰듯 한다'는 말로 바뀌게 되지 않을까 싶다.

간디가 물에 대해서 했던 말이 있다. 세수를 하면서 네루와 대화를 나누다가 자기도 모르게 두 주전자의 물을 쓰게 된 것을 안 간다는 눈물을 흘린다. 당황한 네루가 이곳에는 갠지스 강과 아무나 강이 흐르고 있다고, 이곳은 간디의 고향인 구자라트의 마른 사막이 아니라고 이야기를 했을 때 간디는 "그러나 내 몫은 얼굴을 씻기 위한 한 주전자의 물이 전부입니다" 하고 대답했다는 것이다.

농촌에서 지낼 때 마을 할머니로부터 들은 말이 생각난다. 할머니는 강가 밭에서 일하는 사람들을 위해 밭둑에 솥을 걸고 밥을 짓고 있었다. 혹시 강물로 밥을 짓느냐고 궁금해서 물었다. 할머니는 고개를 저었다. 예전만 해도 얼마든지 강물로 밥을 지었고, 장을 담글 때에도 장맛 좋으라고 일부러 강물을 떠다 담곤 했는데 지금은 어림없다는 것이었다. 그 말을 하며 할머니는 탄식하듯 툭 한 마디를 했다.

"다 씻어 먹어도 물은 못 씻어 먹는데…."

잘못 들었나 싶어 다시 여쭤봤는데, 다 씻어 먹어도 물은 못 씻어 먹는다는 말이었다. 다른 것이 더러워지면 물에 씻으면 되지만 물이 더러워지면 물을 씻을 것은 따로 없다. 할머니의 말 속에는 무엇이 우리 삶의 최후 보루인지가 담겨 있었다. 할머니의 말은 자연과 환경 문제와 관련하여 그 어떤 말보다도 깊은 울림을 가진 잠언으로 다가왔다.

내가 물 한 방울 아낀다고 그것이 무슨 소용이 있을까, 그렇게 생각할 수도 있을 것이다. 그러나 모두가 그렇게 생각하면 물은 그만큼 쉽게 부족해진다.

물 한 방울을 아낄 때 우리는 비로소 물의 소중함을 알게 되고, 그것을 통해 우리가 자연 속에서 산다는 것이 얼마나 큰 은 총인지, 아슬아슬한 은총인지를 깨닫게 된다. 물 한 방울을 대하는 마음속에 세상을 대하는 마음이 담겨 있는 것이다.

늙은 개가 짖으면 내다봐야 한다

1판 1쇄 인쇄 2016년 2월 25일
1판 1쇄 펴냄 2016년 3월 4일

지은이 한희철
펴낸이 한종호
디자인 임현주
인 쇄 영림인쇄

펴낸곳 꽃자리
출판등록 2012년 12월 13일
주소 서울시 강서구 등촌로 197
전자우편 amabi@daum.net
블로그 http://fzari.com

Copyright ⓒ 한희철 2016

* 이 책은 저작권법에 따라 보호받는 저작물이므로 무단 전제와 복제를 금합니다.
* 저자와의 협의에 따라 인지를 생략합니다.
* 잘못된 책은 바꾸어 드립니다.

ISBN 979-11-86910-03-0 03190
값 15,000원